Erich J. Lejeune

# Du schaffst, was du willst!

Die Kraft ist in dir!



WILHELM HEYNE VERLAG
MÜNCHEN

HEYNE SACHBUCH
19/816

*Umwelthinweis:*
Dieses Buch wurde auf
chlor- und säurefreiem Papier gedruckt.

Taschenbucherstausgabe 10/2002

Wilhelm Heyne Verlag GmbH & Co. KG, München
http://www.heyne.de
Printed in Germany 2002
Umschlagfoto: Cliff Serna, München/Los Angeles
Umschlaggestaltung: Hauptmann und Kampa Werbeagentur,
CH-Zürich
Satz: ew print & medien service gmbh, Würzburg
Druck und Bindung: Ebner & Spiegel, Ulm

ISBN 3-453-21181-2

*Deine Schatzkammer liegt in dir selbst verborgen.*
*Sie enthält alles, was du jemals brauchen wirst.*
Zen-Meister Hui Hai, China, 8. Jahrhundert

*Solange du an dich glaubst,*
*hast du alle Chancen im Leben.*
Erich J. Lejeune

# Inhaltsverzeichnis

# Vorwort

„Du schaffst, was du willst!“ habe ich für alle Menschen geschrieben, die in ihrem Leben brennend gern Freude, Glück und Erfolg erleben möchten.

Ganz besonders habe ich dabei an die Menschen gedacht, die schon viele Anstrengungen für ein erfolgreiches Leben unternommen haben, aber bisher noch keine nennenswerten Erfolge verzeichnen konnten.

Wenn das auch Ihr Anstoß ist, warum Sie mein Buch gekauft haben, wenn Sie Ihren Erfolg aufrichtig, ehrlich und aus ganzem Herzen suchen und bereit sind, dafür Ihr Bestes zu geben, werde ich Ihnen Wege zu Ihrem ganz persönlichen Erfolg und Ihrem Reichtum aufzeigen.

Ich freue mich, dass „Du schaffst, was du willst!“ von jetzt an Ihr Wegbegleiter für ein glückliches Leben sein wird.

Freuen Sie sich auf Ihren Erfolg und auf Ihr neues Lebensgefühl!

Erich J. Lejeune München, den 1. Januar 1999

# Kapitel 1
# Die Ouvertüre Ihres Erfolgs

## Glück ist der Sinn unseres Lebens

Der Sinn unseres Lebens ist doch, glücklich und erfolgreich zu sein, Freude zu erleben im Beruf, in der Partnerschaft, im Zusammenleben mit Freunden und Kollegen. Mit „Du schaffst, was du willst!“ werde ich Sie mit meiner ganzen Überzeugungskraft dazu ermutigen, die Phase des bloßen Wünschens und Hoffens zu beenden. Gehen auch Sie mit all der Kraft, die in Ihnen steckt, an die Verwirklichung Ihrer Wünsche, Träume und Hoffnungen. Sie werden es erleben – auf Dauer kann Ihr Erfolg niemals ausbleiben, wenn Sie sich dafür entscheiden, ihn mit der ganzen Kraft Ihrer Persönlichkeit zu verwirklichen und zu leben.

Die Ratschläge, die ich Ihnen auf diesen oftmals steinigen, aber am Ende großartigen Weg mitgebe, sind nicht am grünen Tisch entstanden. Ich habe sie in den Höhen und Tiefen meines Lebens selbst erfahren und immer wieder erprobt. Ihre Richtigkeit hat sich in vielen Kämpfen, Niederlagen und Erfolgen bewiesen. Ihre überzeugende Wahrheit erlebe ich täglich von neuem hautnah in meinem eigenen Leben.

Gerade aufgrund der Schwierigkeiten, die ich selbst durchstehen musste, weiß ich um so besser, dass es sich lohnt, für Gesundheit und Reichtum zu kämpfen, Glück und Zufriedenheit anzustreben, seine unendliche Kreativität und seine ganze Tatkraft auf dieses Ziel hin auszurichten. Wecken Sie in sich die Begeisterung fiir einen Neuanfang mit dem wichtigsten Satz Ihres zukünftigen Lebens: „Du schaffst, was du willst!"

## Übernehmen Sie die Verantwortung für Ihr Leben!

Das Gegenteil dieser Begeisterung für ein erfolgverheißendes Ziel ist, auf Ihren Erfolg einfach nur zu warten – oder immer nur das zu tun, was andere von Ihnen verlangen – oder was Ihre gegenwärtige Situation gerade von Ihnen erzwingt. In dieser Doppelfalle der Erfolglosigkeit finden sich alle diejenigen wieder, die die Verantwortung für ihr Leben aus Gewohnheit, aus Trägheit oder auch aus Gedankenlosigkeit einfach an andere abgegeben haben. Lassen Sie niemals andere für sich denken!

Diese Erfolgsblockade werden Sie in dem Augenblick durchbrechen, in dem Sie die volle Verantwortung für Ihr Leben übernehmen. Auch Sie sind sicherlich nicht für alle Ereignisse, die Ihnen widerfahren, selbst verantwortlich. Aber Sie sind immer und überall dafür verantwortlich, wie Sie auf diese Ereignisse reagieren.

Übernehmen Sie diese ganz einfache Erkenntnis voll und ganz in Ihr tägliches Denken, und fragen Sie alles, was Ihnen begegnet – Erfolge wie auch Misserfolge – daraufhin ab: „Welchen Anteil an Verantwortung habe ich an diesem oder an jenem Ereignis?“ Wenn Sie das ehrlich und rückhaltlos tun, werden Sie sehr rasch erkennen, wie groß Ihr Anteil an allem ist, was Ihr bisheriges Leben bestimmt und häufig negativ beeinflusst hat – und was Ihre selbstbewusste und erfolgreiche Zukunft bestimmen wird.

## Akzeptieren Sie Ihre Schwierigkeiten – ohne Selbstmitleid!

Verfallen Sie nicht ins Grübeln und in Selbstvorwürfe. Verlassen Sie die Dunkelkammer des aussichtslosen Grübelns. Akzeptieren Sie einfach, dass es so ist oder – besser – bisher so war. Akzeptieren Sie, dass die Entscheidungen von gestern Ihre Gegenwart bestimmen. Und werden Sie sich gleichzeitig der Tatsache bewusst, dass Ihre Entscheidungen von heute Ihre Zukunft bestimmen. Ja, heute ist der wichtigste Tag in Ihrem Leben. Heute ist nämlich der erste Tag Ihres erfolgreichen Lebens, das noch vor Ihnen liegt. Heute, jetzt, in diesem Augenblick können Sie entscheiden, wie dieses Leben verlaufen wird. Beginnen Sie deshalb heute – in diesem Augenblick –, selbst die Weichen für ein erfolgreiches und erfülltes Leben zu stellen. Begeistern Sie sich für Ihren ganz persönlichen Erfolg! Jetzt, in diesem Augenblick! Heute, denn das Heute ist ab sofort der wichtigste Zeitraum in Ihrem Leben!

## Wecken Sie in sich Begeisterung für Erfolg!

Ich selbst spüre diese Begeisterung für ein erfolgreiches Leben wie ein loderndes Feuer in mir, und ich möchte meine Begeisterung durch dieses Buch auf Sie übertragen. Ich möchte Sie mit diesem Erfolgsvirus infizieren, weil ich weiß, dass diese Begeisterung für Erfolg, diese Freude am Leben und an der Arbeit auch Sie letztendlich an Ihr ureigenstes Lebensziel tragen wird. Fangen Sie an, sich das herrliche Leben auszumalen, das Sie anstreben und führen möchten. Legen Sie in Ihrer Vorstellung fest, welche beruflichen Erfolge Sie erzielen werden, wie Ihr Privatleben aussehen soll und in welcher Art von Wohlstand Sie in Zukunft leben möchten.

Erfolgreiche Menschen haben immer große Träume – verbunden mit dem festen Willen, diese Träume in sichtbare, greifbare und spürbare Wirklichkeit zu verwandeln. Ich kann Ihnen an dieser Stelle schon ans Herz legen: Träumen Sie Ihren großen Traum von Erfolg, von Wohlstand und Lebensglück, und begeistern Sie sich für diese neue Vision Ihres Lebens!

Ein Teil dieses Traums besteht sicherlich auch darin, dass die Probleme, mit denen Sie sich derzeit noch beschäftigen müssen, nie wieder auftauchen werden. Diese Probleme sind Ihre ganz persönliche Chance für Ihr Wachstum. – Warum? – Weil die Probleme, mit denen ein Mensch zu kämpfen hat, in aller Regel sehr eng mit seiner Person verbunden sind – mit seinen bewussten und unbewussten Verhaltensweisen mit seinen Vorlieben und Abneigungen und mit seinen spontanen Reaktionen.

Ein Mensch, der immer wieder beteuert: „Geld interessiert mich nicht!“, braucht sich nicht zu wundern, wenn er Geldprobleme hat. Ein anderer, der von sich behauptet: „Mich interessiert einzig und allein das Geld!“, hat mit Sicherheit große Probleme im zwischenmenschlichen Bereich. Ein Mensch, der von sich sagt: „Ich hin glücklich, dass es mich gibt!“, hält schon den Schlüssel für ein glückliches Leben in Händen. Es sind so gut wie immer diese grundsätzlichen Einstellungen, die zu Problemen oder auch zum Gegenteil – zu Glück und Erfolg – führen.

## Setzen Sie Ihre größte Kraft ein – die Begeisterung!

Denken Sie einmal ganz offen und ehrlich darüber nach, was Sie bisher davon abgehalten hat, dauerhaft erfolgreich zu sein. Es mag dafür zahlreiche Gründe, Erklärungen und auch Ausreden geben. Aber eines weiß ich aus eigener Erfahrung, ohne Ihnen persönlich begegnet zu sein: Zwischen Ihrer derzeitigen Lebenssituation und dem Dasein, das Sie sich aus tiefstem Herzen wünschen und ersehnen, liegt nur ein winziger Schritt.

Es ist dieser winzige Schritt zu Ihrem ganz persönlichen Erfolg, vor dem Sie bisher vielleicht immer wieder kurz vor Erreichen des ersehnten Zustandes zurückgeschreckt sind, von dem Sie sich vielleicht auch durch andere haben abhalten lassen. Beenden Sie die Phase dieser entmutigenden und frustrierenden Beinahe-Erfolge. Geben Sie allem, was Sie anpacken, diesen letzten Kick eines neuen Erfolgsbewusstseins, mit dem Sie den Durchbruch schaffen werden. Glauben Sie an die größte Kraft für Erfolg – sie heißt Begeisterung!

## Nur Sie können Ihr Ziel erreichen!

Bitte, glauben Sie mir: Egal was in Ihrem Denken jetzt noch gegen Glück und Erfolg sprechen mag – es wird sich hundertprozentig für Sie lohnen, diese neue Denkweise und Lebensform eines aus sich selbst heraus begeisterten und erfolgreichen Menschen anzunehmen und in Ihr Innerstes aufzunehmen, sie Tag für Tag zu pflegen, zu erneuern und zu leben.

Kein Geschenk, keine Erbschaft, kein noch so großer Lottogewinn kann Ihnen dieses Gefühl vermitteln, das Sie verspüren, wenn Sie diese Stufe des erfolgreichen Denkens erklommen haben. Plötzlich wird Ihnen all das zufließen, was bisher trotz noch so großer Anstrengungen immer wieder in weite Ferne gerückt ist. Niemand kann vorhersagen, wie lange es dauern wird, bis Sie diesen begeisternden Punkt in Ihrem Leben erreicht haben. Auch nicht, welche Kämpfe Sie bis dahin durchstehen müssen. Alles hängt davon ab, mit welcher Intensität Sie die Gewissheit in Ihrem Denken verankern: „Du schaffst, was du willst!" Verinnerlichen Sie diesen wichtigsten Satz in Ihrem Leben, und leben Sie ihn täglich aus voller Überzeugung!

Diesen Schritt können nur Sie allein in Ihrem Denken und Handeln vollziehen. Ich werde Ihnen auf jeder Seite dieses Buches eine Fülle von erprobten und erlebten Ratschlägen aufzeigen, wie Sie diesen Umschwung in Ihrem Leben und Denken herbeiführen können. Ich bin mir absolut sicher: Wenn Sie sich intensiv genug damit auseinandersetzen, wird es nicht allzu lange dauern, bis es Ihnen wie Schuppen von den Augen fällt und Sie erkennen, was bisher dafür verantwortlich war, dass Sie Ihre wahre Bestimmung und Ihre unendlichen Möglichkeiten immer nur von ferne wahrgenommen haben. Mit der festen Überzeugung „Du schaffst, was du willst!" werden Sie diese Bestimmung tatsächlich erreichen!

## Wirklich real sind nur Ihre eigenen Träume!

Ihre Einstellung zu sich selbst und Ihr Denken entscheiden darüber, ob Sie Ihr Leben im Mittelmaß verbringen oder ob Sie es als eine wunderbare Verwirklichung Ihrer unbegrenzten Möglichkeiten erleben. Glauben Sie mir, ich kenne den bitteren Geschmack hoffnungslos erscheinender Armut und katastrophaler Niederlagen. Ich besaß am Tiefpunkt meines Lebens noch einen Anzug, ein Paar Schuhe, zwei blaue Hemden – und einen riesigen Berg Schulden.

Selbst der größte Optimist hätte es nicht im entferntesten für möglich gehalten, dass ich 22 Jahre später mit meinem Unternehmen an die Börse gehen würde. Sogar der mutige Bankdirektor, einer der wenigen, die an meine damalige Idee glaubten, und der mir damals einen Startkredit von 5000 Mark bewilligte, wäre nie im Leben auf die nahezu aberwitzige Vorstellung verfallen, dass daraus einmal ein Unternehmen mit einem Börsenwert von mehreren hundert Millionen entstehen würde.

Hätte ich nur angedeutet, dass es möglich sein müsste, mit meiner Geschäftsidee ein global operierendes Handelszentrum aufzubauen, jeder hätte mich damals für einen Phantasten gehalten oder sogar für total verrückt erklärt. Aber mein Traum war nicht verrückt, auch wenn ich mit leeren Händen vom Aufbau eines Weltunternehmens träumte. Heute ist dieser Traum Realität. Heute ist diese phantastische Vision eine greifbare Wirklichkeit, die täglich weiterwächst! Mein Unternehmen CONSUMER ELECTRONIC zählt heute zur Weltspitze im Internet-Handel von Mikroelektronik.

## Vom Traum zur Realität

Eines müssen Sie wissen, glauben und ganz tief in Ihrem Denken verankern: Auch Sie können diesen erfolgreichen Wandel von Ihrem Lebenstraum zur Realität „bewirken"! Die Kraft steckt in Ihnen, auch wenn Sie daran derzeit noch nicht so recht glauben können. Schließen Sie doch bitte für nur 30 Sekunden die Augen, und lassen Sie die Botschaft meines Lebens vor Ihrem geistigen Auge erscheinen:

## Du schaffst, was du willst!

Nun, welche Gedanken und Gefühle weckt dieser Satz in Ihnen? Lassen Sie sich von der Überzeugungskraft dieser gewaltigen Botschaft anstecken. Sagen Sie laut und deutlich zu sich selbst: „Ja, ich schaffe es! Ich will es schaffen, und ich werde es schaffen! Das bin ich meinem Leben und meinen Fähigkeiten schuldig. Ja, ich schulde mir Erfolg!" Immer wieder, jeden Morgen, jeden Abend und vor allem bei jeder Schwierigkeit, die auf Sie zukommt, hilft Ihnen dieser kraftvolle Satz weiter!

Lassen Sie dieses sichere Bewusstsein in sich wachsen, dass nichts und niemand Sie auf Dauer von Ihrem Glück und Ihrem Erfolg abhalten kann, weil Sie Ihr Ziel unter allen Umständen erreichen wollen und erreichen werden. Ihr unumstößlicher Glaube an die einfache Botschaft „Du schaffst, was du willst!" wird dann zum tragenden Stützpfeiler Ihres Erfolgs.

## Ja, ich will meine Träume verwirklichen!

Ich bin mir sicher, dass Sie dieses Buch nicht gekauft haben, um nur ein wenig darin zu blättern. Vielleicht haben Sie „Du schaffst, was du willst!" in die Hand genommen, weil Sie bereits mein erstes Motivationsbuch „Lebe ehrlich – werde reich!" kennen. In jedem Fall glaube ich, hat es Sie aus einem ganz bestimmten Grund angesprochen: weil Sie tief in Ihrem Inneren spüren, dass der Zeitpunkt gekommen ist, dass Sie in Ihrem Leben diesen einen entscheidenden Schritt in Richtung Erfolg tun müssen. Und zwar heute, hier und jetzt!

Stellen Sie die Weichen für ein reiches und erfolgreiches Leben. Lassen Sie einfach nicht länger zu, dass der von Ihnen gewünschte Erfolg wie ein Schatten immer nur vor Ihnen herwandert. Auch Ihr Erfolg ist machbar, erreichbar und schaffbar. Ihr Erfolg liegt greifbar vor Ihnen, wenn Sie ihm konsequent entgegengehen. Wünschen Sie sich Erfolg mit der konkreten Absicht, ihn auch tatsächlich zu erleben. Ich wünsche Ihnen diesen Erfolg. Wünschen endlich auch Sie selbst sich diesen Erfolg ganz bewusst – jeden Tag, bei jeder noch so kleinen Herausforderung! Es funktioniert!

## Der Faktor Zeit

Sie wissen, Sie verändern sich ganz unmerklich von Tag zu Tag. Deshalb liegt es ganz und gar an Ihnen, in welche Richtung Sie sich verändern – ob Sie zulassen, dass Sie auf der Stelle treten, dass Ihre Sorgen immer mehr und Ihre Aussichten immer betrüblicher werden, oder ob Sie wachsen und sich entfalten und eines Tages auf Ihr heutiges Dasein zurückblicken mit dem Gefühl, als wären Sie jahrelang nur hilflos im Nebel herumgeirrt.

Als erstes müssen Sie sich eine Frage selbst beantworten: „Welche Einstellung habe ich zu mir und zu meinem Leben?“ Viele Menschen sehen ihr Leben als eine endlose Kette von Ereignissen, die immer nur von außen bestimmt werden und die sie nicht verändern können. Sie ertragen jahrelang Lebensumstände, die weit von ihren Vorstellungen und Träumen und vor allem meilenweit von ihren Möglichkeiten entfernt liegen.

Sie vergessen dabei einen ganz wichtigen Punkt: Alles, was wir im Leben tun – oder nicht tun –, ist untrennbar mit dem Faktor Zeit gekoppelt. Jeder Tag und jede Stunde, die wir in einem Zustand der Unzufriedenheit verleben, ist für das Glückskonto unseres Lebens unwiederbringlich verloren.

Deshalb betone ich noch einmal: Es ist unabdingbar, dass Sie jetzt, in diesem Augenblick damit beginnen, die Entscheidung für dieses einzig erstrebenswerte Ziel zu treffen. Sie lautet: „Ich erschaffe mir die Lebensumstände, die ich mir in meinem Innersten wünsche – weil ich weiß, dass ich es kann, und weil ich fest daran glaube!"

Ein weiterer wichtiger Schritt in die richtige Richtung ist die Beantwortung der oft beunruhigenden Frage: „Was hat mich bisher davon abgehalten, mein Lebensziel zu erreichen? Warum habe ich immer wieder Rückschläge und Niederlagen hinnehmen müssen?" Die ehrliche Antwort darauf ist oft sehr ernüchternd und nicht selten sehr schmerzhaft.

So sehr es Sie verwundern mag, das in einer Anleitung zum Erfolg zu lesen – Tatsache ist, dass unsere Rückschläge und Niederlagen häufig unsere wichtigsten Wegweiser sind. Suchen Sie in Ihren Niederlagen die Samenkörner für Ihren künftigen Erfolg!

## Finden Sie Chancen in den Niederlagen

Wenn Sie Ihre Niederlagen richtig analysieren, dienen sie dazu, festgefahrene Einstellungen und erfolgsverhindernde

Grundhaltungen zu erschüttern und aufzubrechen. Dann werden Ihre ganz persönlichen Niederlagen die Wegweiser zu den Chancen, die sehr oft in den Niederlagen stecken. Niederlagen sind der Brückenzoll, den wir auf dem Weg zum Erfolg zu entrichten haben. Verwandeln Sie Niederlagen in Ihre Startrampen für Erfolg.

Hören Sie bitte sofort auf, über Niederlagen zu lamentieren! Wer jammert, hat nämlich keine Zeit, über Lösungen nachzudenken. Denken Sie positiv – gerade auch über Ihre Schwierigkeiten. Denn Schwierigkeiten sind die notwendigen Begleiter auf dem Weg zum Erfolg, wenn Sie die richtigen Schlüsse daraus ziehen – und Ihr Verhalten entsprechend ändern. Niederlagen machen manchmal wirklich „nieder". Ausreden für selbstverschuldete Niederlagen werden zu Lebenslügen. Mit der richtigen Einstellung dagegen schaffen sie das Fundament für neue „Lebenslagen".

Was Sie deshalb in erster Linie und sofort ändern müssen, ist Ihre Einstellung zu Ihren persönlichen Schwierigkeiten und Rückschlägen. Bei den meisten Menschen ist die Furcht vor Schwierigkeiten größer als der Wunsch, ein wirklich erfolgreiches Leben zu führen. Diese Furcht führt nur zu Ausreden und Vermeidungsstrategien, niemals zu Erfolgsstrategien. Denken Sie immer daran, dass die meisten großen Erfolge ihren Ausgangspunkt in oft katastrophalen Niederlagen nahmen. Sie werden deshalb ab sofort nicht immer nur versuchen, Unglück zu vermeiden, sondern Sie werden alles tun, um Glück und Erfolg zu erleben! Verwandeln Sie Ihre Niederlagen in Erfolge!

## Die richtige Perspektive – der Blick nach oben!

Sie beginnen schon merklich, Ihre Einstellung zu verändern? – Bravo! – Dann stehen Sie bereits an einem Wendepunkt in Ihrem Leben! Beantworten Sie deshalb bitte für sich die Frage: „Wo will ich in einem Jahr und wo werde ich in fünf Jahren stehen?“ Seien Sie dabei mit Ihren Zukunftsentwürfen nicht zu kleinlich, denn es gilt unabänderlich eine ganz einfache Erfolgsformel: „Die Größe deiner Wünsche muss der Größe deiner Entschlossenheit entsprechen, sie auch tatsächlich zu erreichen!“ Sie können auf steile Berge nicht mit schwachen Beinen gehen. Wer große Wünsche mit geringer Entschlossenheit anstrebt, ist sehr schnell zum Scheitern verurteilt.

Die Stärke Ihrer Entschlossenheit muss deshalb der Größe Ihres Lebensentwurfs entsprechen. Vor allem zu Beginn Ihrer neuen Erfolgskarriere! Die Anfangsphase erfordert immer die größte Kraft. Nach einiger Zeit scheinen die Schwierigkeiten wie von selbst abzunehmen – bis zu dem magischen Punkt, an dem für Sie alles wie von selbst zu laufen scheint, an dem verborgene Kräfte des Geistes, der Phantasie, des Mutes und auch der Harmonie in Ihnen frei werden, von denen Sie nichts geahnt haben. Sie werden dann auf einen Erfolg schauen, den Sie nie für möglich gehalten haben. Entscheiden Sie sich endlich für Erfolg!

## Der magische Augenblick

Alle wirklich erfolgreichen Menschen, denen ich in meinem Leben begegnet bin, haben irgendwann diesen magischen Augenblick erlebt, an dem ihnen klar wurde: „Du hast dich selbst übertroffen! Du hast mehr erreicht, als du jemals von dir selbst erwartet hast! Deine Ideen, deine Freude an der Arbeit, deine Entschlossenheit und nicht zuletzt deine Begeisterung haben diesen großen Erfolg hervorgebracht!"

Das ist der Punkt, an dem der Erfolgreiche gleichsam über sein normales Bewusstsein hinausgehoben wird und spürt, dass sein Ich plötzlich mit seinem Lebensziel eins geworden ist. Das ist ein beinahe magischer Augenblick. Das ist der wunderbare Zustand der völligen Konzentration und der wohltuenden Harmonie, die von innen kommen und die man sich nicht von außen aufzwingen lassen muss. Diesen Zustand des völligen Einsseins mit seinem Lebensziel erreicht man nicht ohne unablässigen Kampf, genauso wie man den Gipfel eines Berges nicht ohne Mühe, Anstrengung, Selbstdisziplin, Willenskraft und Entschlossenheit erreicht.

Der Weg auf den Gipfel Ihres Erfolgs liegt keineswegs immer klar vor Ihnen. Immer wieder scheint der Weg versperrt. Immer wieder müssen Sie Umwege gehen und Rückschläge hinnehmen. Aber auch wenn der Weg auf den Gipfel des Erfolgs gleichsam im Nebel verschwindet, bleibt doch die Gewissheit: „Irgendwo dort oben ist mein Gipfel, und dort will ich hin. Denn ich weiß, der Weg zum Erfolg ist in mir!" Sie benötigen eine große Portion Energie und Selbstvertrauen, um auf dem einmal eingeschlagenen Weg Tag für Tag weiterzugehen. Lassen Sie deshalb nie nach, auch wenn Ihnen der Weg noch so mühsam und langwierig erscheint.

Denn glauben Sie mir, ich weiß aus meiner eigenen Erfolgserfahrung: Mit jedem Schritt nach oben wächst Ihre Energie und auch Ihr Selbstvertrauen. Ebenso wachsen Ihre Kraft und Ihre Entschlossenheit, niemals aufzugeben und umzukehren. Unbeirrt weiterzugehen, sich nach oben zu kämpfen und alle Kräfte für den Aufstieg zu bündeln, das ist die einzige Möglichkeit, die der Erfolgsuchende hat. Die Entschlosssenheit dazu wünsche ich Ihnen von Herzen. Denn Erfolg beginnt immer mit einem Entschluss und wird erreicht mit der Entschlossenheit zur Ausdauer.

## Werden Sie eins mit Ihrem Lebensziel

Auf dem Weg zu Ihrem Lebensziel wird Ihnen eines immer klarer werden: Die Antwort auf die wichtigsten Fragen Ihres Lebens finden Sie nur in sich selbst! Das Spannendste und zugleich Befriedigendste auf dem Weg zum Erfolg ist nicht der materielle Gewinn, ist nicht die Anerkennung, die dem Erfolgreichen zuteil wird. Auf dem Weg zur Verwirklichung Ihrer Träume lernen Sie vor allem sich selbst kennen, das ganze Potential Ihrer einmaligen und unwiederholbaren Persönlichkeit. Das ist die großartige Spannung und zugleich die starke Triebfeder im Kampf um Erfolg und um Ihr Lebenswerk.

Dieses Einssein mit Ihrem Lebensziel werden Sie ohne

Zweifel erreichen, wenn Sie mit Ihrem ganzem Herzen bei Ihrer Lebensarbeit sind. Denn dann verbinden sich die Tiefen Ihres Denkens, Ihres Bewusstseins und Ihrer Seele mit dieser selbstgestellten Aufgabe. Deshalb ist es auch von allergrößter Bedeutung, dass Ihr Lebensziel ganz aus Ihrer Persönlichkeit entspringt und dass es Ihrem ureigensten Wesen entspricht. Dieses große Ziel ist in Ihrem Unterbewusstsein angelegt, ähnlich wie in einem winzigen Samenkorn, aus dem nach seinen eigenen Wachstumsgesetzen ein großer, gesunder und alles überragender Baum heranwachsen kann.

Auf der Suche nach Ihrem ganz persönlichen Erfolg müssen Sie immer wieder den Schnittpunkt finden, an dem dieses Lebensziel zwischen Wachbewusstsein und Unterbewusstsein verankert ist. Dieses Samenkorn Ihres zukünftigen Erfolgs wächst mit Ihrer Begeisterung für Ihr Lebensziel. Ja, lassen Sie Ihre Erfolge mit sprühender Begeisterung wachsen! Es funktioniert!

## Spitzenleistungen bringen immer Gewinn

Das ist der Grund, warum es keinen Sinn macht, sich nur viel Geld oder andere materielle Reichtümer als Erfolgsziel zu setzen, selbst wenn Ihre gegenwärtige Situation vielleicht gerade diese Dinge als besonders vordringlich erscheinen lässt. Um dies deutlich zu machen: Ein Mensch, dessen wichtigstes Anliegen nicht die Spitzenleistung auf seinem Fachgebiet, sondern der größtmögliche finanzielle Gewinn ist, hat das falsche Lebensziel. Andererseits wird sich ein hervorragender Fachmann und begeisterter Arbeiter keine Sorgen um seinen Lebensunterhalt machen müssen.

Auch Ihnen wird die Verwirklichung Ihres Lebensziels und Ihrer ganz speziellen Lebensaufgabe durch bestmögliche Leistung mit absoluter Sicherheit immer den entsprechenden Gewinn bringen.

All dies zusammengenommen ist der Grund, warum Sie in meinem Buch keine „Wenn – dann"-Regeln finden werden. Hinweise zu Grundhaltungen, zu Denkweisen ja, aber keine Regeln. – Warum? – Die Erfüllung einer Lebensaufgabe setzt Begeisterung voraus, Herz, Hingabe, Ausdauer, Treue, Ehrlichkeit und Offenheit. Echten, redlich verdienten Erfolg kann man nur aus sich heraus schaffen und nicht wie eine Karriere in der Verwaltung als Selbstläufer planen. Echter Erfolg ist ein Grundbucheintrag in Ihr Leben!

## Begeistern Sie sich für Ihr Leben!

Sobald Sie anfangen, sich für Ihr Leben zu begeistern, werden die dunklen Schatten aus Ihrem Inneren wie von selbst verschwinden. Irgendwelche methodischen Anleitungen über die Verwirklichung Ihrer Träume und des von Ihnen erträumten Erfolgs können Sie dann getrost vergessen. Denn mit dieser unglaublichen Energie der Begeisterung – und Motivation ist nichts anderes als Begeisterung für echten Erfolg – werden Sie ganz einfach Erfolg haben. Motivation ist der stärkste Treibstoff für Erfolg!

All die Fähigkeiten, all die Tugenden wie Mut, Ehrlichkeit, Ausdauer, Disziplin, Entscheidungsfreude werden Ihnen aus diesem Feuer der Begeisterung zuströmen. Sie können sich völlig freisprechen von Selbstvorwürfen wie: Ich müsste zielstrebiger sein. Ich müsste mehr Selbstvertrauen aufbauen. Ich müsste mein Leben ändern. Ich müsste eine positivere Einstellung zu meinen Mitmenschen entwickeln. Ich müsste ... ich müsste ich müsste ...!

Das alles müssen Sie sich nicht mehr im einzelnen und nacheinander vornehmen, wenn Sie sich zur kürzesten Philosophie des Lebensglücks, des Erfolgs, der Freude und der tiefen Erfüllung Ihres Daseins bekennen. Sagen Sie ein lautes und deutliches Ja zu sich selbst! An jedem Tag Ihres Lebens. „Ja, ich schaffe es, weil ich es von ganzem Herzen will!" Das motiviert Sie fantastisch!

## Fantastisch! Begeisterung ist ansteckend!

Ich kann Ihnen aus der Erfahrung meines eigenen Lebens voraussagen, was auf Sie zukommen wird: Die Menschen um Sie herum werden dieses Feuer der Begeisterung in Ihnen brennen sehen. Sie werden auf diese Menschen wie ein Magnet wirken, und diese Menschen werden wie von selbst auf Sie zugehen. Sie werden Ihnen ihre Hilfe angedeihen lassen! Glauben Sie mir, Ihre Mitmenschen werden sich an Ihrer Begeisterung entzünden und alle Kraft aufwenden, um Sie in Ihren Plänen zu unterstützen. Genauso wie Sie den erfolgsbegeisterten Menschen um Sie herum Ihre Hilfe angedeihen lassen.

Diese Motivationshilfe zur Verwandlung Ihrer Träume und Visionen in sichtbare, greifbare und fühlbare Wirklichkeit wird sich wie von selbst auf Sie zubewegen. – Warum? – Weil aus Ihrer Begeisterung zu spüren ist, dass auch Sie alles Menschenmögliche tun werden, um anderen Menschen bei der Verwirklichung ihrer Träume und Visionen zu helfen. Ja, glauben Sie mir – Begeisterung ist ansteckend! Begeisterung entzündet immer!

## Begeisterung setzt ungeahnte Energien frei!

Dieses spontane und selbstverständliche Geben und Nehmen entspringt aus der tiefen Glut der Begeisterung. Ihre Begeisterung bringt auch alle negativen Gefühle und Einstellungen zum Verschwinden, die bisher Ihren Erfolg verhindert haben. Diese Begeisterung wird in Ihnen einen Strom an Energie hervorrufen. Und dieser Energiestrom wird Ihnen und den Menschen um Sie herum Erfolg, Reichtum und Lebensglück zufließen lassen.

Sie werden eine unglaubliche Erfahrung machen: Einen Menschen, der mit ehrlichen Mitteln ein ehrliches Ziel anstrebt und der mit der ungeheuren Kraft der Begeisterung und der positiven Motivation an die Verwirklichung seiner Ziele geht, den kann auf Dauer nichts von diesen Zielen abhalten. Begeisterung vertreibt das Negative. Begeisterung lässt das Negative nicht zu!

Lassen Sie mich eines noch einmal ganz deutlich sagen:

Jeder hat die Kraft, sein Leben zu ändern und sich für dieses Lebensziel zu entscheiden. Er oder sie muss es nur wollen. Entscheiden Sie sich!

## Sie schaffen es!

Wenn Sie die tiefe Harmonie des Denkens mit der selbstgestellten Aufgabe gefunden haben, dann können Sie auf Regeln verzichten, die nicht aus Ihrem eigenen Herzen kommen. Zu dieser Erkenntnis möchte ich Sie hinführen, damit Sie möglichst rasch an einen Punkt gelangen, an dem Sie spüren: „Alle negativen Kräfte haben die Macht über mich verloren, weil ich die Verantwortung für mein Leben ganz bewusst übernommen habe. Ich schaffe es, weil ich es will!"

Ich weiß: „Die Kraft ist in mir! Der Erfolg ist in mir!" Nehmen Sie sich jetzt noch einmal zehn Sekunden Zeit, und sprechen Sie laut den wichtigsten Satz Ihres zukünftigen Lebens:

**Ja, ich schaffe es, weil ich will!**

# Kapitel 2
# Finde dich in deinen Zielen

## Die entscheidende Entdeckung Ihres Lebens

Sie stehen vor der alles entscheidenden Entdeckung Ihres Lebens – es ist Ihr eigenes erfolgreiches Ich. Nehmen Sie den Dialog mit sich und mit Ihrem Leben auf. Werden Sie sich bitte über eines klar: Egal was Sie bisher an Schwierigkeiten, an Einschränkungen, an unbefriedigenden Lebenssituationen erfahren haben, Sie haben die große Chance, dieses erfolgreiche Ich in sich zu finden! Glauben Sie dem weisen Spruch des Zen-Meisters Hui Hua, den ich mit Bedacht meinem Buch vorangestellt habe: „Deine Schatzkammer liegt in dir selbst verborgen. Sie enthält alles, was du jemals brauchen wirst!"

Ich werde Sie auf dem Weg dorthin gerne begleiten und Ihnen mit meiner Lebenserfahrung Hilfestellung leisten. Vor allem werde ich Sie immer wieder motivieren, nicht stehenzubleiben. Ich will Sie schon heute begeistern für dieses erfolgreiche Ich, das Sie auf Ihrem Weg finden werden. Eines kann ich Ihnen allerdings nicht ersparen – Sie müssen diesen Weg mutig und entschieden selbst gehen, denn selbständig Gehen lernt man nur, indem man die fremde Hand loslässt.

Vor allem müssen Sie Ihren Weg dorthin selbst finden. Dieser Weg ist in keiner Lebenskarte eingezeichnet. Es gibt ihn nämlich nur ein einziges Mal. Es ist Ihr Weg, ausschließlich Ihr Lebensweg. Er führt nach außen und nach innen zugleich. Er führt Sie zu Ihrem wahren Ich. Nur Sie können Ihren Weg finden. Nur Sie können ihn gehen. Gehen Sie deshalb mutig und zielstrebig auf Ihr Leben zu, denn nur mit Mut können Sie die Risiken des Lebens in Chancen verwandeln! Mut ist einer der wichtigsten Wegweiser auf der langen Straße zum Erfolg!

Was ich Ihnen dabei raten kann? – Ich kann Ihnen, sooft Sie dieses Buch in die Hand nehmen, den wichtigsten Satz in Ihrem Leben zurufen: „Du schaffst, was du willst! Der Erfolg ist in dir. Geh immer weiter. Lass dich niemals entmutigen. Dein Glaube zeigt dir deine Richtung, und deine Richtungsangabe lautet:

## Mit Mut in die Zukunft!

Dein Mut bringt Hindernisse zum Verschwinden. Vertraue auf deine Kraft, die größer und immer größer wird, je länger du nach vorne gehst. Vertraue auf deine Bauchgefühle, auf die unerschöpfliche Kraft deines Herzens und deiner Intuition. Schöpfe aus der Vielfalt deiner Kreativität. Öffne deinen Geist für die unendliche Größe des Lebens. Vertraue auf die Fülle deiner Möglichkeiten. Freue dich über jede gute Seite, die du an dir entdecken kannst. Nähre und entwickle mit täglichen kleinen Erfolgen dein Wissen von der Strahlkraft deines Ichs. Sei stolz auf dein Ich. Glaube fest an dich. Und vor allem: Gib nie auf, denn je länger du gehst, um so näher kommst du dir selbst, und um so größer wird dein Ziel. Nimm dein Leben ab sofort tapfer selbst in die Hand!"

## Ihr Ich kann ganz beträchtlich wachsen

Wann haben Sie zuletzt gespürt, dass Sie wirklich für Ihren Erfolg geboren sind? Leben Sie in dem Bewusstsein, dass Sie sich in Ihrem ganz normalen Alltag auf der Straße des Erfolgs befinden? Oder sind Sie eher skeptisch, dass Ihr Leben in Zukunft positiver verlaufen könnte als bisher? Dann muss ich Ihnen einfach die Frage stellen: Wie groß sehen Sie Ihr eigenes Ich? Eher groß oder eher klein? Glauben Sie, dass Ihr Ich noch beträchtlich wachsen kann? – Das ist keine Frage, sondern eine unumstößliche Tatsache. Geben Sie Ihrem Ich deshalb sofort eine Chance!

Ohne Sie persönlich zu kennen, will ich Ihnen trotzdem sagen: Ich glaube an Ihren Erfolg. Ich weiß, dass er kommen wird, wenn Sie sich selbst dafür entscheiden. Denn jeder Mensch wird Erfolg erleben, wenn er die einfachen Grundsätze erfolgreichen Denkens und Handels „befolgt"! Erfolg erfolgt, indem man die einfachen Gesetze des Erfolgs befolgt!

Was gibt mir diese Sicherheit? – Ich habe Erfolg an vielen Menschen erlebt und an mir selbst erfahren. Ich erfahre Erfolg täglich aufs neue, und ich arbeite ganz bewusst für kleine und große Erfolgserlebnisse und für mein erfolgreiches Leben insgesamt. Daher weiß ich: Die Grenzen unseres Ichs reichen weit über unser gegenwärtiges Denken und über unsere Selbsteinschätzung hinaus. Sauberer und ehrlicher Erfolg – und sei er noch so klein – kann Sie zu ungeahnter Größe wachsen lassen.

## Streichen Sie endlich die Erfolgsblockaden aus Ihrem Denken

Ihr Ich reicht weit über die Grenzen hinaus, die Sie sich selbst oder die Ihnen andere gesetzt haben. Grenzen, die Sie bisher ertragen haben, weil Ihnen vielleicht von Kind an ständig gesagt wurde: „Das tut man nicht. Das darfst du nicht. Das steht dir nicht zu! Das kannst du nicht. Das schaffst du nicht. Daraus wird sowieso nichts!“ So lange, bis Sie sich selbst vor einem erfolgreichen Leben hinter diesen negativen Sätzen versteckt haben: „Das kann ich nicht. Das schaffe ich nicht. Das darf ich nicht. Dieser Erfolg steht mir gar nicht zu!“ Das ist leider die Logik der Erziehung zum negativen Denken.

Dieses „Ich kann nicht!“ ist eine der größten Blockaden von uns Menschen auf dem Weg zum Erfolg. Dieser Satz ist eine gedanken- und energielose Entschuldigung für selbstgewählte Erfolglosigkeit. Er macht Sie klein, viel kleiner, als Sie sind. Er trennt Sie von den ungeahnten Möglichkeiten, die Ihnen immer wieder begegnen. Wenn Sie dieses motivationstötende Wort „nicht“ streichen, entsteht daraus eine sehr positive Aussage. Versuchen Sie es und schreiben Sie diesen Satz auf ein großes Blatt Papier, streichen Sie dieses „nicht“ für immer aus Ihrem Leben, und setzen Sie hinter das „ich“ ein großes Ausrufezeichen.

# Das kann ich! ni~~ch~~t!

## Das kann ich!

Das ist der Satz, den Sie sich ab sofort wie eine Notrufnummer einprägen müssen. Verankern Sie dieses „Das kann ich!“ so sicher in Ihrem Bewusstsein, dass es automatisch vor Ihrem geistigen Auge erscheint, wann immer Ihnen neue Aufgaben gestellt werden oder Schwierigkeiten auftauchen. Das überzeugende Gefühl „Das kann ich!“ lässt Aufgaben nie mehr unüberwindlich groß erscheinen und Schwierigkeiten niemals unlösbar. „Das kann ich!“ führt immer zum Erfolg!

Es besteht natürlich auch die Möglichkeit, dass Menschen mit ihren Zielen scheitern. Aber das ist auch immer eine Frage der Einstellung, der Motivation und des Mutes. Die Vorsichtigen und die Ängstlichen sehen in den Möglichkeiten nur die Risiken. Die erfolgreichen Menschen sehen in den Risiken vor allem Chancen und Möglichkeiten für Erfolge!

## Bitte motiviere mich!

Wenn Sie in Ihrem Umfeld den Satz hören: „Das kann ich nicht!“, denken Sie immer daran, dass er nichts anderes bedeutet als einen inständigen Hilferuf. Ihr Gegenüber sagt nämlich mit mehr als deutlichen Worten: „Ich habe wenig Selbstvertrauen. Bitte motiviere mich! Das will ich, falls es

Ihnen noch ähnlich geht, mit „Du schaffst, was du willst!" gerne tun – so lange, bis Sie selbst wieder in der Lage sind, sich zu motivieren, bis Sie laut und deutlich zu sich selbst sagen: „Ja, ich hin stolz auf mich!" und soviel Erfolgsenergie in sich spüren, dass Sie Ihre Motivation an andere Menschen weitergeben können.

Ich bin fest davon überzeugt, jeder einzelne von uns hat tief im Innersten seines Denkens, seines Unterbewusstseins, seiner Seele die Vorstellung, dass er ein einmaliges und unverwechselbares Geschöpf ist. Von unserem Fingerabdruck wissen wir es seit langem. Dass unsere Gene unverwechselbar sind, lesen wir seit einiger Zeit täglich in der Zeitung. Aber dass unsere Fähigkeiten, unsere vielfältigen Möglichkeiten und damit unsere ganz persönlichen Erfolgsaussichten unverwechselbar und einmalig sind, daran wollen wir nicht glauben?

Das darf doch nicht sein! Glauben Sie mir: Jeder Mensch hat seine eigenen unverwechselbaren Chancen zum Erfolg. Das gilt vor allem für Menschen wie Sie, die sich intensiv mit ihrem Lebenserfolg auseinandersetzen. Sie werden sich aktiv auf diesen Erfolg hin verändern, da bin ich mir ganz sicher! Sie denken so wie ich – positiv! Denn sonst würden Sie auch nicht meine Bücher lesen!

## Befreien Sie sich vom Schubladendenken

Wir wissen doch: Jeder von uns ist unendlich viel reicher an Möglichkeiten, als er glauben will. Viele Menschen lassen sich nur allzu bereitwillig in eine Schublade stecken – von den Eltern, von den Lehrern, von Kollegen, von Freunden, vom Lebenspartner. Viel zu viele Menschen verhalten sich exakt so, wie es von ihnen erwartet wird. Sie verharren widerspruchslos in der kleinen Schublade ihres Lebens, in die sie – von wem auch immer – gesteckt wurden, in die sie sich haben stecken lassen und in der sie sich gerne vor ungelösten Problemen ihres Lebens verstecken. – Warum tun sie das? – Ganz einfach: Auch wenn diese Schublade mehr als unbequem ist, bietet sie doch Schutz vor Risiko, vor Veränderung, vor eigenständigem Denken. Die gängige Schutzbehauptung vor Veränderung lautet: „So bin ich halt. Da kann man nichts machen. Und außerdem ist die Welt da draußen sowieso schlecht!"

Eines steht fest: Es gibt kein Lebensalter, in dem man sich nicht mehr verändern kann. Deshalb mein Rat:

## Kommen Sie endlich raus aus Ihrer Schublade!

Herkunft, Familientradition, Gesellschaftsdruck, Standesbewusstsein, Rollenerwartung im Beruf, ja, auch falsch verstandenes Verantwortungsbewusstsein, Pflichtgefühl – all das sind Wände dieser Schubladen, in die wir gesteckt werden und in die wir uns stecken lassen. – Wie können wir uns davon befreien?

Stoßen Sie diese Schubladen entschlossen auf. Werfen Sie als erstes einen klaren, offenen und ehrlichen Blick auf sich selber: „Bin ich das wirklich? – Bin ich das gerne, was ich bin?" Das sind die Fragen, die Sie sich stellen und vor deren ehrlicher Antwort Sie nicht davonlaufen dürfen. Wenn Sie das Gefühl haben, Sie stehen mit dem Rücken zur Wand, dann gibt es nur eine Richtung, in die Sie gehen können – vorwärts! Raus aus der Schublade!

Durchschauen und durchschreiten Sie Ihre Grenzen. Diese Grenzen weichen in dem Moment zurück, in dem Sie bewusst darauf zugehen. Betrachten Sie Ihr eigenes Leben wie eines dieser Computerbilder, hinter denen sich bei richtiger Betrachtung eine dreidimensionale Vielfalt an Bildern auftut. Betrachten Sie Ihr eigenes Ich durch die 3-D-Brille des Erfolgs. Schauen Sie in sich hinein. Das ist die spannendste Multimedia-Show, die Sie live erleben können!

Jeder Mensch – auch Sie – besitzt eine Fülle von großen und ausbaufähigen Anlagen, ein Potenzial, das weit über das hinausgeht, was Sie bisher in Ihrem Alltag verwirklichen konnten. Machen Sie sich umgehend auf die Suche nach dieser Fülle an Erfolgsmöglichkeiten, nach der Schatzkammer in Ihrem Ich. Dort finden Sie den größten Reichtum, den größten Schatz, den Sie in Ihrem Leben heben können. Entdecken Sie die Goldadern Ihrer vielschichtigen Persönlichkeit. Suchen Sie in Ihrem eigenen Leben nach Erfolg! Sie werden ihn finden. Garantiert!

## Stellen Sie die richtigen Fragen

Erfolgreiche Menschen haben eine deutliche und klare Antwort auf die wichtigste Frage ihres Lebens: „Welches ist mein Lebensziel?“ Wichtig ist in diesem Zusammenhang erst einmal, dass Sie die richtigen „Ziel“-Fragen stellen. Sie können noch meilenweit von allen Anzeichen eines erfolgreichen Lebens entfernt sein, aber Sie müssen die richtigen Fragen an sich selbst stellen. Fragen Sie als erstes sich selbst, was Sie wollen! Fragen Sie: „Wo ist mein Ziel?“

Leider sind zahlreiche Menschen so programmiert, dass sie in problematischen Lebenssituationen, nach Schicksalsschlägen und Niederlagen die falschen Fragen an sich und an ihr Leben stellen. Eine dieser Fragen, mit denen sie sich nur im Kreise drehen, lautet: „Warum passiert so etwas immer nur mir? Ausgerechnet mir!“ Das ist eine rückwärts gewandte Frage, eine falsche Frage, auf die es nur eine falsche Antwort geben kann. So eine Fragestellung kann niemals an ein Ziel führen. Der Volksmund nennt das ganz richtig „grübeln“. Wer grübelt, sitzt tatsächlich in einer Grube, in der er keinen Überblick hat und deshalb auch keinen Silberstreif am Horizont erkennen kann.

## Sackgasse Grübeln

Grübeln ist ein großer Erfolgsverhinderer. Grübeln ist rückwärts gewandtes Denken. Grübeln ist wie ein Bumerang, der nur die hoffnungslosen Gedanken zurückbringt. Wer grübelt, denkt immer nur darüber nach, wie er in diese missliche Situation geraten ist oder wer ihn in diese Situation gebracht hat. Wer grübelt, sucht nach Schuld – bei sich und noch häufiger bei anderen. Wer grübelt, dreht sich im Kreis. Er denkt nicht darüber nach, wie er wieder aus dieser Situation herauskommen kann. Mit dieser Fragestellung wird er niemals ein Ziel erkennen, das ihn vorwärtsbringt. Grübler jammern. Und Jammerer grübeln. Keines von beiden führt zu einer Lösung.

Es gibt eine ganze Reihe von Menschen, die ihr Denkvermögen fast ausschließlich zum Grübeln einsetzen. Was läuft bei diesem Bumerangdenken ab? Wer grübelt, starrt Löcher in die Vergangenheit, anstatt Ziele für die Zukunft zu entwerfen. Weil Grübeln niemals zu Lösungen führt, erzeugt es Angst. Grübeln tötet jeden Antrieb und jede Motivation. Es schwächt erkennbar die geistige und körperliche Energie und führt zu anhaltender Mutlosigkeit. Grübeln kostet viel Kraft. Grübeln vernichtet auch Lebensfreude. Grübeln ist daher einer der stärksten Energieabsauger, die es im Leben gibt! Grübeln macht auf Dauer krank!

Grübeln bedeutet vor allem, dass man die Probleme immer nur umwendet. Grübeln ist das Gegenteil von Analysieren und Lösungen suchen! Wer grübelt, sieht sich in der Rolle eines Opfers von ausweglosen Verstrickungen. Er stellt die falschen Fragen an sich und an sein Leben.

Das ist wie bei einem Wanderer, der sich im Wald verlaufen hat und seinen Kopf immer nur mit der einen Frage zermartert: „Warum habe ich mich verlaufen?“ Deshalb bekommt er auch allerhöchstens die eine Antwort – eben, warum er sich verlaufen hat. Weil falsche Fragen automatisch falsche Antworten produzieren. Die einzig richtige Frage lautet: „Wie finde ich einen Weg, auf dem ich wieder aus dem Wald herauskomme?“ Stellen Sie deshalb auch an sich selbst immer Fragen, die aus dem Wald Ihrer Probleme herausführen!

Glauben Sie mir Grübeln ist das Gegenteil einer erfolgreichen Vorwärtsstrategie. Wer grübelt, dreht sein Gesicht zur Wand und versucht – aussichtslos –, die Vergangenheit zu verändern. Grübeln lässt die positiven Lebensziele in weiter Ferne verschwinden. Wer grübelt, bewegt sich in einem geistigen Irrgarten. Deshalb mein dringender Rat an Sie: Reagieren Sie auf Niederlagen niemals – ich wiederhole: niemals – mit Grübeln! Niederlagen verlangen als Antwort Entscheidungen und Taten!

## Eine einfache Frage – eine einfache Antwort

Ich kenne Grübeln in scheinbar aussichtslosen Lebenssituationen aus eigener bitter durchlebter Erfahrung. Im trügerischen Vertrauen auf eine glänzende Zukunft, die von einem völlig unzuverlässigen Menschen abhing, hatte ich mich mit dem Kauf einer Wohnung für mehrere hunderttausend Mark bis zum Hals verschuldet. Dieses Traumgebilde stürzte buchstäblich über Nacht in sich zusammen. Plötzlich stand ich ohne Arbeit da, ohne Geld und bald auch ohne Freunde und ohne meine kurz zuvor gegründete Familie. Ich stand buchstäblich vor dem Nichts. Ich verbrachte viel Zeit mit Selbstvorwürfen wie „Ach, hätte ich doch …!“ und Fragen wie „Warum habe ich nicht …?“. Heute weiß ich ganz sicher: Solche Sätze haben noch nie irgend jemand auf den richtigen Weg geführt. Mich damals natürlich auch nicht!

Aber dennoch habe ich am schlimmsten Tiefpunkt meines Lebens zu der einzig richtigen und wichtigen Frage gefunden: „Erich, wofür hat dir dein ehemaliger Chef eigentlich soviel Verantwortung übertragen und soviel Geld bezahlt? Was hat dir denn bisher Erfolg gebracht?“ In dieser bittersten Not haben mir mein Unterbewusstsein und mein Wachbewusstsein die richtige Anwort gegeben.

## Ich gab mir selbst die richtige Antwort

Das war zu diesem Zeitpunkt die einzig richtige Frage. Es war *die* Frage meines Lebens! Ja, es war sogar eine Frage des Überlebens! Sie hat mir die Lösung meines Problems aufgezeigt. An diesem Tiefstpunkt hatte ich plötzlich klar vor Augen, wie mein Ziel heißt, was meinen Fähigkeiten, was meiner Person entspricht und was mir am meisten Freude bereitet, Ich wusste plötzlich wieder, was ich am besten kann. Ich gab mir auf diese Lebensfrage selbst die richtige Antwort: „Du bist mit Herz, Leib und Seele Verkäufer!“ Denn auch in schweren Niederlagen darf man nie die errungenen Erfolge des Lebens vergessen.

Das war die alles entscheidende Antwort, die meine ganze Begeisterung entzündete. Plötzlich spürte ich in mir den Entschluss reifen: „Ich will nie wieder von der Launenhaftigkeit anderer Menschen abhängig sein. Ich werde mein eigenes Unternehmen gründen, und ich werde Erfolg haben!“ Dieser Entschluss setzte eine ungeheure Motivation, eine schier unerschöpfliche Energie und Schaffenskraft frei.

Plötzlich konnte ich an nichts anderes mehr denken als an die Verwirklichung dieser scheinbar verrückten Idee, die sich bereits damals zu der Vision ausweitete, ein weltumspannendes Unternehmen in der Elektronikbranche aufzubauen. Alle diese Träume und auch die konkreten Pläne für ihre Umsetzung wurden ausgelöst durch die richtige Frage und die Antwort darauf, die tief aus meinem Inneren kam: „Du bist mit Herz, Leib und Seele Verkäufer!“

Das gilt bis heute. Ja, ich bin in meinem beruflichen Alltag am glücklichsten, wenn ich mit Menschen zusammentreffe und mit ihnen aufrichtige Gespräche führe. Ich bin nicht der Mensch, der tagein, tagaus am Schreibtisch sitzt oder in Dutzenden von Meetings über Schuldzuweisungen für nicht erreichte Umsatzziele diskutiert. Rausgehen, Menschen überzeugen und ihnen die Motivation vermitteln, die sie so notwendig brauchen – das ist es, was mir Freude bereitet. Und dieses Motivationsnetzwerk hat sich im Lauf der Jahre extrem ausgeweitet.

## Die unglaubliche Macht des positiven Denkens

Wie Dale Carnegie, der die Kakerlaken in seiner armseligen New Yorker Wohnung nicht mehr ertragen konnte, hatten mich die unerträgliche Not meiner Kindheit und ein tiefer Sturz auf den richtigen Weg im Leben gebracht – auf den Weg des ehrlichen Erfolgs. Und wie Dale Carnegie spürte ich im Lauf der Jahre die Verpflichtung, andere Menschen davon zu überzeugen, dass auch sie jederzeit ihr Leben zum Positiven hin verändern können. Motivation für ehrliche Ziele, positives Denken, ein tiefer Glaube an das Gute und die Begeisterung für Erfolg im Leben verbinden mich mit ihm, und ich empfinde eine große Hochachtung vor seiner Lebensleistung.

Meine Erfahrungen mit Not, Einsamkeit, tiefer Niedergeschlagenheit einerseits und den jederzeit bereitliegenden Chancen, dies alles zu überwinden, andererseits, haben mich zu meiner eigenen Philosophie des positiven Denkens geführt. Mein unerschütterlicher Glaube, dass jeder Mensch seinen großen Lebenserfolg erzielen kann, hat in mir das Bedürfnis immer stärker werden lassen, auch andere Menschen von der alles überwindenden Kraft der Motivation zu überzeugen.

Ich finde es herrlich, auf Menschen zuzugehen und sie zu motivieren – wie Sokrates, der sagte: „Ich suche ehrliche Menschen!" Ja, auch ich suche Menschen, die offen sind, die ehrlich sind gegenüber sich und anderen. Ich suche Menschen, die bereit sind, ihre selbstgesetzten Grenzen zu überschreiten, ihr Selbstvertrauen und ihren Glauben an sich zu stärken. Ich suche Menschen, die Erfolg haben wollen und die bereit sind, dafür ausschließlich ehrliche Wege zu gehen. Ich möchte mit meinen Büchern, Vorträgen, Seminaren und Fernsehsendungen Menschen motivieren, die ihr Lebensziel suchen, die einen Anstoß brauchen, die den Absprung von der Abwärtsspirale des negativen Denkens und den damit zwangsläufig verbundenen negativen Erfahrungen suchen.

## Auf der Suche nach Erfolg

In meinen Vorträgen erfahre ich immer wieder hautnah, dass unzählige Menschen auf der Suche nach Freude, nach Glück und Erfolg, nach ihrem Lebenserfolg sind und sich bereitwillig für positives Denken motivieren lassen. Im Anschluss an diese Vorträge bin ich oft stundenlang im Gespräch mit Menschen, die sich brennend für „mein" Thema interessieren: „Wie finde ich mit Offenheit und Ehrlichkeit zu einem erfolgreichen Leben?" Die Menschen beginnen, daran zu glauben, dass Offenheit und Ehrlichkeit die Kapitel sind, mit denen wir uns ernsthaft auseinandersetzen müssen. Und das gibt auch mir Kraft. Es macht mir Freude, ein Botschafter des Erfolgs zu sein.

Da ich weiß, dass die Motivation der allerwichtigste Faktor auf dem Weg zum Erfolg ist, möchte ich möglichst viele Menschen von diesem Erfolgsfaktor überzeugen. Auch Sie – und ich weiß, ich schaffe das! Das Feuer der Begeisterung und der Motivation bringt Ihnen den Erfolg! Nehmcn Sie diese Botschaft noch heute in Ihr Leben hinein!

## Meine Botschaft heißt Erfolg

Mit dieser wichtigsten Botschaft meines Lebens möchte ich so viele Menschen erreichen wie nur irgend möglich! Diese Botschaft ist mir eminent wichtig. Diese positive Message ist die Antwort auf die weitgehend negative Erwartungshaltung unserer Gesellschaft. Ehrlichkeit und Erfolg werden auch Ihr Leben verändern – wenn Sie das Erfolgsdenken wirklich ernsthaft in Ihr Bewusstsein aufnehmen. Sie werden sich dann plötzlich verwundert fragen, wo sich dieser unglaubliche Erfolg denn all die Jahre der Not, des Mangels und der Frustration versteckt gehalten hat. Ich kann es Ihnen sagen. Er war bereits in Ihnen angelegt. Er hat nur darauf gewartet, dass Sie ihn erkennen, annehmen und mit all Ihrer Kraft darauf hinarbeiten. Vielleicht haben Sie nur jemanden gebraucht, der Ihnen den ersten Anstoß für Ihren Erfolg gibt.

## Meine Botschaft der Motivation

Menschen diesen Anstoß zu ihrem Erfolg zu geben und damit auf breiter Basis ein Erfolgsbewusstsein und eine Erfolgsbereitschaft zu schaffen, das begeistert mich. Dafür halte ich Vorträge und Seminare. Und dafür schreibe ich meine Bücher. Dass ich mit dieser Botschaft in einem Vortrag Hunderte, ja mittlerweile Tausende von Menschen, ihre Begeisterungsfähigkeit, ihr Herz, ja, ihre Seele erreichen kann – das ist die Freude an der Entdeckung meines Potenzials, von dem ich bis vor wenigen Jahren nichts wusste! Es ist wichtig, auch den Erfolg der anderen Menschen zu wollen und zu schätzen und nicht nur auf seinen eigenen Erfolg zu sehen!

Ich werde auch Sie dafür begeistern, dieses Potenzial an ungenutzten Fähigkeiten, an Energie, an Kreativität, an Lebensfreude und Erfolgsbewusstsein, das in Ihnen verborgen ist, zu entdecken und zu entfalten. Lassen Sie sich mitreißen! Werfen Sie Ihre Selbstzweifel über Bord. Suchen Sie eine neue Überschrift für Ihr Leben. Sie heißt ganz einfach: „Ja, ich will ein erfolgreicher Mensch werden!"

Ich bin mir absolut sicher, Sie selbst tragen seit langem eine Ahnung mit sich herum, dass in Ihnen Erfolgsmöglichkeiten schlummern, die Ihrem Leben eine bisher nicht gekannte, ungeheure Fülle schenken können. Sie wissen mit Sicherheit, dass in Ihnen ein unglaubliches Reservoir an Fähigkeiten vorhanden ist, das nur noch nicht zur Geltung gekommen ist. Wie ein unterirdischer Wasserspeicher riesigen Ausmaßes, der irgendwo als ein kleines Rinnsal zutage tritt! Drehen Sie die Schleusen Ihrer verborgenen Fähigkeiten auf! Begeistern Sie sich für Ihr Erfolgspotenzial!

Sie haben bisher vielleicht nur noch keinen Weg gefunden, wie Sie diesen verborgenen Speicher an Fähigkeiten, dieses ungeheure Reservoir an ungenutzten Talenten ausschöpfen können; wie Sie die Blockaden beseitigen können, die verhindern, dass aus dem unscheinbaren Rinnsal ein breiter Strom des Erfolgs wird; ein Strom des Erfolgs, der größer und mitreißender wird, als Sie es sich je vorstellen konnten. Ja, die Zeit ist reif, dass Sie Ihrem Denken eine neue Richtung und Ihrer Vorstellungskraft eine neue Dimension geben! Denken Sie sich groß! Denken Sie sich erfolgreich. Denken Sie nach, und werden Sie reich!

## Die neue Dimension Ihres Denkens

Wo liegen die Grenzen Ihrer Vorstellungskraft? Was, glauben Sie, sind Sie zu leisten imstande? Die Phantasie vieler Menschen ist nur im Hinblick auf ihre Urlaubsplanung im wahrsten Sinne des Wortes grenzenlos. Kaum ein Ort auf diesem Globus, der sich nicht mit der entsprechenden Planung erreichen ließe – von der Traumschiffreise zu den Fidschi-Inseln bis zum Abenteuertrip zu den letzten Steinzeitmenschen im afrikanischen Busch. Aber bei der Planung ihrer Lebensziele verharren viele Menschen mit ihrer Vorstellungskraft geistig in ihrer Reihenhaussiedlung. Endstation Sehnsucht. Endstation Frust. Endstation Jammern. Nein, nicht Sie. Träumen und planen Sie weiter Ihren echten Erfolg. Ihre Zielstation heißt Erfolg, heißt Lebensfreude! Fahren Sie weiter bis Zielbahnhof Glück!

Lassen Sie sich niemals von dieser weitverbreiteten Kleingläubigkeit anstecken. Suchen Sie für Ihr Denken, für Ihre Lebensplanung, für Ihre Träume eine neue Dimension! Denken Sie daran, was der menschliche Geist, der menschliche Wille, die menschliche Kreativität zu schaffen imstande sind. Ein unscheinbarer indischer Rechtsanwalt forderte das britische Weltreich heraus und verschaffte dem ganzen indischen Subkontinent die Unabhängigkeit. Sein Name: Mahatma Gandhi. Er begann seinen Kampf mit nichts als mit der Entschlossenheit, für dieses Ziel mit seinem ganzen Leben einzustehen.

Die viel näher liegende Alternative, bevor er diesen Entschluss fasste und sein Denken diese unbeschreibliche Dimension annahm, war das Dasein eines von der herrschenden Klasse unterdrückten und wegen seiner Abstammung verachteten Rechtsanwaltes in Südafrika. Die Größe seiner Vorstellungskraft und seine unbeirrbare Entschlossenheit haben ihn zu einem der bedeutendsten Menschen nicht nur dieses Jahrhunderts gemacht. Mit seiner Vorstellungskraft, mit seiner Zähigkeit, mit seinem Mut und mit seiner unerschütterlichen Ausdauer zwang dieser eine Mann ein Weltreich in die Knie!

## Nehmen Sie Maß an großen Leistungen

Auch auf allen anderen Gebieten menschlicher Leistung und menschlichen Fortschritts lag und liegt der Ursprung in der Dimension des weitgesteckten Denkens und der Ziele, die über das Normalmaß weit hinausgehen. Fast alle technischen Hilfsmittel der Kommunikation, des Verkehrs, der Medizin waren noch vor hundert Jahren völlig unvorstellbar. Heute sind sie eine Selbstverständlichkeit. Lassen Sie von dieser Überlegung Ihren Geist, Ihre Kreativität und Ihr Erfolgsbewusstsein begeistern.

Jahrtausendelang war das schnellste Fortbewegungsmittel, das sich der Mensch vorstellen konnte, das Pferd und später noch das Segelschiff. Heute reisen wir mit Mach 2 von einem Kontinent zum anderen – schneller, als sich die Erde um die Sonne dreht. Ständig rückt der menschliche Geist die Dimension seiner Vorstellungskraft über die Grenzen des Vorstellbaren hinaus: ins unermesslich Große – in die Tiefe des Universums – und ins unermesslich Kleine – in den Aufbau der Gene, ja der Atome! Lassen Sie sich von diesen wenigen Beispielen dafür begeistern, die Tiefe Ihres Universums auszuloten und der Vorstellung von den Möglichkeiten Ihres Ichs eine neue Dimension zu geben. Werden Sie wieder richtig neugierig. Denken Sie groß! Begeistern Sie sich für Ihre verborgenen Fähigkeiten. Fangen Sie sofort damit an. Jetzt!

## Die günstigste Gelegenheit für Wandel

Sie wissen sicherlich auch, dass Sie sich an jedem Tag, zu jeder Stunde, zu jeder Minute entschließen können, dieses große Ich in Ihnen zu entdecken. In diesem Augenblick können Sie beschließen: „Ich verändere mein Leben. Ich will, dass mein Erfolgsbarometer deutlich zu steigen beginnt!“ Was hält Sie dann noch davon ab? Sind es vielleicht Zweifel an Ihren eigenen Fähigkeiten, eingefahrene Gewohnheiten, ein negativ gestimmtes Umfeld, chronische Probleme? Eine Ratlosigkeit, die sich über viele Jahre aufgebaut hat? Ein Mangel an Energie, an Auftrieb und Motivation? Oder auch die Angst vor einem Aufbruch ins Ungewisse? Oder ist es dieses negative Denkprogramm „Ich kann nicht!“?

Wagen Sie doch einfach diesen ersten Schritt in Richtung Ihres Erfolgs – ehe Sie Ihr Inneres einer langwierigen und häufig fruchtlosen Analyse unterziehen, weshalb Sie bisher noch keine übermäßigen Erfolge vorweisen können. Ein erster Schritt in die Zukunft ist allemal besser als eine lange, selbstquälerische Reise in eine Vergangenheit, die

Sie ohnehin nicht mehr ändern können. Besuchen Sie ab sofort häufiger Ihre Zukunft!

## Wie groß ist Ihr Erfolgsbewusstsein?

Wenn es noch klein und zaghaft ist, ist das nicht weiter schlimm. Denn Sie können Ihr Erfolgsbewusstsein mit allem Positiven, was Sie tun, stimulieren und wachsen lassen. Denken Sie nicht gleich an einen großen, weltbewegenden Schritt. Brechen Sie einfach auf in Ihre erfolgreiche Zukunft – mit einem ersten kleinen Schritt. Erinnern Sie sich an eine Leistung in der Schule, in Ihrem Beruf, in der Familie, in Ihrem Freundeskreis, in Ihrem Hobby oder im Sport, an irgend etwas in Ihrem Leben, das Sie außergewöhnlich gut und erfolgreich geschafft haben. Eine Leistung, bei der Sie in sich, in Ihrem ganzen Wesen diese eine Erfüllung und Zufriedenheit über einen errungenen Erfolg gespürt haben. Dort könnte Ihr Start in ein erfolgreiches Leben liegen!

Erinnern Sie sich vor allem an dieses wunderbare Gefühl des Erfolgs, das Ihre ganze Person erfasst hat. Das ist es doch, was Sie immer wieder von neuem erleben wollen. Diese wunderbare Balance von Geist, Körper und Seele, dieses herrliche Bewusstsein, mehr erreicht zu haben, als Sie sich zugetraut haben. Sie können es jederzeit wieder erleben! Jeden Tag!

## Veränderung durch Motivation

Ich will Ihnen eine Geschichte erzählen, die mir wieder einmal gezeigt hat, was vielen Menschen in ihrem Leben am meisten fehlt. Als ich im Rahmen der Hochschultage '98 an der Fachhochschule München einen Vortrag zum Thema „Mit Motivation ins nächste Jahrtausend" hielt, waren sage und schreibe vier Fernsehsender zugegen. SAT 1 hatte dabei sogar ein ganz besonderes Anliegen. Dieser Sender wollte zeigen, ob es tatsächlich gelingt, eine große Anzahl von Menschen sichtbar zu motivieren. Sie filmten die Zuhörer zu Beginn des Vortrags und am Ende.

Während meines Vortrags war ich ständig umringt von Kameraleuten und Kabelträgern. Da ich während meiner Vorträge nie reglos hinter einem Pult stehen kann, sondern mich frei bewege und mit meinen Zuhörern wirklich in Kontakt trete, war dies im wahrsten Sinne des Wortes eine sehr bewegte Veranstaltung. Aber ich fühlte mich durch die Kameraleute keineswegs gestört. Im Gegenteil! Ich war hoch motiviert. Ich wusste, dass ich mit meinem Vortrag um so mehr Menschen erreichen konnte, je mehr Kameras mir folgten. Die Bilder zeigten tatsächlich eine deutliche Veränderung des gesamten Publikums. Die Menschen ließen sich in der Tat motivieren. Sie öffneten sich. Es war ganz eindeutig zu sehen: Motivation macht immer offen – für Kontakte und für neue Eindrücke. Am Ende des Vortrags standen die Menschen in Gruppen beisammen und diskutierten angeregt.

Am nächsten Tag stand in den Zeitungen: „Lejeune – der Turbolader unter Professoren". Ich hatte keine Vorlesung gehalten und auch keine Folien aufgelegt. Ich arbeite bei meinen Vorträgen immer ohne Folien, denn Motivation verträgt keine vorgefertigten Ideen von Dritten. Ich hatte die Menschen offenbar mit meiner Botschaft der Motivation, der Offenheit und Ehrlichkeit, des Mutes zur Veränderung und zum Erfolg aufgewühlt und mitgerissen. Offenheit hat immer Motivation im Gepäck!

## Ja, ich habe verstanden!

Eine Reihe von Zuhörern rief mich an oder schrieb mir Briefe. Unter der Vielzahl von Briefen fand sich auch ein Brief von einer jungen Studentin. Sie wollte sich bei mir ganz persönlich für diesen Vortrag bedanken. Meine eindringlichen Worte hatten in ihr einen Lebenskern entzündet, den sie selbst noch nicht benennen konnte. Sie schrieb:

*Herr Lejeune, in Ihrem Vortrag ging es um Motivation, um positive Energien und um Kampfeswillen. Um Umbruch und Chancen, um klare Ziele und Mut zum Erfolg. Um eigene Ideen und selbständiges Handeln. Kurzum, es ging auch um meine Zukunft und um die Chance, sie aktiv zu gestalten.*

*Ich muss gestehen, ich war beeindruckt. Ich begann zu begreifen, worauf es im beruflichen Leben ankommt. Ich sagte zu mir: Schluss mit der ewigen Jammerei! Ich kann und ich will, nein, ich will nicht nur, ich handle! Jetzt. Sofort. Ich schaffe es. Aus eigenem Antrieb und mit dem festen Willen zum Erfolg! Ja, ich habe verstanden.*

Und dann fuhr sie in ihrem Brief an mich fort:

*Nun, Herr Lejeune, habe ich nur noch eine letzte Frage: Was soll ich tun?*

## Was soll ich tun? – Eine Frage für Millionen

„Was soll ich tun?" Diese Offenheit, dieses freimütige Eingeständnis des Ratlosigkeit verblüffte mich. Faszinierend, wie ein junger Mensch mit vier ganz einfachen Worten seine ganze Lebenssituation umreißen kann. Dabei stand diese Frau keineswegs mit leeren Händen da. Ihr Briefkopf wies sie als Diplomübersetzerin aus – staatlich geprüft, öffentlich bestellt und vereidigt! Und trotzdem diese Frage: „Was soll ich tun? Wie finde ich die Chance, meine Zukunft aktiv zu gestalten? Wie finde ich einen Weg zu dem Leben, das mich wirklich erfüllt, das nicht in zermürbende Routine abgleitet oder in Belanglosigkeit versinkt? Wie finde ich zu der Form meines Lebens, die mich wirklich berührt und bewegt? Wo ich Tag für Tag ganz intensiv spüre, dass ich lebe?"

Eigene Ideen durch selbständiges Handeln zu verwirklichen, das ist es doch, was wir uns für unser Leben am meisten wünschen. Das ist es, wonach wir uns wirklich sehnen und worin wir unsere größte Erfüllung finden können. Nicht nur ein Rädchen zu sein in einer unpersönlichen Welt, kaum wahrgenommen und austauschbar, sondern als Individuum mit seinen ganz besonderen Fähigkeiten anerkannt und geschätzt zu werden. Das ist es, was ich unter Selbstverwirklichung verstehe – meine Ideen im Zusammenwirken mit anderen Menschen zum Nutzen aller Beteiligten umsetzen!

Ich weiß ganz sicher, dass auch Sie diese Sehnsucht nach Erfolg, nach Erfüllung und Lebensfreude tief in sich spüren. Diese gesunde Sehnsucht müssen Sie anfachen, wachhalten und nie mehr erkalten lassen. Aber vielleicht geht es Ihnen wie dieser jungen Frau, und über Ihrem Leben steht in großen unübersehbaren Buchstaben die Frage: „Was soll ich tun?“

Die Antwort kann nur lauten: „Sie müssen Ihr ganz persönliches Ziel finden!“ Ja, gehen Sie auf Zielsuche! Sofort! Nur so kann die Faszination entstehen, die aus einem großen Lebensziel kommt.

## Begeistern Sie sich für Ihren Erfolg!

Gehören Sie schon zu den Glücklichen, die sich nach jeder neuen Stufe ihres Erfolgs fragen: „Wie kann ich meinen Erfolg noch weiter steigern?“ – „Wo finde ich neue Ziele?“ Oder gehören Sie noch zu der großen Gruppe von Menschen, die sich mit einem Blick auf die bisherige Bilanz ihres Lebens die bohrenden und schmerzhaften Fragen stellen müssen: „Warum erlebe ich sehr viel häufiger Misserfolg als Erfolg?“ oder „Wie überwinde ich meine Erfolglosigkeit?“ Wenn das so ist, dann stellen Sie sich ab sofort täglich die Frage: „Wie finde ich zu meinem Erfolg?“

Das ist eine der großen Fragen unseres Lebens. Aus einem ganz einfachen Grund: Ihr Erfolg wie auch Ihr Misserfolg gehen immer zu hundert Prozent auf Ihr eigenes

Lebenskonto. Erfolg wie Misserfolg betrifft den ganzen Menschen und alle seine Lebensbereiche. Die Begeisterung über einen beruflichen Erfolg wird auch Ihrem Privatleben einen ganz neuen Auftrieb geben. Ein Misserfolg in Ihrem privaten Bereich kann auch Ihr berufliches Leben ganz empfindlich beeinträchtigen. Dabei werden Sie doch nicht stehenbleiben! Oder?

Erfolge erzielen und Misserfolge überwinden können Sie nur wenn Sie klar definierte Ziele haben. Das ist der Grund, warum erfolgreiche Menschen Ziele haben und diese so lange anstreben, bis sie diese erreicht haben. Erfolg beginnt immer mit einem konkreten Ziel! Immer!

Mir geht es darum, Menschen von einer lähmenden Erfolglosigkeit abzuholen und ihnen zu zeigen, wie sie erfolgreich werden können. Das ist mein Lebensziel. Das spüre ich als die große Herausforderung, die mir aus meinem eigenen Erfolg zukommt. Aus einem Erfolg, den ich mit bangen Stunden, mit harter Arbeit, mit vielen Ideen und unermüdlicher Ausdauer erkämpft habe. Diese wundervolle Erfahrung möchte ich an Sie weitergeben. Erfolg steckt an! Ich möchte Sie für Ihren Erfolg begeistern. „Der Erfolg ist in dir!“ Vertrauen Sie auf die Kraft dieses Satzes!

## Die Botschaft, die Ihnen bisher gefehlt hat

Suchen Sie die richtigen Antworten auf die wichtigsten Fragen ihres Lebens: „Wie werde ich erfolgreich?“, „Welches ist das Geheimnis des Erfolges?“, „Wie finde ich zu einer Lebensform, die ganz meinen persönlichen Bedürfnissen, meiner Persönlichkeit und meinem Leben entspricht?", „Wie wendet sich mein Leben ins Positive? Wie schaffe ich es, erfolgreich zu sein? Wie werde ich glücklich?"

Begeistern Sie sich für ihren ganz persönlichen Erfolg! Persönlich erarbeiteten, erkämpften Erfolg zu erleben – das ist es, was Ihnen überströmende Lebensfreude bereitet und woraus Sie viel Kraft geschenkt bekommen. Ich empfinde immer eine tiefe Freude, wenn es mir gelingt, Menschen wieder für ihren eigenen Erfolg zu motivieren. Ich habe immer häufiger das große Glück, diese Freude der Motivation zu erleben – in meiner täglichen Arbeit und natürlich in meinen Vorträgen, vor allem wenn anschließend begeisterte Menschen zu mir kommen und ich erlebe, wie sie plötzlich Feuer und Flamme sind und sich für ihr eigenes Leben motivieren und für ihren eigenen Erfolg entscheiden.

Die wirksamste Methode, Motivation zu entfachen, ist, miteinander zu sprechen, vor allem sich auszusprechen. Deshalb rief ich diese junge Frau an, unmittelbar nachdem ich ihren Brief gelesen hatte. Dabei stellte sich dann heraus, dass sie selbst gar nicht in diesem Vortrag gewesen war, sondern dass ihr Freunde so begeistert davon erzählt hatten, dass ihr plötzlich klar wurde:

*Ein Ziel zu finden, das ist genau die Botschaft, die mir bisher gefehlt hat. Ich muss mein Leben ganz anders anpacken, als ich es bisher getan habe! Ich danke Ihnen, denn ich weiß jetzt: ich schaffe es, erfolgreich zu werden – weil ich es will!*

## Die Energie spontaner Entschlüsse

In dieser neu entfachten Begeisterung hatte sich diese junge Frau ganz spontan zu diesem Brief an mich entschlossen. Deshalb entschloss ich mich genauso spontan, sie anzurufen. Übrigens, spontan handeln ist ein wesentlicher Teil dieser Begeisterung für Erfolg. Spontane Entschlüsse schenken Energie! Mein Anruf überraschte sie total. Keiner ihrer Professoren hatte sie jemals persönlich angerufen, um sich danach zu erkundigen, wie es ihr in ihrem Studium ging. Ich glaube, dass das persönliche Interesse im Studium am meisten fehlt. Viele Professoren vermitteln nur ihr großes Wissen, aber selten Motivation, Faszination und Begeisterung! Dabei müssten sie doch am besten wissen, dass Wissen ohne Begeisterung tot bleibt und niemals in greifbaren Erfolg verwandelt werden kann. Wissen ohne Begeisterung bleibt graue Theorie!

Meine umgehende Reaktion auf ihren Brief überstieg alle ihre bisherigen Erfahrungen. Sie konnte es kaum glauben: „Herr Lejeune, dass Sie mich selber anrufen, das reicht mir als Anstoß für meine Suche nach meinem Erfolg!“ Aber ich wollte mehr erfahren über das, was in ihr diesen Brief an mich ausgelöst hatte. Ich kam auf die große Frage in ihrem Brief zurück: „Was soll ich tun?“ Das ist doch die Kernfrage, vor der jeder Mensch steht, wenn er seinem Leben eine positive Richtung geben möchte. Ich forderte sie auf: „Sagen Sie mir Ihr Ziel! Und dann sage ich Ihnen, was Sie tun können!“

## Ein Problem, das nur Sie selbst lösen können

Da kam von ihr die ehrliche Antwort, wie sie von Millionen Menschen kommen könnte, die sich immer wieder die Frage stellen: „Wo bleibt mein persönlicher Erfolg? Was muss ich tun, damit es in meinem Leben endlich aufwärts geht? Wann sind die sieben mageren Jahre zu Ende? Wie finde ich meinen Weg zum Erfolg?“ Ihre Antwort auf meine Frage nach ihrem Ziel war sehr ehrlich: „Ja, das ist mein Problem! Ich habe kein Ziel!“ Und ich sagte ihr: „Ich kann Sie gerne beraten, sobald Sie ein Ziel vor Augen haben! Bei der Suche nach Ihrem Ziel kann ich Ihnen nur wenig helfen, ihr Ziel müssen Sie unbedingt selbst finden. Gehen Sie noch heute auf Zielsuche!“

Einem anderen Menschen bei dieser Suche nach seinem Lebensziel zu helfen ist sehr schwierig. Je konkreter ein Rat in dieser Richtung ist, um so verkehrter kann er sein. Jeder muss selbst die Fährte aufnehmen, die ihm die Richtung anzeigt, in der sich sein Ziel versteckt hält. Und selbst wenn jemand sein Ziel gefunden hat, ist es noch schwierig, ihm zu helfen. Eben weil Erfolg und Misserfolg die ganz persönliche Handschrift unseres Lebens tragen.

Das Problem, ein Ziel zu finden, müssen Sie unbedingt selbst lösen. Die Frage nach Ihrem Lebensziel dürfen Sie nur sich selbst stellen. Ohne Ziel gibt es keinen Erfolg! Seinen Erfolg zu wollen, ohne ein konkretes Ziel vor Augen zu haben, ist wie ein Wandern im dichten Nebel. Jede Richtung scheint richtig und zugleich falsch zu sein. Sie müssen Ihr Ziel kennen, ehe Sie Ihren Erfolg suchen! Das ist der wichtigste Rat, den ich allen Zielsuchenden geben kann!

## Der Punkt, an dem Geld keine Rolle spielt

Ich habe in meinem Leben viele Menschen erlebt, die mich um Hilfe baten und die ich dann auch beraten und gefördert habe. Die meisten von ihnen wurden sehr erfolgreich. Aber dennoch ist das nicht immer der richtige Weg zum Erfolg. Heute weiß ich, warum, denn ich habe viele Menschen auf ihrem Lebensweg begleitet und intensiv beobachtet. Wer nicht aus sich selbst heraus brennt, leuchtet immer nur auf einer Seite. Das ist wie der Unterschied zwischen Sonne und Mond. Der Mond wird nur beschienen. Dementsprechend schwach ist das Licht, das er abstrahlt. Die Sonne brennt aus sich selbst heraus. Sie wärmt. Sie schenkt Energie. Die Wärme des Erfolgs spürt nur der, der aus sich selbst heraus brennt.

Menschen, die ich mit viel Energie zum Leuchten gebracht habe, haben sich oft nur äußerlich für das von mir vorgegebene Ziel erwärmt. Irgendwann haben sich diese Menschen innerlich wieder auf ihre alten Ziele eingestellt. Damit haben sie gezeigt, was sie wirklich wollten – ein anderes Umfeld, eine andere Form von Erfolg, Erfüllung auf einem Gebiet, von dem nur sie selbst in dieser absoluten Deutlichkeit wussten. Ich denke dabei an eine ehemalige Kollegin in der Elektronikbranche. Nach einiger Zeit der Zusammenarbeit, die für einen Außenstehenden durchaus erfolgreich schien, sagte sie mit allen Anzeichen einer inneren Befreiung: „Ich habe mich entschieden, ich will doch lieber wieder als Krankenschwester arbeiten!“

## Sie hat ehrlich in sich hineingehört

Die guten finanziellen Aussichten in der Elektronikbranche waren ihr plötzlich nebensächlich. Die anfängliche Begeisterung war schwächer und schwächer geworden. Es fehlte ihr der eigene innere Antrieb. Dieses Ziel hat einfach nicht zu ihr gepasst. Sie wollte Menschen in einer ganz direkten Weise helfen. Vielleicht hatte sie sich in einer Krise auch von den finanziellen Möglichkeiten blenden lassen, die in dieser anderen Tätigkeit steckten. Jedenfalls hat sie diesen Ausflug in ein ganz anderes Arbeitsgebiet gebraucht, um festzustellen, dass sie auf diesem Weg ihre wahre Erfüllung nicht findet. Sie hat ehrlich in sich hineingehört und erkannt: „Hier werde ich nicht glücklich. Meine wahre Berufung liegt auf einem ganz anderen Gebiet!" Die Konsequenz, mit der sie ihre Entscheidung traf, hat mich sehr beeindruckt. Sie tauschte bewusst eine äußerlich erfolgreiche Karriere gegen ihr echtes Lebensziel ein und wurde damit auch innerlich reich und sehr erfolgreich!

Wählen Sie deshalb ihr Ziel nie auf der Basis von rein materiellem Gewinn. Suchen Sie den Erfolg da, wo Sie Freude und innere Befriedigung finden! Dann wird sich in der Regel der materielle Gewinn von selbst einstellen. Halten Sie eines fest: Sie schaffen nur, was Sie aus Ihrem innersten Antrieb heraus wirklich wollen.

## Lebe ehrlich – werde reich!

So sehr ich ein Freund von spontanen Entschlüssen bin, wenn es um das Auffinden des richtigen Lebensziels geht, weiß ich doch, dass Entschlüsse von so lebensentscheidender Bedeutung Zeit zum Wachsen brauchen. „Du schaffst, was du willst!" war zu diesem Zeitpunkt noch im Entstehen. Ich versprach deshalb dieser Diplomübersetzerin, ihr ein Exemplar meines ersten Motivationsbuches „Lebe ehrlich – werde reich!" zu schicken. Das sollte sie aufmerksam lesen und sich davon zur Lösung ihres Problems anregen lassen.

Ich beschreibe in „Lebe ehrlich – werde reich!" nicht nur meinen eigenen Weg durch Höhen und Tiefen, sondern zeige zahlreiche Erfolgskarrieren, die meist an einem Tiefpunkt begonnen haben. Aber gerade aus diesen Tiefpunkten heraus entwickelten diese Menschen unerhörte Kräfte, die sie oft in unglaubliche Höhen trugen. In diesen Schilderungen konnte sie wichtige Denkanstöße finden, vor allem, nachdem bereits unser kurzes Telefonat dieser jungen Frau die wichtigste Erkenntnis auf dem Weg zum Erfolg gebracht hatte: „Ich brauche ein Ziel! Ich will es suchen! Ich werde es finden!"

## Ich brauche ein Ziel!

Das ist der Knackpunkt! „Wie heißt denn mein wahres Ziel?" lautet die Kernfrage auch Ihres Lebens. „Wie finde ich mein Ziel? Was ist aus den Zielen geworden, die ich einmal hatte? Warum sind mir diese Ziele abhanden gekommen, wie Schnee in der Frühjahrssonne weggeschmolzen?" – Ein Ziel zu haben bedeutet immer Leben. Kein Ziel zu haben bedeutet Stillstand und Rückschritt. Ein Ziel vor Augen zu haben bedeutet ständiges Lernen. Wer glaubt, schon alles zu wissen und zu können, was er für sein Lebensziel benötigt, ist mit seinem Leben am Ende. Nichts mehr dazuzulernen bedeutet Stillstand. Befreien Sie sich von Stillstand und Rückschritt! Gehen Sie mutig vorwärts! Denn wer Erfolg will, bekommt ihn nur durch Ziele. Ohne Ziel kein Erfolg! Ohne Ziel keine Motivation!

Wer in seinem Leben und in der Gesellschaft etwas Entscheidendes verändern möchte, müsste mit der Frage „Wie heißt Ihr Ziel?" durch die Schulen und die Hochschulen gehen, durch die Unternehmen, durch sämtliche Rundfunksender und Fernsehkanäle. Das ist die Frage, die in den Nachmittags-Talkshows statt des unerträglichen Seelenstriptease gestellt werden müsste: „Was haben Sie für ein Ziel?"

Das ist die Frage für Millionen. Mit dieser Frage würde man wahrscheinlich einen gigantischen Dschungel der Ziellosigkeit zutage fördern. Unsere ganze Gesellschaft leidet unter einem Mangel an Zielen. Deshalb leidet sie auch unter einem Mangel an Erfolg. Und da Erfolg wie Misserfolg ansteckend ist, weil das eine wie das andere nicht auf Zufälligkeit, sondern auf einer geistigen Einstellung beruht, möchte ich Sie ganz persönlich für das Erfolgsdenken gewinnen. Also tun Sie den ersten Schritt in Richtung Erfolg – suchen Sie Ihr Ziel. Ob Hundertmetersprint oder

Marathonlauf, ich kann Leistung nur auf ein Ziel hin bündeln. Ohne Ziel ist alles absichtsloses Spazierengehen.

Ja, ein Mangel an Zielen ist die Hauptursache für einen Mangel an Erfolg! Das ist eine ganz einfache Gleichung. Drehen Sie diese Gleichung für Ihr Leben um! Suchen Sie Ihr Lebensziel! Und fragen Sie die Menschen, die Ihnen begegnen: ‚Was haben Sie für Ziele?“ Erfolgreiche Menschen erkennen Sie immer daran, dass sie Ziele haben. Erfolglose Menschen haben meistens nur Ausreden! Tauschen Sie in Ihrem Leben Ausreden gegen Ziele ein!

## Vergessen Sie niemals Ihr eigenes Ich

Wenn Sie noch kein Ziel haben, ist das ein sicheres Zeichen dafür, dass Sie mit sich und Ihrem eigenen Ich noch uneins sind. Dass Sie noch nicht in der Mitte Ihrer Möglichkeiten stehen. Nur das Ziel gibt Ihnen den richtigen Ich-Auftrieb im Leben! Mit diesem Ich-Auftrieb spüren Sie plötzlich die Kraft und das Gelingen. Sie steigen über die Wolken, die Ihnen die freie Sicht auf Ihr Leben verwehren. Vergessen Sie Ihr eigenes Ich nicht! Ein konkretes Ziel zu haben gibt Ihnen auch die Balance zwischen einem gesunden Egoismus und der Verantwortung für die Gemeinschaft. Jeder Mensch hat das Recht auf eigene Ziele. Suchen Sie das Ziel Ihres Lebens, und Sie werden plötzlich ein ganz neues Ich entdecken: selbstbewusst, munter, spontan, wissbegierig, kreativ! Einfach zielbewusst!

Ein Ziel finden ist wie eine Geburt. Nehmen Sie die Schwierigkeiten, die Probleme, von denen Sie umgeben sind, als das, was sie sind, nämlich notwendige Auslöser für diesen Geburtsvorgang! Probleme sind die Wehen, die die Geburt Ihres Ichs einleiten – wenn Sie ihnen in Ihrem Denken den richtigen Wert geben. Dieses Ich hat ein Ziel: „Ich will mich befreien. Ich will ans Licht. Ich will frei atmen, und ich will dem Sinn meines Daseins immer näher kommen: Ich will Erfolg. Ich will meine Ziele spürbar und greifbar erleben!" Sagen Sie Ihrem Ich: „Ich habe ein Ziel!"

## Probleme sind Wegweiser

Dazu müssen Sie allerdings mit Ihrem Ich aus dieser wohligen Schutzzone heraustreten, in der alles Lebensnotwendige von außen kommt und in der alle Entscheidungen von anderen getroffen werden. Nabeln Sie sich ab von der Erfolglosigkeit. Entfrusten Sie sich, und befreien Sie sich von allem, was Sie daran hindert, erfolgreich zu sein. Nehmen Sie Ihre Probleme als Wegweiser zum Geburtsort für Ihr Ich! Probleme nüchtern, offen und ehrlich gegenüber sich selbst zu analysieren hat nichts mit Grübeln zu tun. Wenn Ihnen der große Antrieb, d.h. die entscheidende Motivation zum Erreichen Ihrer Ziele fehlt, dann müssen Sie sich offen und ehrlich fragen: „Arbeite ich wirklich auf das Lebensziel hin, das mir die Erfüllung meines Daseins und meiner Persönlichkeit bringt?"

Probleme, die auf dem Weg zu Ihrem Lebensziel auftauchen, fordern immer wieder Ihren Mut, Ihre Entschlossenheit, Ihren Kampfgeist, Ihre Kreativität und natürlich

Ihre Motivation heraus. Probleme unerledigt beiseite zu schieben, um für den Augenblick Schmerz zu vermeiden, lässt die Probleme nur um so größer werden. Deshalb meine ehrliche Bitte an Sie: „Suchen Sie Ihre Probleme auf!“ Stellen Sie zunächst drei grundsätzliche Fragen an jedes Problem, das Sie ausfindig machen.

1. Woher kommt das Problem? (Bin vielleicht ich selbst das Problem?)
2. Was sagt es mir über mich und meine Ziele?
3. Wie kann ich mein Problem so schnell wie möglich und dauerhaft lösen?

Bedenken Sie bei der Beantwortung der Frage 3: Erfolg erzielen entsteht durch Probleme lösen. Da Probleme so gut wie immer im zwischenmenschlichen Bereich ihren Ursprung haben, kommen Lösungen überwiegend durch die Zusammenarbeit mit anderen Menschen zustande. Sprechen Sie Probleme umgehend an, und sprechen Sie sich aus. Probleme sind Reizstoffe – aber auch Nährstoffe – für Erfolg!

## Der Sinn unseres Lebens ist Freude und Erfolg!

Viele Menschen in unserer Gesellschaft sind mit dieser einfachen Vorstellung vom Leben nicht einverstanden. Freude, Erfolg und Glück zu genießen erscheint ihnen wie eine Gotteslästerung. Sie halten ein gutes Leben für ein böses Omen. Aber ich bleibe dabei: Der Sinn unseres Lebens besteht darin, fest an das Positive und an das Gute in unserem Dasein zu glauben, Freude zu erleben, Glück zu erleben, Zuneigung zu empfangen und zu geben.

Ich glaube fest daran, dass wir auf der Welt sind, um Erfolg zu haben, jeder seinen eigenen, ihm ganz gemäßen Erfolg, und sei er noch so klein. Und vor allem sind wir auf dieser Erde, um das ganze Potenzial unserer Person in diesem Leben zu verwirklichen. Der Sinn unseres Lebens ist, ehrlichen Erfolg in allen unseren Daseinsbereichen herbeizuführen – im Zusammenleben mit der Familie, mit Freunden und Kollegen, im Bereich von Freizeit und Hobby und nicht zuletzt natürlich im Beruf. Unser Beruf ist nichts anderes als der Tummelplatz des Lebens, wo wir unsere Fähigkeiten ausprobieren und steigern können. Echter Erfolg entsteht immer in dem Beruf, zu dem wir uns berufen fühlen. Fragen Sie sich immer wieder: „Wo liegt meine wahre Berufung?"

## Haben Sie schon ein Ziel?

Wenn Sie noch immer kein Ziel haben, geben Sie Ihrem Unterbewusstsein, Ihrem „Bauchgefühl" den Auftrag, Ihre Anlagen, Ihre Fähigkeiten und Ihre Taten nach brauchbaren Zielen auszuloten. Diesen „Erfolgs"-Auftrag werden Sie so lange wiederholen, bis Sie Ihr Ziel gefunden haben. Die Häufigkeit und Intensität, mit der Sie das tun, ist ein sicheres Zeichen dafür, wie ernst es Ihnen mit der Suche nach einem erfolgreichen Leben ist. Gehen Sie noch heute auf Zielsuche!

## Ihr Ziel liegt in Ihnen!

Um diesem tiefen Sinn Ihres Daseins schrittweise näher zu kommen, brauchen Sie ein Ziel, das tief in Ihrer Persönlichkeit verwurzelt ist. Im chinesischen Tao heißt es ganz richtig: „Auch eine Reise von tausend Meilen beginnt mit dem ersten Schritt!" Und mag er noch so klein sein! Aber diesen ersten Schritt können Sie gar nicht wagen, wenn Sie kein Ziel vor Augen haben. Deshalb sollten Sie an dieser Stelle mit dem Lesen innehalten und sich ernsthaft die Frage stellen: „Habe ich für dieses wunderbare Leben, das mir geschenkt wurde, ein Ziel?"

Diese Frage „Wo liegt mein Ziel?" müssen Sie in Ihr Denken einpflanzen wie ein Samenkorn. Ja, das Ziel ist zunächst nur ein Samenkorn, aus dem Ihr Erfolg im Lauf der Zeit wachsen wird. Dieses Samenkorn des Erfolgs müssen Sie hegen und pflegen, damit der kostbare Ansatz für Ihren Erfolg in Ihrem Denken, in Ihrem Bewusstsein und in Ihrem Unterbewusstsein kräftige Wurzeln schlagen kann. Sobald nämlich Sturm aufkommt, zeigt sich, wie tief dieses Ziel in Ihnen verwurzelt ist, ob es ein echtes Lebensziel ist oder ob Sie noch Wunschvorstellungen nachgehen, die mit Ihrer Person nicht im Einklang sind.

Ein Ziel gefunden zu haben, von dem Sie das sichere Bauchgefühl haben: „Ja, das ist mein Lebensziel!", das ist das Höchste. Der Moment, in dem Sie erkennen: „Ja, das ist mein Ziel, wonach ich mich aus tiefster Seele gesehnt habe!", ist für Sie ein echtes Gottesgeschenk. Danken Sie Gott für diese lebensentscheidende Erkenntnis, und feiern Sie den Tag, an dem Sie Ihr Ziel gefunden haben!

## Wie finden Sie Ihr Ziel?

Nehmen Sie die Aufgabe der Zielfindung nicht leicht! Viele Menschen glauben, sie könnten sich ganz rational auf die Suche nach ihrem Lebensziel machen. Sie stellen Fragen an sich selbst wie der Berufsberater auf dem Arbeitsamt: „Was für eine Schulbildung habe ich? Was für eine Ausbildung habe ich? Wieviel möchte ich verdienen? In welcher Branche möchte ich arbeiten?“ Aber das kann es nicht sein. Das Auffinden eines Lebensziels verlangt ein bisschen mehr als die Lösung einer Multiple-Choice-Aufgabe. Das Leben stellt Fragen, bei denen Sie mehr als vier Antworten zur Auswahl haben. Die wirklichen Fragen des Lebens können Sie nur beantworten, wenn Sie ein Lebensziel vor Augen haben.

Solange Sie nicht ganz sicher sind, Ihr Ziel gefunden zu haben, müssen alle Ihre Antennen auf diese Suche ausgerichtet sein. Ihre ganze Wahrnehmung, Ihre Intuition, ihr Unterbewusstsein, Ihr Bauchgefühl – alles muss für diese Suche auf Hochtouren laufen. Schließen Sie die Augen, breiten Sie die Arme aus, und stellen Sie sich vor, Sie seien ein riesiges Radarteleskop, das den Weltraum nach Sternsignalen absucht. Aber Ihr „Radarteleskop“ muss in das grenzenlose Universum Ihres Inneren gerichtet sein. Hören, sehen, sprechen und fühlen Sie in sich hinein! Erspüren Sie mit der ganzen Kraft Ihrer Intuition jeden Winkel Ihres Unterbewusstseins.

Lesen Sie, informieren Sie sich, sprechen Sie mit erfolgreichen Menschen aus den unterschiedlichsten Lebensbereichen. Natürlich nicht über Ihre Suche, sondern suchen

Sie zu erfahren, welche innere Kraft und welche Ziele diese Menschen bewegen. Lassen Sie alle Informationen und Emotionen, die Ihnen begegnen, über den hochsensiblen Filter Ihrer Bauchgefühle laufen. Die Richtigkeit der Ziele kann man nur fühlen!

## Vertrauen Sie auf Ihre Bauchgefühle

Ein echtes Ziel entsteht immer im Bauch! Sie kennen dieses Gefühl, wenn Sie in der Gegenwart eines anderen Menschen rundherum zufrieden, glücklich, gleichzeitig entspannt und doch voller Erwartung sind. Dieses wunderbare Gefühl kommt aus der Seele und aus dem Herzen zugleich, und erst wenn Sie bei der Suche nach Ihrem Lebensziel dieses Gefühl der Sicherheit und gleichzeitig der erwartungsvollen Spannung spüren, wissen Sie: „Ich habe mein Ziel gefunden!"

Ja, vertrauen Sie viel mehr auf Ihre Bauchgefühle als auf den kühlen Kopf. Wir sind doch alle viel zu sehr von unserem Kopf gesteuert. Unser Denken vertraut auf die Unwiderlegbarkeit von „Eins und eins ist zwei". Aber wenn wir unsere Erfahrungen sprechen lassen, müssen wir uns eingestehen, dass die wirklich wichtigen Entscheidungen in unserem Leben nicht auf dieser einfachen Ebene der Rationalität getroffen werden. Schließlich verlieben wir uns ja auch nicht auf der Ebene von „Eins und eins ist zwei"!

Dennoch sind wir gewöhnt, unseren Bauchgefühlen zu misstrauen – auch wenn wir immer wieder die Erfahrung machen, dass es sich bitter rächt, wenn wir bei wichtigen

Lebensfragen nicht die Alarmsignale unserer Bauchgefühle und unserer Seele abhören. Die Erfolgsantennen sitzen nun mal im Bauch!

Die Bauchgefühle sind die unmittelbaren und ehrlichen Reaktionen auf alles, was uns begegnet – Menschen, Situationen, Lebenseindrücke. Gesichter, denen wir begegnen, Gesten, die wir beobachten, auch die körperliche Erscheinung eines Menschen, seine Ausstrahlung oder sein Mangel an Ausstrahlung – all dies läuft in Bruchteilen von Sekunden über die Gefühlszentrale unseres Bauches. Er ist der Seismograph unserer echten, ehrlichen Reaktionen. Haben Sie nicht auch schon häufig feststellen müssen, wenn Sie diese ersten Eindrücke zurückgedrängt oder mit rationalen Argumenten übertönt haben, dass Ihre Entscheidung auf längere Sicht falsch war? Hören Sie auf Ihren Bauch – Ihr Kopf wird es Ihnen danken!

## Das Bauchgefühl ist immer richtig

Es kommt nicht von ungefähr, dass wir bei negativen Begegnungen und Erlebnissen sagen: „Diese Erlebnisse haben mir auf den Magen geschlagen!“ oder „Ich habe ein ganz schlechtes Gefühl in der Magengrube!“ Aber Bauchschmerzen entstehen immer dann, wenn wir nur mit unserem Kopf entscheiden. Die positiven Erlebnisse werden meistens auf den Kopf gebucht. Bei richtigen Entscheidungen klopfen wir uns selber auf die Schulter und loben uns, wie vernünftig wir doch wieder gehandelt haben. Das war bei mir früher nicht anders. Auch ich habe alles mit dem Kopf entschieden und gesteuert, wenn ich meine Probleme mit den Bauchgefühlen hätte lösen müssen. Hören Sie deshalb mehr auf Ihren Bauch. Erkennen Sie Ihre Empfindungen, und vertrauen Sie bei Ihren Entscheidungen auf die Unmittelbarkeit dieser „Richterskala".

Ich habe dieses Buch gerade auch für die Menschen geschrieben, die bereit und in der Lage sind, ihr Leben von ihrer Intuition, von ihrem Unterbewussten, von ihren Träumen, von ihren Visionen steuern zu lassen. Und vom positiven Denken! Leben Sie mit jeder Faser Ihres Herzens und dem unendlichen Reichtum Ihrer Gefühle. Es lohnt sich!

## Hören Sie in sich hinein!

Verschreiben Sie sich nie Zielen, die nicht tiefe Wurzeln in Ihrer Person haben. Je größer Ihre Ziele sind, um so tiefer müssen sie in Ihnen verwurzelt sein und Ihrem Wesen entsprechen. Ihr Lebensziel muss wie eine Großprojektion Ihres heutigen Ichs sein! Sie müssen sich darin wiedererkennen!

Bevor Sie sich auf ein Ziel für Ihr Leben festlegen, müssen Sie sich ganz im klaren sein: „Das ist mein Ziel!" Sie müssen tief in sich hineinhören. Glauben Sie neben den Bauchgefühlen vor allem Ihren Träumen. Versuchen Sie, sich nach dem Schlaf daran zu erinnern, was Ihnen alles durch den Kopf ging – und halten Sie es fest. Ein kleines Notizbuch für Träume und Traumziele immer bei der Hand zu haben ist ein unabdingbares Hilfsmittel für jeden, der seinen Erfolg plant. Verwurzeln Sie Ihr Ziel in Ihrem Leben!

## Wie finde ich ein Ziel, das zu mir passt?

An dieser Stelle muss ich einem häufigen Missverständnis entgegentreten. In zahlreichen Erfolgs- und Lebenshilfebüchern steht zu lesen: „Du kannst jedes Ziel erreichen, das du dir in den Kopf setzt!" Und dann werden Beispiele angeführt von erfolgreichen Menschen, die das scheinbar Unmögliche möglich gemacht haben. Der Dienstleistungsunternehmer, der mit fünf Mark für einen Gewerbeschein ein Unternehmen gegründet hat, das heute 35 000 Angestellte beschäftigt und 1,5 Milliarden Umsatz macht. Der jugendliche Computerfreak, der es aus einer Garage heraus zum reichsten Unternehmer der Welt geschafft hat. Oder auch meine Geschichte, die den Weg von der Dreizimmerwohnung zum Gang an die Börse und zum „global player" nachzeichnet.

Es ist richtig, das sind unglaubliche Geschichten, wenn man die Ausgangspunkte mit den Ergebnissen vergleicht. Aber das scheinbar Unerreichbare entwickelte sich auf Ziele hin, die ganz eng mit dem Lebensnerv dieser Menschen in Verbindung standen. Es gibt keine Erfolgsgeschichten von Menschen, die sich im „Blinde-Kuh-Verfahren" irgendein lohnendes Ziel ausgesucht haben und auf dem Weg dorthin außergewöhnliche Leistungen vollbracht haben. Lebensziele muss man immer mit seinem Herzblut festschreiben!

## Falsche Ziele bleiben ziellose Wünsche!

„Du schaffst, was du willst!" bedeutet auf keinen Fall, dass ich mir, völlig aus der Luft gegriffen, ein x-beliebiges Ziel vornehmen kann, und das erreiche ich dann auch. Das würde nie funktionieren! Was dabei herauskommt, ist sehr überzeugend dargestellt in dem Märchen vom Fischer und seiner Frau. In diesem Märchen wünscht sich Ilsebill, die Frau des Fischers, lauter materielle Dinge – ein Haus, ein Schloss, einen Palast – und bekommt diese auch. Aber dann setzt sie sich größenwahnsinnige Ziele. Sie möchte Kaiser werden, sie möchte Papst werden und dann sogar Gott. Und am Ende sitzt sie wieder in ihrer stinkenden Fischerkate. – Warum? – Ilsebill hat sich lauter Dinge gewünscht, die keine Entsprechung in ihrer Person, in ihrer Persönlichkeit hatten, und sie glaubte, dass das alles ohne Mühe zu erreichen ist. Echte Lebensziele sind aber nun mal ohne eigene Anstrengung nicht zu erreichen!

An dieser falschen Vorstellung vom positiven Denken sind die meisten Menschen gescheitert, die meinten, schnell mal eben ihr Leben durch positives Denken aufbessern zu können. Der Glaube, dass Wünschen allein schon zum Ziel führt, kann tatsächlich krank machen, weil dauerhafte Lebensenttäuschungen vorprogrammiert sind. Ein echtes Lebensziel schließt immer ein, dass Sie mit Ihrer ganzen Person dahinterstehen – mit Geist, Körper und Seele. Nur Sie selbst können Ihre Wünsche und Träume verwirklichen. Setzen Sie sich ein Ziel für Ihre Träume! Gehen Sie nie ohne den Wunsch für Träume in die Nacht. So wird der Schlaf zu einer aktiven Erfolgsphase.

## Wie werde ich so erfolgreich, wie ich werden will?

Viele Menschen haben Wunschvorstellungen von mühelos erreichtem Erfolg, Glück und Reichtum, von der Traumvilla am See, von der Luxusjacht am ewig blauen Meer und dem Rolls Royce mit Chauffeur, wo immer sie hinkommen. Weil sie gleichzeitig wissen, dass diese Ziele unrealistisch sind, stellen sie sich auch nie ernsthaft die Frage: „Welches sind meine persönlichen Ziele, die mich glücklich machen?“ Es kann durchaus sein, dass für den Mann, der an der Werkbank steht, sein höchster Traum ist, eine eigene Werkstatt zu besitzen. Aber auch diesen Wunschtraum muss er sich erst einmal realistisch und bis in die kleinsten Einzelheiten vorstellen.

Nur was ich greifbar vor mein geistiges Auge stelle, kann ich tatsächlich verwirklichen – wie ein Maler, der auf der leeren Leinwand das fertige Bild sieht und diese Vorstellung Pinselstrich für Pinselstrich umsetzt. Echter Erfolg bedeutet immer Umsetzen von Vorstellungen!

## Er wurde der Meister seiner Wünsche

Ja, echter Erfolg ist ein Produkt Ihrer Vorstellung. Wer Erfolg haben will, muss ein Ziel projizieren und eine Vorwärtsstrategie entwickeln, die ihn weiterbringt. Ich habe einen Freund. Der machte eine Lehre als Automechaniker. Schon als Lehrling hatte er das Ziel, in seiner Werkstatt der beste Automechaniker zu werden. Nach seiner Gesellenzeit nahm er sich vor, den Meisterbrief zu machen. Als das geschafft war, fasste er den Plan, seine eigene Werkstatt zu eröffnen und eine Familie zu gründen. Diesen Mann habe ich in Abständen von drei, vier Jahren immer wieder getroffen. Ich konnte mitverfolgen, wie er genau diese Wunschvorstellungen verwirklichte. Heute ist er stolzer Inhaber eines Unternehmens mit zwölf Angestellten, hat vier Kinder und lebt glücklich und zufrieden in dieser Selbständigkeit. Er hat es weiter gebracht als alle seine früheren Kollegen. Er hat sich einen großen Kundenkreis aufgebaut, der ihm eine sichere Grundlage bietet. Sein nächstes Ziel ist, auch für seine Kinder eine sichere Grundlage zu schaffen. Manche tun das vielleicht als ein „Spießerleben" ab. Aber das ist der Erfolg, der ihm und seinen Wünschen und Fähigkeiten entspricht. Warum sollte sich dieser Mann andere Ziele suchen? Er hat für sich die richtigen Ziele gefunden!

Er hat es auch nicht nötig, mit seinem Erfolg zu prahlen wie viele, für die es ein Ansporn zum Erfolg ist, wenn sie sagen können: „Ich habe die größte Villa weit und breit und das teuerste Auto! Und ich bin im exklusivsten Golfclub!" Diese Menschen fallen sehr schnell die Erfolgstreppe wieder hinunter – weil sie die falschen Ziele haben, denn Besitz allein vermittelt niemals Lebensinhalte. Echter Erfolg entsteht immer im Herzen und in der Seele.

## Zwischenziele

Es gibt keine Garantie, dass man das große Ziel seines Lebens jemals erreichen wird. Doch eines ist sicher: Ohne ein Ziel, das Sie unbedingt erreichen möchten, können Sie nicht einmal eine kurze Wegstrecke in Richtung Erfolg zurücklegen. Ich kann Ihnen dafür ein kleines alltägliches Beispiel geben. Meine Mutter war 78 Jahre alt und sehr schwer krank. Aber sie hatte das Ziel, 90 Jahre alt zu werden. Immer wieder sagte sie zu mir, wenn ich sie besuchte: „Ich will 90 Jahre alt werden!" Trotz ihrer schweren Krankheit! Dieses Ziel hatte sie mit einem beinahe kindlichen Starrsinn in ihr Denken eingepflanzt. Das war wie ein Leitstrahl, an dem sie durch alle Tiefen ihres letzten Lebensabschnittes ihre Hoffnungen festmachte. Ich wusste, sie wachte am Morgen auf und hatte, egal wie schlecht es ihr ging, ganz deutlich eine große goldene Neunzig vor ihren Augen!

Sie hatte aber auch Ihre Zwischenziele. Sie wollte trotz ihrer Schmerzen und der Tatsache, dass sie ständig an Gewicht verlor, das nächste Weihnachtsfest erleben, das sie so liebte. Um sie in diesem Ziel zu bestärken, schenkte ich ihr bereits Mitte November einen Adventszweig. Dieser Zweig sollte ihr dieses Ziel greifbar vor Augen stellen, Weihnachten noch einmal mit uns zu feiern. Sie sollte den Duft dieses Zweiges riechen und die Nadeln fühlen, denn auch ihre Augen wurden zusehends schlechter. Dieses vorweihnachtliche Tannengrün bedeutete für sie: „Ja, ich schaffe es bis Weihnachten! Auch mein Sohn glaubt an dieses Ziel. Wir werden zusammen den Heiligen Abend feiern!"

Sie hat es letzten Endes leider nicht geschafft. Ihr Leben ging Ende November zu Ende, aber ich bin überzeugt, dass sie ohne diese Hoffnung und ohne diese Vorfreude schon viel, viel früher gestorben wäre. Und vor allem hat sie in der Zeitspanne, die ihr noch gegeben war, viel besser gelebt als ohne den Willen und die Hoffnung, dieses Ziel zu erreichen. Sie hat mit Gottes Kraft gelebt, denn sie hatte ein großes Ziel vor Augen! Sie hatte keine Angst. Sie lebte in der Hoffnung auf ihr Ziel, 90 Jahre alt zu werden.

Vergegenwärtigen Sie sich Ihr Lebensziel und Ihr Tagesziel, wenn Sie am Morgen aufwachen. Beginnen Sie keinen Tag, ohne ein Ziel vor Augen zu haben! Denn das größte und schönste Ziel für uns alle ist: Wir wollen unser Leben bewusst gestalten. Vergessen Sie das nicht, denn ein zielloses Leben geht niemals auf!

## Die richtigen Ziele

Die richtigen Ziele sind die wichtigste Startvorgabe jedes erfolgreichen Lebens. Es hat keinen Sinn zu sagen: „Du schaffst, was du willst!“, wenn Sie die falschen Ziele haben, das heißt, wenn Sie, statt Ihre Lebensziele zu verfolgen, unerfüllbare Wunschvorstellungen vom „Schicksal“ erfüllt bekommen wollen.

Welches sind die richtigen Ziele? Ich will Ihnen dazu ein Beispiel geben. Ein Leichtathlet weiß: „Du kannst im Leben ein super Hundertmeterläufer sein. Du kannst als Hundertmeterläufer auch noch gut 200 Meter laufen. Aber du kannst nicht mehr in einer Spitzenposition ein Vierhundertmeterläufer werden. Das ist eine andere Kategorie. Du kannst als Vierhundertmeterläufer 800 Meter laufen, aber nicht 3000 oder 5000. Und als Fünftausendmeterläufer kannst du 10 000 Meter laufen, aber der Marathonlauf ist wieder eine andere Kategorie!" Und genauso ist es mit der Zielfindung für ein erfolgreiches Leben. Sie müssen sich im übertragenen Sinn fragen: „Bin ich ein Sprinter, ein Marathonläufer, ein Geher, oder bin ich etwa ein Steher?" Medaillen können Sie in allen Disziplinen Ihres Lebens gewinnen.

Die Erfüllung liegt im Erreichen des Ziels, nicht im materiellen Wert der Medaille. Ich finde es wunderbar, dass es Menschen gibt, die glücklich sind, wenn sie zum Beispiel Oberschwester in einem Krankenhaus werden. Sie finden ihre Erfüllung in der aufopferungsvollen und professionellen Versorgung von Menschen in akuter Not. Sie wissen, dass sie Tag und Nacht bereit sein müssen, dass sie bis an die Grenze ihrer psychischen und physischen Leistungsfähigkeit schwerkranke Menschen versorgen und sie oft genug ins Leben zurückholen müssen.

Das ist ein großes und ehrliches Ziel. Dabei wird eine Oberschwester schlechter bezahlt als eine Telefonistin. Um an dieses aufopferungsvolle Ziel zu gelangen, muss eine Frau Prüfungen absolvieren und dafür auch noch in ihrer knapp bemessenen Freizeit eine Unmenge lernen. Sie muss mehr arbeiten als alle anderen, oft sieben Tage in der Woche. Und sie ist mit der Verantwortung für das Leben ihrer Patienten beladen.

Ähnliches gilt für junge Ärzte, die Bereitschaftsdienst leisten, oft durchgehend über ein ganzes Wochenende, oder die als Notärzte Tag und Nacht bei schweren Unfällen und Katastrophen Erste Hilfe leisten. Ihre Erfüllung ist die unmittelbare Hilfe für andere Menschen, und dafür setzen sie alles an Kraft, Energie und Können ein, was ihnen zur Verfügung steht. Und diese Ärzte übernehmen mit jedem Handgriff die Verantwortung für das Leben ihrer Patienten.

Diese Verantwortung für andere Menschen mit einem Höchstmaß an Können und Professionalität zu erfüllen ist für die Oberschwester wie für den jungen Arzt wahrscheinlich der größte Ansporn, das einmal gesetzte Ziel zu erreichen. Erfolgreiche Menschen übernehmen immer Verantwortung – auch für andere Menschen! Und sie geben stets ihr Bestes! Lebensziele, für die man keine Verantwortung übernehmen muss, gibt es nicht!

## Ziele für jedes Lebensalter

Es gibt kein Lebensalter, in dem es sich nicht mehr lohnen wurde, auf die Verwirklichung von Zielen zuzugehen. Kürzlich hörte ich im Radio ein Interview mit einer achtzigjährigen alleinstehenden Dame, die in einem kleinen Dorf im Spessart lebt.

Sie fährt täglich, bei jedem Wetter, von ihrem Wohnort 50 Kilometer nach Würzburg, um an der Universität Vorlesungen in Philosophie, Literatur und Geschichte zu hören. Sie hat das große Ziel, beständig ihr Wissen zu erweitern und dabei ihren Geist lebendig zu erhalten. Sie hat einen unstillbaren Hunger nach Wissen und nach Leben.

Und sie hat ein tägliches Ziel – Würzburg hin und zurück, zwei bis drei Vorlesungen hören, Menschen treffen und in dem Bewusstsein leben, ständig einem neuen Stück Leben zu begegnen. Ist das nicht phantastisch? Spüren Sie auch diesen Hunger nach Wissen in sich, diese tägliche Lust am Leben und die Freude am Lernen? Die Freude am Ziel?

Wer diese Lust am Leben und die Freude am Lernen nicht mehr in sich brennen spürt, lebt im Grunde nur noch äußerlich.

Es gibt keine Altersgrenze für die Erfüllung Ihres Lebenstraums. Es kommt nur darauf an, dass Sie in sich eine große Portion Neugier, Staunen und Begeisterung lebendig erhalten. Sehen Sie mal einen Jagdhund an, der mit glänzenden Augen und vor Lebensfreude jaulend über eine Wiese springt. Er scheint alles um sich herum wahrzunehmen, in sich aufzusaugen und in Begeisterung zu verwandeln.

Fangen Sie mit dieser Freude am Entdecken, am Wahrnehmen und Erfahren einfach irgendwo an, denn jedes noch so kleine Stück Wissen eröffnet den Blick auf tausend Dinge, die wir noch nicht wissen.

## An den Grenzen des eigenen Ichs

Sie haben große Ziele? Sie möchten Ihre Grenzen sprengen? Ihnen wäre das zu wenig, gut und erfolgreich in einem alltäglichen Beruf zu sein oder jeden Tag nur für sich selbst Ihr Wissen zu erweitern? Sie möchten größer werden, als es Ihnen irgend jemand bisher zugetraut hat? Herzlichen Glückwunsch!

Ja, Sie wissen, dass Sie über Ihr jetziges Ich in ungeahntem Maße hinauswachsen werden, wenn Sie sich Ziele setzen, die am Rande oder jenseits Ihrer derzeit vorstellbaren Möglichkeiten liegen. Es kommt nicht darauf an, den Nobelpreis in Medizin, Physik oder Literatur anzustreben, in irgendeiner sportlichen Disziplin den Weltmeistertitel zu erringen oder als Politiker das höchste Staatsamt zu bekleiden. Nein, es genügt, wenn Ihr Lebensziel an der Grenze dessen liegt, was Ihnen möglich scheint und was Sie glücklich macht. Es gibt keine Tätigkeit, bei der man nicht Besseres leisten kann als alle anderen oder in der man zumindest an die Grenze der eigenen Fähigkeiten stoßen kann.

Fragen Sie sich einmal selbst: „Welche Ziele habe ich, für die es sich lohnt, alle meine Kräfte einzusetzen, liebgewonnene Gewohnheiten abzulegen und mein Leben gleichsam neu zu starten?" Nur wenn Sie auf diesen Start hinarbeiten, erreichen Sie den Unterschied zwischen bloßem Dasein, das Ihnen wie Sand durch die Finger rinnt, und einer eigenständigen Existenz, die Sie nach Ihrem Willen und Ihrer Vorstellung gestalten.

Stellen Sie sich jeden Morgen und jeden Abend, bei jeder sich bietenden Gelegenheit die Frage: „Wie finde ich die Tür, die zu meinem Ziel und zu meinem ganz persönlichen Erfolg führt?"

## Wo liegt das Glück meines Lebens?

Das sind zentrale Fragen, die viele Menschen schon gar nicht mehr an sich stellen. Aber wie wollen diese Menschen ihr Lebensglück finden, wenn sie sich nicht mehr fragen, wo es liegen könnte? – Deshalb müssen Sie sich aus der Masse der Ziellosen herauslösen. Verändern Sie den Blickwinkel auf Ihr Leben. Es ist ein großer Unterschied, ob Sie beim Film einen Job als Beleuchter annehmen und im Kopf bereits das Ziel haben: „Eines Tages stehe ich hinter der Kamera oder sitze auf meinem namentlich gekennzeichneten Regiestuhl!" oder ob jemand als Beleuchter arbeitet, weil er nichts Besseres gefunden hat, weil er faul war und sein Durchsetzungsvermögen gerade ausreichte, um sich diesen Job zu ergattern.

Es ist der Blickwinkel, die Perspektive, die das gesamte Lebensprogramm verändert. Fassen Sie Ihre Grenzen ins Auge, um sie zu überwinden! Verstehen Sie mich nicht falsch. Nichts gegen einen Job als Beleuchter, wenn er ein Durchgangsstadium zu einem höher gesteckten Ziel ist.

## Traumziele

Millionen Menschen träumen davon, dass ein Zauberer sie wie in „Tausendundeine Nacht" auf einen fliegenden Teppich setzt und sie nach einem Flug über Wüsten und Gebirge in einem goldenen Palast mitten im Garten Eden absetzt. So funktioniert das nur im Märchen. Aber eines ist dennoch richtig: Scheinbar völlig unrealistische Träume können Wirklichkeit werden, wenn Sie selbst die Faszination und den Zauber Ihres Zieles auf sich wirken lassen. Sie halten das für Unsinn? – Das ist es aber ganz und gar nicht!

Betrachten Sie Erfolgskarrieren, die heute als eine Selbstverständlichkeit gelten. Ich habe eine ganze Reihe davon in meinem ersten Motivationsbuch „Lebe ehrlich – werde reich!“ beschrieben. Zum Beispiel McDonald's. Es gab in den USA sicher Tausende von Hamburger-Buden, deren Besitzer alle mehr oder weniger gut leben konnten. Aber ein Mann, der größere Vorstellungen von Erfolg hatte, schuf aus diesem Produkt einen Weltkonzern. Es ist also durchaus realistisch, wenn Sie sich bei Ihrer Lebens- und Erfolgsplanung gedanklich auf einen fliegenden Teppich setzen und einmal aus größerer Höhe abschätzen, wie weit Sie es im Leben bringen können. Landen Sie in Ihrem Garten Eden – gleich neben dem goldenen Palast.

## Wo sind die Grenzen Ihrer Realität?

Werfen Sie einen realistischen Blick auf Ihre gegenwärtige Lebenssituation. Vielleicht gehen Sie mit mehr oder weniger Begeisterung einer ganz „normalen“ Beschäftigung nach. Monat für Monat kommen Sie gerade mit Ach und Krach über die Runden. Wenn eine Autoreparatur anfällt, müssen Sie am nächsten Urlaub sparen. Die Verpflichtungen für Ihre Eigentumswohnung drücken Sie weit mehr, als Sie sich das vor Jahren ausgerechnet hatten. Oder Sie leben in wirtschaftlich gesicherten Verhältnissen und spüren dennoch eine nagende Unzufriedenheit in sich. Sie flüchten sich in Lebensersatz. Ihre Hobbys nehmen weit mehr Raum in Ihrem Denken ein als Ihr Beruf. Sie verbringen mehr Zeit im Fitnessstudio als im Büro.

Ja, auch Fitness kann Lebensersatz und Ersatz für ein echtes Lebensziel sein. Viele flüchten vor den Hürden des Berufs auf das Laufband ins Nirgendwo. Das ist die Realität.

Und mitten in dieser unbefriedigenden Realität begegnen diese Lebensflüchtigen Tag für Tag im Fernsehen und in den Hochglanzillustrierten Menschen, die in einem Traumhaus leben, die Traumautos fahren und die das dafür notwendige Geld in einem Traumjob verdienen. Diese Menschen kosten das Leben voll aus, frei, ungebunden, nur sich selbst verpflichtet.

Das ist eine völlig andere Realität als die Ihre, und mit dieser Realität hat Ihr Leben augenscheinlich nichts zu tun. Ist es nicht so? – Was hindert Sie daran, ein echtes, erfolgserfülltes Leben anzustreben? Es liegt tatsächlich an Ihnen. Denken Sie stets an den Titel meines Buches: Du schaffst, was du willst!

## Es gibt viele Wirklichkeiten

Halten Sie von dieser traumhaften Realität, die noch nicht die Ihre ist, eine ganz wichtige Tatsache fest: Sie ist kein Märchen, sie ist kein Hirngespinst, sie existiert sichtbar und greifbar hier und heute. Menschen haben sie geschaffen und können sich darin bewegen! Was Sie davon trennt, ist einzig und allein die Tatsache, dass Sie bisher nicht ernsthaft davon geträumt haben, dass das eines Tages auch Ihre Wirklichkeit sein wird.

Überlegen Sie einmal ehrlich, in welchem Rahmen sich Ihre Vorstellungen bewegen. Im ganz Alltäglichen, in dem Bereich, den Ihre Familie, Ihre Freunde, Ihre Kollegen als die Normalität ansehen? Sagt Ihnen die Vernunft: „Träume sind Schäume! Du hast keine anderen Möglichkeiten. Du musst dein Leben eben so akzeptieren wie es ist. Daran kannst du nichts ändern!“?

Wenn es so sein sollte, dann glauben Sie einfach nicht an diese kleinliche Vernunft. Realisten glauben an Wunder, weil sie wissen, dass Wunder immer dann entstehen, wenn man Kräfte mobilisiert, die niemand für möglich gehalten hat. Wunder gibt es immer wieder. Wer nicht an Wunder glaubt, ist kein Realist!

## Nehmen Sie Maß an großen Leistungen

Halten Sie der Normalität Ihrer Umgebung die Tatsache entgegen, dass alles, was es auf dieser Erde an großartigen Leistungen der Technik, der Zivilisation, der Kultur gibt, von Menschen erdacht und verwirklicht wurde – Kernspintomographen, Überschallflugzeuge, bemannte Raumstationen, Internet, die wunderbare Welt der Bücher, des Films, der Musik.

Und glauben Sie nicht, dass die Schöpfer dieser großartigen Dinge immer große und außergewöhnliche Genies waren. Nein, sie wurden zu großen und außergewöhnlichen Menschen, weil sie sich große und außergewöhnliche Ziele gesetzt und diese mit außergewöhnlicher Tatkraft angepackt haben. Sie haben diese Ziele mit ihrer Phantasie, mit ihrem Geist, oft mit großer Geduld und immer mit großer Ausdauer mit Fleiß und Intuition in Realität verwandelt. Der Ausgangspunkt für diese außergewöhnlichen Leistungen waren große Träume, Vorstellungen von einer Wirklichkeit, wie sie einmal sein könnte. Diese Menschen hatten Visionen!

Stellen Sie sich ernsthaft die Frage: „Welches ist die größte Vision meines Lebens, die ich realisieren könnte?" Visionen beginnen immer mit Fragen.

## Wo liegt die Grenze Ihres Denkens?

Wenn Sie sich auf die Suche nach Ihrem Ziel begeben, nehmen Sie als erstes Abschied von dem Denken, dass große Leistungen immer nur von anderen kommen. Der Durchschnittsmensch geht als Grundvoraussetzung seines Daseins davon aus, dass alles, was sein Leben bestimmt, von anderen gemacht wird – die Politik, die Unternehmensführung, die technischen Entwicklungen, alles – bis hin zur Unterhaltung.

Fragen Sie sich deshalb, auf welchem Gebiet Sie ganz eigenständige Leistungen einbringen können. Diese Überlegung führt Sie schon einen Schritt an Ihr mögliches Lebensziel heran. Es gibt keinen Bereich unseres Lebens, in dem alles Machbare schon erreicht ist, von der Kartoffelschälmaschine bis zum intergalaktischen Raketenantrieb, von der Smartcard, die von finanziellen Transaktionen über Telefonkarte bis zum Personalausweis und zum Krankenkassenausweis alle nur denkbaren Funktionen ausübt, bis zur virtuellen Chipbörse, wie ich sie vor wenigen Monaten als erster aus der Taufe gehoben habe.

Sie hat selbst in der erfolgsverwöhnten Welt der Mikrochips eingeschlagen wie ein Meteor. Überlegen Sie, was täglich allein in deutscher Sprache an Rundfunk- und Fernsehsendungen produziert wird, wie viele Zeitungen, Illustrierte und Bücher täglich veröffentlicht werden. Wer angesichts all der unzähligen Betätigungsfelder ernsthaft behauptet: „Ich habe keine Chance!“, der ist einfach blind gegenüber seinen Möglichkeiten.

Bedenken Sie auf der Suche nach Ihrem Lebensziel eines: Wer nicht über den Durchschnitt hinausdenkt, kann auch nichts anderes als Durchschnitt erwarten. Kleine Wünsche führen zu kleinen Ergebnissen, große zu großen!

Lassen Sie deshalb Ihren Träumen freien Lauf. Bedenken Sie, wie viele technische Errungenschaften, die im vergangenen Jahrhundert vollkommen unvorstellbar waren, in diesem Jahrhundert verwirklicht wurden.

Nehmen Sie die Mondlandung, die uns heute bereits als ziemlich selbstverständlich erscheint. Davon haben einige wenige Menschen seit hundert Jahren geträumt. Heute denkt man in japanischen und amerikanischen Forschungslaboratorien darüber nach, wie menschliche Siedlungen auf dem Mond aussehen könnten. Oder nehmen Sie das achte Weltwunder, das Internet, das ursprünglich nur für militärische Zwecke gedacht war und aus dem einige findige Köpfe innerhalb weniger Jahre ein weltumspannendes Kommunikations- und Handelsnetz geschaffen haben. Übrigens, wussten Sie schon, dass im weltbekannten Silicon Valley täglich 62 junge Startups durch Internet-Ideen Millionär werden?

## Was ist selbstverständlich?

Dass Sie von Ihrem PC aus virtuell in einem Laden in San Francisco zum Einkaufen gehen können, dass Sie, ohne das Haus zu verlassen, per Mausklick in einer virtuellen Buchhandlung aus zwei Millionen Titeln auswählen können – davon haben einige wenige phantasiebegabte Realisten geträumt. Dass heute über Internet täglich Hunderte von Millionen Dollar umgesetzt werden, ist für mich dabei weniger „traumhaft" oder visionär als die Tatsache, dass rund um den Globus Millionen Menschen direkt miteinander kommunizieren können.

Diese „Selbstverständlichkeit" war noch vor wenigen Jahren eine Vision in den Köpfen einiger ganz normaler Menschen, die auf ihrem Fachgebiet die Gegenwart ein wenig vorausgeträumt haben. Lassen Sie sich von diesen wenigen Beispielen zu großen Zielen anregen. Bauen Sie sich ein Netz von internationalen Internet-Kontakten auf. Suchen Sie sich auf jedem Kontinent einen Internet-Partner, mit dem Sie regelmäßig kommunizieren. Das wird die Globalität Ihres Denkens, Ihre Vorstellung von diesem Globus als eine Einheit, gewaltig vergrößern. Denken Sie darüber nach, wie Sie das Internet für die Verwirklichung Ihres Lebensziels einsetzen können. Träumen Sie via Internet!

## Die Werkstatt der Zukunft

Nehmen Sie Silicon Valley, Geburtsort all der Taschenrechner, Videospiele, Heimcomputer, Lasertechniken, Mikroprozessoren, Digitaluhren, ja, so gut wie aller elektronischen Neuheiten, die unser Dasein bis heute bereits entscheidend verändert haben.

An keinem Ort dieser Erde waren in der Geschichte der Menschheit jemals so viele Menschen konzentriert, mit dem erklärten Ziel, das menschliche Zusammenleben auf diesem Planeten nachhaltig zu verändern. Versuchen Sie, sich die Zielvorstellungen dieser Menschen zu vergegenwärtigen. Sie treten jeden Tag an mit dem Ziel, das Leben der Menschen auf diesem Planeten positiv zu verändern, durch die Umsetzung von technischen Visionen. Stehen Sie jeden Tag auf mit dem Ziel: „Ich werde mein Leben positiv verändern? Ich will heute mein Denken erweitern und mein Kommunikationsnetz vergrößern!"

Denken Sie daran, wenn Sie Ihr Handy benutzen, wenn Sie sich an den Computer setzen, wenn Sie über Satellit aus 50 Fernsehprogrammen auswählen – ganz normale Menschen haben diese Dinge erdacht, sich konkrete Ziele gesetzt und diese verwirklicht. Warum sollten Sie sich nicht auch „Traumziele" setzen, die allen – außer Ihnen selbst – unerreichbar erscheinen?

Wenn ich Ihnen zu derartigen Traumzielen rate, bin ich alles andere als ein Phantast. Ich selbst habe in 20 Jahren harter Arbeit die Vision eines global vernetzten Chip-Broking-Unternehmens verwirklicht. Aus dieser Erfahrung wächst mir eine ungeheure Energie zu. Ich hoffe, auch die Energie, die nötig ist, um Sie davon zu überzeugen: „Wähle ein großes Ziel! Denn du schaffst, was du willst!“

## Träumen Sie sich in ein neues Leben

Den realistischen Traum von einer besseren Zukunft können Sie in jeder noch so misslichen Lebenssituation entwerfen. Wünschen Sie sich die Verwirklichung dieses Traums aber nicht nur, wenn Sie im August eine Sternschnuppe fallen sehen. Machen Sie diesen Traum zu Ihrem erklärten Ziel. Jeden Tag! Sie müssen fest daran glauben, dass Sie diese Traumvorstellung eines Tages verwirklichen. Das gibt Ihnen eine ungeheure Kraft. Damit stellen Sie sich in die Mitte Ihres Lebens. Erfolglose Menschen brechen ihre Vorhaben sofort ab, wenn der Weg steiler und steiniger wird. Sie verändern ständig ihre Richtung und verlieren dadurch ihr Ziel aus den Augen. Sie kapseln sich ab, um ihre Erfolglosigkeit zu verbergen, und landen in der Einsamkeit. Das ist wirklich der falsche Weg!

Sie aber werden es schaffen, wenn Sie beharrlich glauben, dass Sie es schaffen! Die erfolgreichen Menschen unterscheiden sich von den nicht erfolgreichen, dass Sie in jeder auch noch so schwierigen Situation an sich glauben. Sie verlieren nie den Glauben, dass sie ihr Ziel erreichen. Bedenken Sie: Auch Ihr Glaube kann Berge versetzen! Glaube und Wille sind die Zwillinge des Erfolgs.

## Glauben Sie an Ihre Träume

Ihre Visionen, Träume und Wünsche haben die Tendenz, sich tatsächlich zu erfüllen, wenn Sie mit ganzem Einsatz danach streben. Sie kennen doch sicher auch Menschen, die große Wunschvorstellungen und Träume haben, deren Glaube an die Verwirklichung aber so schwach ist, dass ihre Träume niemals Wirklichkeit werden können. Lassen Sie Ihren Glauben zu der Größe wachsen, die Ihren Zielen entspricht!

Wie können Sie über alle Widrigkeiten hinweg diese Träume und Visionen erreichen? Sie müssen Ihre Vision, Ihr Traumziel, mit einem unerschütterlichen Glauben verbinden, dass Sie dieses Ziel eines Tages erreichen werden. Ich bin davon überzeugt, dass Ihr fester Glaube positive Schwingungen aussendet, die nicht messbar, sicher aber spürbar sind.

Ich erlebe das immer wieder. An Allerheiligen besuchte ich im Münchner Liebfrauendom ein Hochamt. Nach dem Segen forderte der Bischof alle Gläubigen auf, zum Zeichen des Friedens einem Menschen in seiner Nähe die Hand zu reichen. In der Menschenmenge vor mir stand eine Klosterschwester in ihrer Schwesterntracht. Ich spürte plötzlich ganz intensiv den Wunsch, dass sie mir die Hand reicht. Und tatsächlich drehte sie sich um, gab mir spontan die Hand und wünschte mir Frieden! Zufall? Ja, wenn Zufall bedeutet, dass einem das zufällt, was man sich ganz fest wünscht und woran man mit großer Intensität glaubt. Und ich wiederhole: Glaube versetzt Berge!

## Stärken Sie die Kraft Ihres Glaubens

Der Glaube macht den Unterschied zwischen Wunschvorstellungen, die zu nichts verpflichten, und visionären Zielen, die eines Tages greifbar vor Ihnen stehen. Nur mit Ihrem Glauben werden Sie die großen Reserven aktivieren, die in Ihnen verborgen sind. Mit Hilfe Ihres Glaubens werden Sie das ganze Potenzial Ihrer Fähigkeiten ausschöpfen, von denen Sie bisher vielleicht nicht mehr als eine Ahnung haben.

Dieser Glaube wird Ihnen helfen, auch aus einer bedrückenden Lebenssituation einen Ausweg zu finden – wenn Sie das Gesetz des Glaubens anerkennen. Es lautet: Die Kraft Ihres Glaubens muss der Größe Ihres Ziels entsprechen! Diese Vision, einmal auf dem Gipfel Ihrer Träume zu stehen, wird auch Sie durch ein vorübergehendes Tal der Tränen tragen. „Lebe deine Träume“ ist das Gegenteil von „Verträume dein Leben“! Wenn Sie diesen Unterschied ganz klar sehen und Ihre Träume, Utopien und Visionen daran prüfen, wird Ihr Erfolg unvermeidlich!

## Eine wichtige Frage an Ihr Lebensziel

Sind die Ziele, die Sie verfolgen, von anderen Menschen vorgegeben, oder sind es ganz und gar Ihre eigenen Ziele? Wie stark wird Ihr Leben von anderen Menschen bestimmt? Führen Sie ein authentisches und selbstbestimmtes Leben? Oder lassen Sie andere für sich denken? Sie wissen sicher so gut wie ich, dass Menschen, die sich ihre

Ziele von anderen vorschreiben lassen, auch keine eigenen Erfolge verwirklichen können. Deshalb müssen Sie sich die Frage stellen: „Wessen Leben lebe ich? Mein eigenes? Das meiner Familie oder meines Lebenspartners? Das meines Chefs? Oder führe ich gar ein Leben nach den ungeschriebenen Regeln im Golfclub?“

Erinnern Sie sich bitte immer daran, egal in welcher Rolle, in welcher Lebenssituation oder in welchem Lebensabschnitt Sie sich gerade befinden: Echten Erfolg finden Sie nur mit eigenen Zielen, mit eigenen Gedanken und eigenen Ideen! Selten mit denen der anderen!

Wenn Sie sich in einer solch abhängigen Lebenssituation befinden, müssen Sie sich entscheiden – für Ihren Erfolg oder dagegen. Eine Zwischenlösung gibt es nicht. Sich nicht entscheiden führt in jedem Fall zum Verlust der Lebensqualität, zum Verlust der eigenen Lebensmitte, zum Verlust des eigenen Ichs. Halten Sie deshalb immer die Mehrheit der Anteile an Ihrem Ich!

## Der Spagat zwischen Wunsch und Ziel

Ein Beispiel: Ich kenne einen ehemals sehr berühmten Arzt, der permanent unter Zwang lebt. Er hat zwar in der Stadt eine gutgehende Praxis, aber er würde gerne auf dem Land leben. Als er es sich leisten konnte, zog er aufs Land, behielt aber seine Praxis in der Stadt, weil seine Frau das Landleben hasste. Das führte letzten Endes dazu, dass er seine Praxis vernachlässigte. Er war ständig zwischen seinem eigentlichen Lebenswunsch und Lebensziel hin- und hergerissen. Mittlerweile musste er seine Praxis aufgeben. Aber er träumt immer noch davon, auf dem Land zu leben. Er scheiterte an der Tatsache, dass er seine Wünsche und Ziele nicht mit denen seines Lebenspartners harmonisieren konnte. Das war sein großer Fehler, an dem er mit seinem Lebensziel scheiterte. Es sind häufig scheinbar kleine Ursachen, an denen die Verwirklichung eines Lebenstraums scheitern kann.

Wenn Sie Ziele verfolgen, die nicht Ihre eigenen sind, müssen Sie diese Ziele ganz offen und ehrlich an diejenigen zurückgeben, die sie Ihnen vorgeschlagen haben. Machen Sie sich frei von Zielen, für die Sie sich nicht begeistern können. Sie führen niemals zu einem Erfolg, der Sie glücklich macht. Aber ich denke, Sie haben „Du schaffst, was du willst!" zu Ihrem Lebensbegleiter gemacht, weil Sie Erfolg haben wollen und alles daran setzen, diesen Erfolg auch zu verwirklichen. Starten Sie notfalls eine Rückgabeaktion fremder Ziele!

## Es ist nie zu spät, erfolgreich zu werden

Die Tatsache allein, dass ich in einem Aufgabengebiet gut bin, bedeutet noch lange nicht, dass das auch wirklich mein Lebensziel ist. Dadurch werde ich immer einsamer. Denn Erfolg, den ich gar nicht will, macht mich einsam und traurig.

Ich kenne eine Frau, die viele Jahre ihres Lebens auf der verkehrten Bühne stand und in der falschen Rolle agierte. Sie hatte eine Ausbildung als Anwaltsgehilfin. Nach einigen Jahren der Praxis machte sie zusätzlich eine Spezialausbildung im Bereich Patentrecht. In allem, was sie anpackte, war sie sehr erfolgreich. Bereits in jungen Jahren wurde sie Büroleiterin in der Kanzlei eines Patentanwalts. Von dort aus wechselte sie in die Industrie, ging zu einem großen Computerhersteller, war auch dort wieder sehr erfolgreich und schaffte einen großen Aufstieg.

## Menschlich etwas bewegen

Eines Tages spürte sie, dass alle diese Erfolge mit ihr als Person nichts zu tun hatten. Sie hatte immer stärker das Gefühl, dass sie nur perfekt funktionierte. Innerlich blieb sie aber von diesen Erfolgen unberührt. Sie war von ihrer Erziehung her so angelegt, dass sie die Aufgaben, die man ihr stellte, gewissenhaft erfüllte. Sie hatte nur gelernt, jede Aufgabe, die ihr übertragen wurde, perfekt zu lösen. Die Frage „Will ich das überhaupt? Ist das wirklich mein Lebensziel?“ stellte sich für sie zunächst nicht.

Sie brauchte Jahre des Umwegs und der wachsenden Frustration, bis sie zu ihrem eigenen Ziel fand. Sie vermisste das Gefühl, menschlich etwas bewegen zu können. Sie spürte, dass ihr die soziale Verpflichtung am Herzen lag. Sie wollte ihre ganze Erfahrung in die Verwaltung eines Altenheims einbringen. Sie wollte Einfluss nehmen auf das oft triste Heimleben von alten Menschen, und sie wollte, wie sie es ausdrückte, einfach mal alten Menschen übers Haar streichen.

Sie fing ernsthaft an, diese Vorstellungen umzusetzen. Dabei merkte sie, dass sie, wenn sie wirklich glücklich werden wollte, in ihrem Leben erst einmal ein paar Stufen heruntersteigen musste, um ihren Erfolg neu aufzubauen. Allein der Gehaltseinbruch belief sich für sie monatlich auf ungefähr 3000 Mark. Aber sie hatte eine so tief befriedigende Vorstellung von ihrem Ziel, dass sie das gerne in Kauf nahm. Sie wechselte von der Computerindustrie in die Altenpflege.

Es kann also durchaus sein, dass die richtigen Ziele einen Menschen erst einmal zum Abstieg zwingen. Haben Sie Angst vor einem Neubeginn, der Sie zunächst einmal zwei Stufen abwärts zwingt? Abstieg kann sehr oft die Weichenstellung für Aufstieg sein!

## Stehen Sie ehrlich zu Ihren Zielen

Können Sie offen und ehrlich zu Ihren Zielen stehen, oder müssen Sie Angst davor haben, dass sie in Ihrem Umfeld bekannt werden? Übrigens, es macht gar nichts, wenn andere Leute über Ihre Ziele lachen. Das zeigt nur, dass Ihre Ziele ungewöhnlich sind und nicht den landläufigen Vorstellungen entsprechen. Bravo! Der Beginn der meisten großen Erfolge war von Kopfschütteln, Ablehnung und häufig genug auch von Gelächter begleitet.

Das Gros der Menschheit hält neue Ideen für verrückte Phantasieprodukte, die keine Chance haben, jemals verwirklicht zu werden. Lassen Sie sich von dem oftmals neidischen Gelächter und von der Ablehnung nicht abhalten. Ziele, von denen Sie überzeugt sind, können Sie in Wirklichkeit verwandeln. Von einem Ziel, von dem Sie fest überzeugt sind, dass es ganz dem entspricht, was Sie erreichen wollen, kann Sie niemand abbringen.

## Ein großes Ziel ist wie eine große Liebe

Ich weiß, dass mein Ziel in der Zukunft liegt und ich es nur erreichen kann, wenn ich Tag für Tag darauf zugehe. Was ist von Tag zu Tag notwendig, um eine intensive Beziehung zu Ihrem Ziel aufzubauen? – Ganz einfach, Sie müssen eine außergewöhnliche Zuneigung zu Ihrem Ziel entwickeln. Wie bei einer großen Liebesbeziehung müssen Ihre Gedanken ständig um dieses Ziel kreisen. Als erstes müssen Sie Ihr Ziel mehrmals täglich besuchen. Sie sollten Ihr Ziel jeden Tag streicheln und diese innige Beziehung zu Ihrem Ziel tief in Ihren Gedanken verankern. Sie müssen ein genaues Bild von Ihrem Ziel entwerfen und an diesem Bild Tag für Tag arbeiten „ es vervollkommnen und liebevoll betrachten.

Fragen Sie sich jeden Abend vor dem Einschlafen: „Bin ich meinem Ziel heute wieder ein Stück näher gekommen?" Und dann nehmen Sie Ihr Ziel mit in den Schlaf. Gerade im Schlaf leben Sie sehr intensiv in Ihrem Unterbewusstsein. Sie müssen Ihr Ziel mit ganz realen Bildern in Ihrem Unterbewusstsein verankern, damit Ihnen das Unterbewusstsein Wege aufzeigt, wie Sie an Ihr Ziel gelangen können. – Warum mit Bildern? – Weil das Unterbewusstsein keine abstrakten Theorien verarbeiten kann, nur Bilder. Verwandeln Sie Ihr Unterbewusstsein in Ihre eigene Erfolgsgalerie!

Für mich sind Ziele immer ganz konkrete Vorstellungen, die ich ständig vervollkommne, die ich in meinen Gedanken ständig umkreise und weiter ausmale, in denen ich mich beinahe körperlich bewege. Das können auch einfache Tagesziele sein. Ich beginne kein Telefonat, ohne mir genau vorzustellen, was ich damit bewegen möchte. Dasselbe gilt natürlich für meine Fernsehinterviews. Ich informiere mich nicht nur genauestens über meinen Gesprächspartner, ich sehe mich während dieser Vorbereitung ihm gegenübersitzen. Ich stelle mir seine Reaktionen vor. Ich sehe ihn lächeln, nachdenken, und ich beobachte ihn in meiner Vorstellung, wie er seine Antworten formuliert.

Je größer meine Ziele sind, um so genauer versuche ich, mir die einzelnen Schritte vorzustellen. Je weiter entfernt sie sind, um so häufiger besuche ich sie in meiner Vorstellung!

Wenn Sie dieses Zielbewusstsein nicht jeden Tag erneuern, wenn Sie einen Tag verstreichen lassen, ohne an Ihr Ziel zu denken, dann haben Sie einen Tag unwiederbringlich ziellos verbracht. Dieser Tag ist ein verlorener Tag Ihres Lebens, den Sie nie wieder zurückholen können. Sie dürfen deshalb nie den inneren Bezug zu Ihrem Ziel verlieren. Jedes echte Lebensziel hat einen ganz tiefen Halt in Ihrem Ich. Diesen Halt dürfen Sie nie loslassen.

## Wenn man sein Ziel verliert

Kürzlich war ich in einem griechischen Lokal. Diesem „Griechen“ sah man schon von außen an, dass er nicht mehr richtig lebte. Der Wirt, ein liebenswerter Mensch Mitte sechzig, fragte mich ganz offen: „Wofür soll ich noch schuften? Meine Tochter will dieses Lokal nicht, und ich kann von meinem Ersparten gut leben!" An den Wänden hingen Zeitungsartikel über das Lokal, die verrieten, dass es einmal glanzvolle Zeiten erlebt hatte. „Der beste Grieche in der Stadt!" stand in einem der Artikel. Aber dieser Erfolg lag Jahrzehnte zurück. Er hatte den Inhaber müde gemacht. Im Grunde war abzusehen, dass dieses Lokal in einem Jahr nicht mehr existieren würde.

Dabei hätte es mit geringen Anstrengungen wieder zu einem lebendigen Mittelpunkt werden können – die Wände frisch streichen, einen neuen Boden reinlegen, ein paar Musiker engagieren, ein paar Spezialitäten anbieten, die nicht jeder „Grieche" hat, einen Heimservice installieren, einen Mittagstisch für umliegende Büros aufbauen usw. Darüber haben wir uns lange unterhalten, und plötzlich begannen die Augen des Griechen wieder zu leuchten. Zum Abschied sagte ich ihm den wichtigsten Satz seines Lebens: „Du schaffst, was du willst!"

## Rückblick ist Rückschritt

Hüten Sie sich vor dem nostalgischen Blick in den Pokalschrank der abgestandenen Erfolge. Es sei denn, Sie lassen sich davon anspornen zu bisher unerreichten Zielen und zu neuen Pokalen.

Aber in dem Augenblick, wenn sich der ehemals Erfolgreiche nur noch an vergangene Erfolge erinnert und sich fragt: „Wozu das alles?“, beginnt der Abstieg. Zu Beginn unseres Gesprächs ging es im Grunde nur noch um die goldenen Zeiten, in denen sein Restaurant immer voll war. Auch seine mutlosen Erklärungen für den sichtbaren Abstieg waren bezeichnend – die schlechte Wirtschaftslage, die hohen Steuern, das unzuverlässige Personal, die Menschen, die am Ausgehen sparen usw. Aber all das waren wirklich nur Ausreden, denn der Chinese, der ein paar Schritte entfernt lag, war zur selben Zeit bis auf den letzten Platz gefüllt.

Ich sagte diesem sympathischen Mann: „Als erstes müssen Sie die Zeitungsartikel von den Wänden nehmen!“ Sich nicht an alte Erfolge klammern, sondern neue Erfolge erkämpfen, indem man zu seinem alten Ziel zurückkehrt, das ist der richtige Weg. Ich sagte ihm auch: „Ihr Ziel muss heißen: ‚Der beste Grieche in dieser Stadt!‘ Das gibt Ihnen ein neues Ziel, eine neue Motivation und eine ganz neue Lust am Leben!“ Was mich wirklich freute: Als ich ging, gab er mir die Hand und sagte: „Ich packe wieder an. Ich schaffe es. Ich werde wieder der beste Grieche der Stadt!“

Erinnerungen an frühere Erfolge sind schön und gut und äußerst wichtig, wenn man sie als Kraftspende bei Durststrecken nimmt. Aber sie taugen nicht als Ersatz für Ziele. Hüten Sie sich vor Menschen, die immer nur von ihren Erfolgen in der Vergangenheit sprechen. Verbünden Sie sich mit denen, die in eine erfolgreiche Zukunft schauen!

## Zielstrebig wie ein Schmetterling

Erfolgreichen Menschen wird sehr oft nachgesagt, sie seien „eigensinnig", „starrsinnig" und „zielfixiert". Das stimmt. Erfolgreiche Menschen weichen nicht von ihren Zielen ab. Henry Ford zum Beispiel, dem seine Techniker immer wieder erklärten, dass ein Motor mit acht Zylindern nicht zu realisieren sei. Mit unerschütterlicher Zielstrebigkeit schickte er sie immer wieder ins Labor zurück: „Ich will diesen Motor haben, und ich werde ihn bekommen!" Und er bekam ihn. Ein Beispiel von Tausenden von Erfolgen, die durch unbeirrbares Festhalten an einem Ziel erreicht wurden. Gegenbeispiele werden Sie nicht finden. – Warum? – Ganz einfach: Menschen, die wie ein Schmetterling bei jedem Windhauch ihre Ziele ändern, landen in keiner Erfolgsstatistik.

Die größte Gefahr für den Erfolg besteht darin, von einem Ziel zum nächsten zu springen. Es gibt viele Menschen, die ein Ziel, das sie nicht umgehend und mühelos erreichen, wie eine heiße Kartoffel fallenlassen und einfach auf ein neues Ziel zugehen. Die ständige Zielveränderung ist der große Erfolgsverhinderer. Ich kann nicht als Profi-Tennisspieler, wenn ich die Top-Liga nicht erreiche, sagen: „Gut, dann werde ich eben Fußballspieler." Wer sein Lebensziel gefunden hat, der ist sich absolut sicher und verfolgt es auch durch Rückschläge und Niederlagen.

Ein häufig verändertes Lebensziel ist immer ein Zeichen von mangelndem Erfolgswillen. Viele Menschen schalten auf ein anderes Programm, sobald eine dunkle Wolke auf sie zukommt. Erfolgreiche Menschen schalten, wenn es sein muss, in der Strategie um, aber nie in ihren Zielvorstellungen.

## Ehrlicher Erfolg braucht Zeit

Erfolge beginnen nicht in der Champagner-Etage! Viele scheitern daran, dass sie zwar die richtigen Ziele haben, aber diese zu schnell erreichen wollen. Wenn ich ein Jahr nach der Gründung meines Unternehmens gesagt hätte, mein Ziel ist, in einem Jahr an die Börse zu gehen, wäre ich kläglich gescheitert. Ich habe 22 Jahre lang Tag für Tag am Aufbau der globalen Unternehmenskontakte gearbeitet, bis ich diesen großen Sprung riskieren konnte. Ich habe die Vision, die Kämpfe und natürlich die Erfolge dieser zwei Jahrzehnte in meinem Buch „Die ce-Story“ eingehend dargestellt, vor allem den Start von ganz unten. Dieses Buch gibt Menschen, die eine Unternehmensgründung planen, eine Wegbeschreibung für Erfolg!

Ich bin aufgrund meiner eigenen Erfahrungen und vieler Erfolgsgeschichten, die ich persönlich kenne, davon überzeugt: Am erfolgreichsten sind die Menschen, die ihren Aufstieg vom Keller starten und die bereit sind zu einer grundlegenden Änderung ihrer Lebenseinstellung in Richtung auf ihr Lebensziel. Gehen Sie deshalb rastlos, aber mit großer Geduld und Ausdauer unbeirrt auf Ihr Lebensziel zu! Und fangen Sie damit ganz einfach dort an, wo Sie gerade stehen!

## Die gekochten Frösche

Aufbruch ist immer unbequem. Das ist der Grund, warum so viele Menschen lieber eine tiefsitzende Unzufriedenheit mit sich herumschleppen, als dass sie sich zu einem Neuanfang entschließen. Im Englischen gibt es dafür einen sehr treffenden Ausdruck: das „boiled frog syndrom".

Ein Frosch sitzt in einem Wasserbehälter, in dem die Temperatur langsam hochgedreht wird. Er bleibt sitzen, obwohl ihm die Wärme unangenehm ist. Aber noch kann er sie aushalten. Er bleibt so lange sitzen, bis es für einen Absprung zu spät ist. Ich kenne viele „gekochte Frösche". Sie sicher auch! Sie sind unzufrieden mit ihrem Beruf, der sie nicht ausfüllt. Sie sind unzufrieden mit einem Einkommen, das ihnen zu niedrig erscheint. Ihr Familienleben bleibt weit hinter ihren einstigen Wunschvorstellungen zurück. Aber weil sie keine echten Ziele haben, richten sie sich in der lauwarmen Ziellosigkeit ein ungemütliches, aber erträgliches Plätzchen ein. Das scheint immer noch besser zu sein, als in den kalten Wind eines Aufbruchs hinauszugehen! Bis es für einen Absprung zu spät ist. – Wenn Sie eine deutliche Verbesserung Ihrer Lebenssituation erreichen wollen, müssen Sie diesen Schritt wagen, sobald Sie Ihr Ziel gefunden haben. Zielloses Warten ist Gift. Warten kostet Kraft. Ein Aufbruch dagegen schenkt Energie. Also los! Springen Sie!

## Das Risiko des Aufbruchs

Echte Lebensziele bedeuten immer Aufbruch. Und diesen Aufbruch dürfen Sie keinesfalls leichtnehmen. Ein Aufbruch zu neuen Lebenszielen bedeutet, dass Sie vieles, was Sie in Ihrem bisherigen Leben klaglos hingenommen, widerwillig ertragen oder auch unentschlossen beiseite geschoben haben, mutig und entschlossen in die Hand nehmen müssen. Aufbruch heißt für Sie, der sich einem hochgesteckten Lebensziel verschrieben hat, soviel wie Entdeckung eines neuen Kontinents oder eine Expedition in unerforschtes Gebiet. Sie werden, wenn Sie innerlich Segel setzen und vom Ufer Ihres früheren Lebens ablegen, nie wieder in diese alte Welt zurückkehren. Sie werden vieles von dem mitnehmen, was bisher gut und wichtig in Ihrem Leben war, aber Sie haben einen ganz neuen Glauben gefunden – den Glauben an sich selbst und an Ihre Ziele.

Der Aufbruch in Ihr neues Leben ist eine so ernste Sache und von so großer Bedeutung und Tragweite für Ihr zukünftiges Leben, dass Sie einen Pakt mit sich und Ihrem Lebensziel abschließen sollten. Ja, wenn Sie die feste Absicht haben, das ganze vor Ihnen liegende Leben erfolgreich auf Ihr einmal gefasstes Ziel hin zu gestalten, dann sollten Sie am besten schriftlich niederlegen, wie Sie ab jetzt, ab heute, ab diesem Augenblick Ihr Leben führen, Ihr Denken und Ihr Handeln verändern werden.

Wenn Sie diesen Vertrag mit sich selbst strikt einhalten, werden Sie nie wieder zur Erfolglosigkeit zurückzukehren! Sie werden diesen Vertrag mit sich selbst sicher entsprechend Ihrer Persönlichkeit abwandeln, aber er wird ungefähr folgenden Inhalt haben:

## Mein Vertrag für Erfolg

„Ich habe ein Lebensziel gefunden, das ich unter allen Umständen erreichen werde! Ich lasse die bisherige Unentschlossenheit meines Lebens hinter mir. Ich streife die Mutlosigkeit ab. Ich arbeite ganz bewusst an meinem Charakter und an meiner Persönlichkeit. Offenheit und Ehrlichkeit sind die Richtschnur für mein Handeln. Ich weiß, dass ich nur mit großer Selbstdisziplin und hoher Leistungsbereitschaft an mein Ziel gelangen werde.

Ich werde mich jederzeit körperlich und geistig fit halten, damit ich allen Anforderungen dieses Aufbruchs in ein neues Leben gewachsen bin. Ich spüre und übernehme die Verantwortung für mein Leben. Deshalb verzichte ich auf alles, was diese Verantwortung gefährden könnte.

## Seien Sie offen für alles Neue

Ich interessiere mich brennend für alles Neue, das mir auf dem Weg zu meinem Lebensziel weiterhilft. Ich bin bereit, jeden Tag dazuzulernen und auftauchende Probleme als Wegweiser zu verstehen. Ich werde auch Rückschläge mit Geduld, Ausdauer und ungebrochener Zielstrebigkeit überwinden, weil ich weiß: Ich schaffe es über alle Schwierigkeiten und Widerstände hinweg, mein Ziel zu erreichen.

Ich habe einen genauen Plan für meinen Aufbruch. Dennoch bin ich jederzeit bereit, Einzelheiten dieses Plans zu ändern, wenn es sich als notwendig erweisen sollte. Aber ich werde niemals mein Ziel ändern, weil ich hundertprozentig davon überzeugt hin, dass dieses Ziel ganz und gar zu meinem Leben gehört.

Ich brenne vor Begierde nach meinem Lebensziel und werde täglich meine Motivation, dieses Ziel zu erreichen, erneuern und verstärken. Ich werde dieses Ziel, meinen Lebenstraum in Wirklichkeit zu verwandeln, nie aufgeben, weil ich eines ganz sicher weiß: Ich schaffe es, weil ich will!“

## Aufbruch zum Erfolg

Ja, schreiben Sie einen Aufbruchsvertrag mit sich selbst. Legen Sie ihn in Ihre Brieftasche oder wo immer Sie ihn schnell zur Hand haben, und lesen Sie ihn täglich, um Ihren Mut, Ihre Entschlossenheit und Ihre Motivation wachzuhalten. – Warum? – Das, was Sie vorhaben, ist kein Spaziergang bei garantiert schönem Wetter. Wenn Sie nicht ein unglaublicher Glückspilz sind, wird Ihnen gelegentlich der Wind ganz schön ins Gesicht blasen. Es werden Gewitterwolken aufziehen, und an manchen Tagen wird nur noch Ihr Glaube an Ihr Ziel Sie vorwärtstreiben. Oder was noch schlimmer ist: Sie geraten in eine anhaltende Flaute, die Ihren ganzen Vorrat an Motivation aufzubrauchen scheint.

Der Aufbruch zu dieser Lebensreise tut in aller Regel

weh. Aufbruch bedeutet Abschied von liebgewonnenen Gewohnheiten. Ich denke dabei an meine hugenottischen Vorfahren, die Frankreich verließen, um ihrem Glauben und sich selbst treu bleiben zu können. Sie mussten alles aufgeben. Das einzige, was sie mitnehmen konnten, war ihr großes handwerkliches Können oder ihr kaufmännisches Geschick, ein unbeugsamer Geist und die unerschütterliche Entschlossenheit, sich in Freiheit ein neues Leben aufzubauen.

Oder denken Sie an die vielen Millionen Auswanderer, die in die Neue Welt aufgebrochen sind, weil sie wegen ihres Glaubens, ihrer Herkunft, ihrer politischen Ansichten verfolgt wurden. Sie alle mussten viel zurücklassen: Hab und Gut, Freunde und Verwandte. Das war ein ungeheurer Entschluss und ein ungeheures Wagnis. Aber bedenken Sie, was viele von ihnen mit diesem Aufbruch gewonnen haben: Freiheit, Wohlstand und vor allem ein eigenständiges, selbstverantwortetes Leben!

Ja, manchmal muss man zu neuen Ufern aufbrechen, um der bleiben zu können, der man ist. Oder auch um der werden zu können, der man sein möchte. Wagen Sie diesen Aufbruch in Ihr neues Leben und seien Sie von einem ganz überzeugt:

## Du schaffst, was du willst!

## Kapitel 3
# Motivation – Ihr Leitstrahl für ein neues Leben

### Jede Art von Leistung beruht auf Motivation!

Motivation ist die Energiequelle für den Weg von der Idee zum Ziel. Motivation ist der Lichtbogen, der sich von Ihrem unbefriedigenden Heute zur erträumten Zukunft spannt. Motivation bewirkt den Quantensprung von der Gleichförmigkeit der Normalität zur sprühenden Daseinsfreude eines erfüllten Lebens.

Sie selbst können diese Motivation steuern. Sie sind der Ursprung Ihrer Emotionen. Sie haben ein Lebensziel vor Augen. Es ist Ihre Entscheidung, wie stark Sie sich für Ihr Ziel motivieren! Beginnen Sie jeden Tag mit einem entschlossenen:

**Ich schaffe es!**
**Ich kann es!**
**Ich will es!**

Versetzen Sie sich dabei in die zuversichtliche Stimmung und in das Glücksgefühl, das Sie empfinden werden, wenn Sie Ihr Ziel erreicht haben! Vertreiben Sie in diesen Minuten der Selbstmotivation jeden Gedanken an das, was Ihnen an Hindernissen noch im Weg steht, was Sie bedrückt und Ihre positive Stimmung zerstören könnte. Tanken Sie in diesen Momenten Selbstbewusstsein, Mut, Entschlossenheit und eine tiefe Freude darüber, dass Ihnen dieses Leben geschenkt wurde!

Dieses wunderbare Gefühl „Du schaffst es!“ wird Ihren ganzen Körper durchziehen und Ihre Haltung verändern. In solchen Minuten sind auf Ihrem Gesicht keine Sorgenfalten zu sehen. Sie spüren, wie ein frohes Lächeln Sie von einer Last befreit. Ihr Körper richtet sich auf. Ihre Arme werden leicht. Sie erleben den Tagesanfang mit dem wunderbaren Gefühl:

## Ja, ich schaffe es!

Ja, Sie können Ihr Denken selbst beeinflussen. Sie können Ihre Gefühle selbst beeinflussen. Warum sollten Sie sich also immer das Schlechte, das Unangenehme, das Niederziehende vor Augen halten? Setzen Sie die Haltung des Erfolgreichen, des Siegers dagegen. Hängen Sie das Bild Ihres gesunden Ich-Bewusstseins und Ihres Erfolgsbewusstseins jeden Tag ein wenig höher! Lassen Sie sich in keiner noch so schwierigen Lebenslage hängen. Sie bestimmen Ihre Reaktionen und Ihre Haltung!

Sie kennen sicher die einfachen und doch so tiefgründigen Comics von Charles Schulz, die „Peanuts“. Ich erinnere mich an einen Comic, der in herrlicher Weise deutlich macht, wie einfach es ist, sich selbst negativ zu beeinflussen. Eine Figur fragt die andere: „Was muss ich tun, dass ich mich so richtig mies fühle?“ Die Antwort lautet: „Du musst nur den Kopf senken, dein Gesicht in Falten legen und Schultern und Arme hängen lassen. Du wirst sehen, es funktioniert hundertprozentig. Du fühlst dich sofort richtig mies!“ Probieren Sie es ruhig einmal selbst aus. Sie werden nicht in der Lage sein, in dieser negativen Haltung einen positiven Gedanken zu fassen.

Aber bedenken Sie, es funktioniert auch anders herum – hundertprozentig. Breiten Sie die Arme aus. Schließen Sie die Augen, und besuchen Sie Ihr Lebensziel. Sie können sich dem warmen, positiven Gefühl, das spürbar durch Ihren Körper geht, gar nicht entziehen. Versetzen Sie sich mit Ihren Gefühlen in die Wirklichkeit, die Sie als erfolgreicher Mensch real erleben werden. Überspringen Sie in Ihrer Vorstellung die Strecke, die Sie zu Ihrem Ziel noch vor sich haben. Motivation entsteht immer aus der Vorfreude auf Erfolge, die unweigerlich auf Sie zukommen werden. Motivation lässt das Negative niemals zu!

## Deine Gedanken und Gefühle sind dein Leben!

Jeder Mensch hat die Kraft und die Fähigkeit, sein Leben entscheidend zu verbessern, wenn er bewusst sein Denken und Fühlen verändert! Die Art und Weise, wie ich denke, bestimmt mein Leben. Die Gefühle, die ich zulasse oder bewusst steigere, bestimmen mein Handeln. Ich kann Gleichgültigkeit, Niedergeschlagenheit, Hass oder Verbitterung zulassen. Dann wird sich mein Leben in diesen negativen Bahnen bewegen. Aber ich kann auch Freude suchen, Erfolg anstreben und mich leidenschaftlich für die schönen Seiten meines Daseins begeistern. Sie haben die Wahl! Schauen Sie auf die positiven Ereignisse in Ihrem Leben. Jeder Tag bringt Ihnen Momente des Glücks – wenn Sie bereit sind, sie wahrzunehmen!

Glauben Sie mir, es lohnt sich, Leidenschaft und Begeisterung für ein erfolgreiches und erfülltes Leben in sich zu wecken, Verantwortung für das eigene Leben zu übernehmen, Angst und Mutlosigkeit zu überwinden und täglich die Motivation neu auf das Lebensziel auszurichten. „Ich weiß, dass ich fähig bin, der zu werden, der ich von meinen Anlagen und Fähigkeiten her sein kann und sein möchte!" Die Fähigkeit, positiv zu denken und zu handeln, trägt jeder Mensch in sich. Der Mensch ist das, was er denkt!

## Pflanzen Sie Blumen in Ihr Leben!

Hören Sie auf, immer nur auf die negativen Ereignisse in Ihrem Leben zu schauen. Setzen Sie positives Handeln dagegen. Nur ein kleines, aber sehr einleuchtendes Beispiel: Wenn Sie ein Gartenbeet brachliegen lassen, wächst Unkraut. Nun können Sie sich tagaus, tagein damit beschäftigen, dieses Unkraut herauszuziehen und sich darüber zu ärgern, dass es jeden Tag nachwächst. Aber leider werden Sie nie etwas anderes ernten als Unkraut. Es gibt nur eine einzige wirksame Methode, dieses Beet vom Unkraut zu befreien: Sie müssen Blumen einpflanzen. Dann wird zwar zwischen den Blumen immer noch ein wenig Unkraut wachsen, aber das können Sie mit wenigen Handgriffen beseitigen, während Sie sich an den Blumen freuen.

Bringen Sie Ihr Leben zum Blühen, Wachsen und Gedeihen, und das Unkraut, die negativen Erlebnisse und Gefühle werden gegen Sie keine Chance haben! Pflanzen Sie Blumen in Ihr Leben!

## Der Zauber der positiven Ausstrahlung

Versuchen Sie, diese Zuversicht, diese Freude über Ihren künftigen Erfolg, diese Siegesgewissheit, den ganzen Tag über beizubehalten – egal was Ihnen an Negativem begegnen mag. Sie werden sehr schnell die Erfahrung machen, dass allein diese Ausstrahlung der Zuversicht Hindernisse aus dem Weg räumt. Die Menschen können sich Ihrem Charme nicht entziehen, wenn Sie wirklich mit Ihrer ganzen Überzeugung, mit Ihrer ganzen Person dahinterstehen.

## Schaffen Sie sich kleine Erfolge

Die positive Ausstrahlung, diesen Zauber der Überzeugung aus der Mitte Ihrer Persönlichkeit heraus, können Sie ganz bewusst immer wieder durch kleine Erfolge nähren und zum Leuchten bringen. Wie ich bereits in meinem vierten Buch, in „Lebe ehrlich – werde reich!“ beschrieben habe, gibt es keine unwichtigen Situationen, wenn es um Erfolg oder Niederlage geht. Tausende von Menschen haben diese Botschaft aufgenommen und bestätigen mir täglich durch Briefe, Faxe und E-Mails, dass gerade die einfachen, gelebten Botschaften unser Leben am tiefgreifendsten verändern und verbessern können.

Ein kleines Beispiel: Ich war früh am Sonntagmorgen zum Zeitungskiosk am Bahnhof gefahren, um ein paar englischsprachige Zeitungen und Nachrichtenmagazine zu kaufen. Dummerweise hatte ich nicht daran gedacht, Kleingeld einzustecken. Der Kioskbesitzer reagierte darauf ziemlich unfreundlich. Aber ich ließ mich nicht beirren. Ich fragte ihn nach dem nächsten Bankautomaten und als ich zurückkehrte, hatte sich auch seine Laune deutlich verbessert.

Ich war sehr zufrieden. Er hatte sich positiv verändert. Mein Tag war gerettet, und mein Vorhaben war ohne Ärger und Frustration über die Bühne gegangen, weil ich mich von einer negativen Reaktion einfach nicht habe anstecken lassen.

Solchen Situationen begegne ich immer wieder. Und Sie sicher auch. Wie reagieren Sie darauf? Hoffentlich nicht mit dem beleidigten Satz: „Na, dann eben nicht!“ Damit fordern Sie nur Niederlagen heraus, und solche kleinen Niederlagen wirken sich negativ auf Ihr gesamtes Erfolgsbewusstsein aus. Ich kenne Menschen, die es auf 20 und mehr kleine Niederlagen pro Tag bringen.

## Viele kleine Niederlagen

Wie sieht das aus? – Ein Vertriebsmann nimmt sich vor, einen Kunden anzurufen, und während er wählt, denkt er schon: „Den erreiche ich sicher doch nicht!“ Und tatsächlich, der ist in einer Besprechung. Der zweite Anruf bringt kein besseres Ergebnis. Da verschiebt er diesen Anruf mitsamt der Hoffnung auf einen Auftrag einfach auf den nächsten Tag. Niederlage Nr. 1!

Dann ruft er einen anderen Kunden an. Der ist tatsächlich am Apparat. Aber weil dieser Vertriebsmann insgeheim damit gar nicht gerechnet hat, ist er schlecht vorbereitet, hat die notwendigen Zahlen nicht parat. Der Kunde ist nicht überzeugt von dem Angebot und bricht das Gespräch ab. Niederlage Nr. 2.

Nun entschließt er sich spontan, einen Kunden, der sein Büro in der Nähe hat, persönlich aufzusuchen. Der ist auch anwesend, hört aber nur widerstrebend zu, weil dieser unangemeldete Besuch nicht in seinen Terminplan passt. Das Ergebnis ist, wie zu erwarten, negativ. Niederlage Nr. 3

So reiht dieser Mann eine kleine Niederlage an die andere. Am Abend ist er so frustriert, dass er nicht sofort nach Hause fährt, sondern erst noch ein Bier in seiner Stammkneipe trinkt. Als er endlich nach Hause kommt, ist das Abendessen kalt und seine Frau sauer. Es gibt Streit, der sich am nächsten Morgen beim Frühstück wiederholt. Auch dieser Tag beginnt mit einer Niederlage, die sich natürlich auf die Motivation dieses Mannes sehr negativ auswirkt. Ein neuer Kreislauf der Demotivation und der schlechten Laune beginnt. Seine Kollegen machen allmählich einen Bogen um ihn, denn schlechte Laune ist ansteckender als die Hongkong-Grippe! Gehen Sie negative Situationen mit der unendlichen Kraft des positiven Denkens an!

## Pflegen Sie Ihr Erfolgsbewusstsein

Einen derartigen Kreislauf des Negativen müssen Sie unter allen Umständen vermeiden. Deshalb bedeutet Motivation vor allem: Pflegen Sie Ihr Erfolgsbewusstsein – auch in kleinen, scheinbar unwichtigen Dingen! Scheuen Sie sich auch nicht, anderen Menschen zu zeigen, dass Sie erfolgreich sind. Genießen Sie die Energie, die Ihnen zuströmt, wenn Sie sich nicht von der schlechten Laune anderer anstecken lassen.

Es genügt mir aber nicht, sozusagen nur die Grippeviren schlechter Laune abzuwehren. Mir persönlich macht es Freude, Menschen positiv umzupolen. Ich verändere scheinbar unbedeutende Situationen, die negativ zu werden drohen, häufig mit dem zuversichtlichen Satz:

## Wir schaffen das!

Dieser Satz wirkt Wunder. Er bezieht den anderen in den Wettkampf um Erfolg oder Niederlage mit ein. Ich mache ihn damit zum Verbündeten meines Erfolgs. Natürlich strahle ich diese Zuversicht auch aus. Dabei geht es gar nicht immer um große Erfolge. Ein Lächeln, eine freundliche Erwiderung oder auch eine stumme, aber herzliche Zustimmung sind oft das einzige, was ich für diese Aufforderung zurückbekomme. Aber ist das nicht ein wunderbarer Erfolg? Lächeln ist das beste Rezept gegen schlechte Laune!

Mit dem Satz „Wir schaffen das!“ und mit Ihrer zuversichtlichen Grundhaltung schaffen Sie einen Schutzschild gegen die Grippeviren schlechter Laune – bei sich und bei anderen. Setzen Sie sofort positive Energie gegen erste Anzeichen von schlechter Stimmung. Schlechte Dauerstimmung führt nämlich zu ernsthaften Krankheiten – zu Kreislaufproblemen, zu Magengeschwüren, zu Depressionen. Das müssen Sie unbedingt wissen und im Sinne Ihres gesunden Lebens schon im Anfangsstadium verhindern. Lächeln Sie schlechte Laune aus Ihrem Leben!

## Der Zauber eines Lächelns

Kürzlich flog ich mit der ersten Maschine nach Frankfurt. Lange vor sechs Uhr stand ich am Schalter, um einzuchecken. Die Bodenstewardess hatte sich offenbar vorgenommen: „Heute kommt mir kein Lächeln aus und kein freundliches Wort über die Lippen!“ Statt meinen freundlichen Morgengruß zu erwidern, hämmerte sie auf ihren PC und sagte: „Dieses blöde Ding funktioniert auch schon wieder nicht. Heute habe ich überhaupt keine Lust zu arbeiten. So eine Katastrophe. Wäre ich doch bloß zu Hause geblieben!“

Ich blieb ruhig und lächelte sie freundlich an. Nach einer Weile sagte ich zu ihr: „Lassen Sie sich Zeit. Ich habe es überhaupt nicht eilig! Wir schaffen das schon!“ Tatsächlich, plötzlich funktionierte der PC wieder, und unwillkürlich lächelte die junge Frau zurück. Im Weggehen sah ich noch, wie sie über ihren eigenen Stimmungsumschwung verblüfft war. Wieder einmal bewies sich: Lächeln ist die kürzeste Verbindung zwischen zwei Menschen! Haben Sie heute schon gelächelt? Lächeln Sie die schlechte Laune anderer Menschen einfach fort!

## Füttern Sie regelmäßig Ihr Erfolgskonto!

Dieser kleine Erfolg begleitete mich den ganzen Tag. Ich musste schmunzeln, sooft ich daran dachte. Diesen kleinen Stimmungsumschwung, den ich mit einem Lächeln zuwege gebracht hatte, verbuchte ich auf mein Haben-Konto für Erfolg. Er verstärkte meine positive Grundstimmung in den geschäftlichen Besprechungen, die ich an diesem Tag führte. Damit möchte ich Ihnen verdeutlichen, wie wichtig es ist, dass Sie diese einfachen Sätze immer parat haben:

**Ich schaffe es!**
**Du schaffst es!**
**Sie schaffen es!**
**Wir schaffen es!**

Solches „Wechselgeld für gute Laune, Gesundheit und Motivation“ sollten Sie immer in der Tasche haben. Denn Motivation und positive Ausstrahlung sind die beste Währung für Erfolg und Gesundheit!

## Motivation ist der Motor des Erfolgs

Kein Künstler, Schriftsteller, Erfinder, Entdecker, Politiker, kein Sportler, kein Trainer und kein Lehrer hat je etwas

Außergewöhnliches geleistet, wenn er nicht von einer außergewöhnlich hohen Motivation getragen war. Diese unumstößliche Tatsache müssen Sie in Ihrem Bewusstsein verankern. Das ist der Dreh- und Angelpunkt Ihres Erfolgs. Ohne dieses innere Feuer der Motivation gibt es keinen Erfolg!

Aus Ihrer Motivation entspringt der Wille, alle Ihre Kräfte in den Dienst des Ziels zu stellen, das Sie sich als Lebensaufgabe gesetzt haben. Sie müssen das brennende Verlangen in sich spüren, dieses Ziel zu erreichen. Motivation bedeutet nichts anderes als die Liebe zum Ziel. Dazu gehört natürlich auch die Liebe zu der Tätigkeit, mit der Sie an Ihr Lebensziel gelangen wollen. Entwickeln Sie in allem, was Sie tun, die Liebe zum Erfolg!

Das ist der Grund, warum ich Sie im 1. Kapitel so eindringlich gebeten habe: „Suchen Sie Ihr Lebensziel mit dem ganzen Potenzial Ihrer Persönlichkeit, mit Ihrem Geist, mit Ihrem Herzen, mit Ihrer Seele und mit Ihrer Intuition!“ Nur daraus kann das brennende Verlangen und der unbeugsame Wille entstehen, es auch in der bestmöglichen Weise zu verwirklichen.

## Mangel verursacht den größten Motivationsschub

Erfolge entstehen niemals aus Gleichgültigkeit, aus Faulheit oder Mangel an Ehrgeiz. Das ist die große Gefahr gerade für junge Menschen, die aus einem begüterten Elternhaus kommen. Der Antrieb, etwas Großes aus dem

Überfluss heraus zu schaffen, ist oftmals zu gering. Schon die kleinste Schwierigkeit kann bedeuten, dass jemand sagt: „Na gut, dann begebe ich mich halt zurück in den Schoß der Familie!"

Das zeigte sich ganz deutlich am Ende der Wirtschaftswunderzeit. Viele der Unternehmensgründer, die sich aus kleinsten Verhältnissen, aus den Trümmern der Nachkriegszeit hochgearbeitet hatten, fanden in der eigenen Familie keine Nachfolger. Ihre Kinder hatten oft gar nicht die Möglichkeit, die Kräfte zu entwickeln, die nötig sind, wenn man ein Unternehmen durch wirtschaftlich schwierige Gewässer steuern soll. Sie haben immer nur die angenehmen Seiten des Erfolgs miterlebt. Der Kampf, das Ringen um Erfolg war ihnen erspart worden – sehr zu ihrem Nachteil.

## Die besten Startbedingungen

Der zuverlässigste Start ist deshalb der Start von ganz unten! Am erfolgreichsten sind die, die ihren Aufstieg aus dem Nichts beginnen. Die können nicht halbherzig sagen: „Na gut, schaun wir mal! Es wird schon schiefgehen. Notfalls mach' ich was anderes!" Aus einer derartigen Doppelgleisigkeit heraus ist Erfolg nicht machbar. Erfolg entsteht immer dann, wenn ich lange Zeit auf dem schmalen Grat zwischen Aufstieg und Absturz entlangwandern muss. Da kann ich nicht zwischendrin in den Lift umsteigen. Höchstens in den nach unten.

Menschen mit eindrucksvollen Karrieren und großen Erfolgen hatten so gut wie immer die schlechtesten Startbedingungen. Wenn Sie 100 Biographien von erfolgreichen Menschen lesen, werden Sie herausfinden, dass 99 von ihnen widrigste Umstände zu überwinden hatten. – Warum ist das so? – In diesen Situationen gibt es nur noch die Wahl, unterzugehen oder durchzuhalten, bis der Sieg errungen ist. Sie haben sich für Ihren Erfolg entschieden. Setzen Sie auf Sieg – ohne Wenn und Aber!

## Das brennende Verlangen

Erfolgreiche Menschen mussten oft entmutigende Kämpfe durchstehen, ehe sie ihr Ziel erreichten. Aber eines unterschied sie von all den anderen, die namenlos untergingen. Das war das brennende Verlangen, ein Ziel zu erreichen, das sie sich in den Kopf gesetzt hatten.

Nehmen Sie den von mir hoch verehrten Dale Carnegie. Seine Erfolgskarriere als einer der größten Motivatoren, die Amerika je hervorgebracht hat, startete im bittersten Elend. Er konnte die Kakerlaken nicht mehr ertragen, die in seiner armseligen Bruchbude in New York an den Wänden herumliefen.

Da beschloss er, Kurse in Rhetorik zu geben. Dann schrieb er sein berühmtes Buch „Sorge dich nicht – lebe!“, das millionenfach verkauft wurde. Damit stieg er zu einem der erfolgreichsten Autoren dieses Jahrhunderts auf. Sein Erfolg wurde um ein Vielfaches größer, als er sich je hatte träumen lassen. Seine Motivation kam aus dem Abgrund und wuchs mit jeder Stufe des Erfolgs, die er erreichte.

## Mein Start von ganz unten – wo sonst?

Mein Start vollzog sich ganz ähnlich wie der von Dale Carnegie. Ich werde nie die karge Zweizimmerwohnung in einem Münchner Arbeiterviertel vergessen, in der ich aufgewachsen bin. Bei uns gab es zwar keine Kakerlaken, dafür litten wir unter den Wanzen, der Plage der Nachkriegszeit. Der einzige Luxus, den wir hatten, war ein alter Volksempfänger, und oft gab es nicht einmal genügend zu essen. Eine höhere Schule konnte ich aus Geldmangel nicht besuchen.

Das brachte für mich den unschätzbaren Vorteil, dass ich mir alles, wovon ich als Junge geträumt habe, selbst hart erarbeiten und erkämpfen musste. Ja, ich musste mir sogar meine Ziele selbst suchen, denn die Lebensziele der Menschen in meiner Umgebung bestanden darin, in absoluter Bedürfnislosigkeit einfach nur irgendwie zu überleben. In dieser Umgebung entwickelte ich schon als Kind das unstillbare Bedürfnis: „Ich will hier raus!"

In derselben Weise habe ich mit meinem Unternehmen ganz von unten begonnen: in einer Dreizimmerwohnung in München-Schwabing. Die Startinvestition betrug 170 Mark. Gekauft habe ich dafür einen gebrauchten Fernschreiber und einen Schreibtisch vom Trödelmarkt. Aber ich hatte eine Gewissheit, und die lautete: „Du schaffst es, weil du es mit jeder Faser deines Herzens willst!"

Ich wünsche Ihnen ein Ziel, das Sie mit dieser Entschlossenheit und Motivation anpacken!

## Motivationspartner

Ich hatte glücklicherweise meine Frau gefunden, die mich immer genau mit diesem Satz motivierte „Erich, du schaffst es!“. Immer wenn scheinbar unüberwindliche Schwierigkeiten auftauchten, sagte sie zu mir: „Erich, du schaffst es!“ Aus dieser Erfahrung heraus kann ich Ihnen den guten Rat geben: Suchen Sie sich Partner, die Ihren Erfolg wollen, die Ihre Motivation aufbauen, die Ihre Ziele mittragen und die Sie neidlos bewundern.

Gerade die mangelnde Unterstützung aus Ihrer nächsten Umgebung oder gar ungläubiges, kleinliches Genörgel können Ihre Motivation so stark beeinträchtigen, dass alle Ihre Pläne in Gefahr geraten. Meine Frau stand mit der Gewissheit, dass wir es schaffen würden, voll und ganz hinter mir.

Suchen Sie sich Partner, die Ihre Ziele unterstützen, die Ihre Erfolge wollen und die Ihre Motivation immer wieder aufbauen.

## Der Gang an die Börse – ein Rückblick

Diese Gewissheit „Du schaffst es!“ hat sich in eindrucksvoller Weise bestätigt, als ich am 23. Juni des Jahres 1998 im Saal der Frankfurter Wertpapierbörse stand. Das war der Tag, an dem das von mir 1976 gegründete Unternehmen CONSUMER ELECTRONIC AG zum ersten Mal an der Börse notiert wurde. Können Sie mein Glücksgefühl nachempfinden, als ich den Börsensaal in Frankfurt betrat und mir dort der Name meines Unternehmens im Kreis der deutschen Weltkonzerne entgegenleuchtete? Es ist für einen Außenstehenden sicher schwer nachzuvollziehen, was es für mich bedeutete, den Namen der auf der Anzeigetafel zu lesen – und einen phantastischen Eröffnungskurs von über 300 DM bei einem Ausgabekurs von knapp über 100 DM. Plötzlich spielte ich in einer anderen Liga. Meine Möglichkeiten und meine Träume hatten sich an diesem Tag um ein Vielfaches vergrößert. Ich brannte darauf, diese Möglichkeiten umzusetzen. Und das gab mir einen unbeschreiblichen Motivationsschub. Von diesem Punkt an wusste ich, dass Erfolg alle Grenzen sprengen kann und grenzenlos glücklich macht!

## Ich will auf meinem Gebiet der Beste sein!

Es war immer mein Ziel, auf meinem Gebiet der Beste zu sein. Dieses Ziel gab mir schon in jungen Jahren die Motivation, härter zu arbeiten als meine Kollegen. Das Ziel, besser zu sein als die Konkurrenz, habe ich auch fest im „Unternehmensbewusstsein" der verankert. Der unbedingte Wille, immer wieder aufs neue Höchstleistungen zu erbringen, ist gleichsam das einigende Band meiner Mannschaft und der rote Faden in unserer . Das ist unsere „Corporate Identity". Dieses Ziel zu erreichen erfordert eine ständige Auffrischung der Motivation. Dafür veranstalte ich immer wieder ausschließlich für meine Mitarbeiter Motivationsseminare, für die wir uns zwei Tage in ein Hotel zurückziehen, wo ich vor allem neu hinzugekommene Mitarbeiter mit Motivation auflade.

Ich kann am Ergebnis jedes meiner Mitarbeiter und meiner Mannschaft insgesamt jeden Tag ablesen, wie gut sie motiviert waren. Gerade in dem Geschäft, in dem ich mit meinem Unternehmen tätig bin, im Chip-Broking, hängt ungeheuer viel von der positiven Tagesform ab. Wir haben permanent mit Kunden und Lieferanten zu tun, also mit Menschen, die Motivation suchen und schätzen.

## Stabilisieren Sie täglich Ihre Motivation

Deshalb muss meine Mannschaft hoch motiviert sein. Da gibt es natürlich Schwankungen in der Tagesform einzelner Mitarbeiter. Schwierigkeiten im persönlichen Bereich schlagen oft unmittelbar auf die Leistung durch. Ich sehe jedem einzelnen an der Körperhaltung an, wie er sich fühlt, schon wenn er am Morgen das Büro betritt.

Das bedeutet für mich, dass ich nicht selten als Berater auch im privaten Bereich tätig werden und helfen muss, Schwierigkeiten entweder zu lösen oder zu bereinigen. Diese persönliche Zuwendung stärkt selbstverständlich die Motivation, sich als Teil einer Mannschaft, eines Unternehmens zu sehen und auch aus diesem wachsenden Teamgeist heraus sein Bestes zu geben. Seelenhygiene brauchen wir Menschen jeden Tag!

## Motivation ist keine feste Größe

Wenn Sie Ihr Ziel erreichen wollen, müssen Sie ausgesprochen „motivationsbewusst“ werden. Die Kraft der Motivation kann großen Schwankungen unterliegen. Ein Kunde zieht einen Auftrag zurück, ein Lieferant verschludert den zugesagten Termin, Auseinandersetzungen im häuslichen Bereich, Partnerschaftsprobleme – die Liste der Motivationszerstörer ließe sich unendlich verlängern.

Entwickeln Sie ein seismographisches Gespür für die leisesten Erschütterungen, und vor allem: Reagieren Sie sofort darauf – mit Mut, mit Offenheit, mit Ehrlichkeit und mit ganz klaren Worten. Nichts ist im Bereich der Motivation gefährlicher als glimmende Kohlestückchen, die man „um des lieben Friedens willen“ unter den Seelenteppich kehrt. Sie entwickeln sich mit tödlicher Sicherheit zu einem Schwelbrand, der nur noch mit größter Anstrengung unter Kontrolle zu bekommen ist. Für diese hochbrisanten Situationen muss der Erfolgreiche gleichsam einen Brandmelder im Kopf haben.

## Die größte Gefahr für die Motivation: der schnelle Erfolg!

Eine große Gefahr der Motivation ist – so überraschend das für Sie klingen mag – der schnelle Erfolg! So sehr uns jeder noch so kleine Erfolg in der Aufbauphase motiviert, anspornt, immer noch besser zu werden, so sehr kann Erfolg, wenn er einen bestimmten Level erreicht hat, auch lähmen, träge und vor allem blind machen gegenüber dem eigenen Grad an Motivation.

Sie kennen dieses Problem nicht nur aus dem Sport. Der Tennisspieler und die Tennisspielerin, die alle Triumphe erlebt haben und sich beinahe schon mehr Gedanken über ihre Werbeverträge machen müssen als über ihr Training; die Fußballmannschaft, die plötzlich nicht mehr hungrig ist nach Erfolg – sie steuern meist geradewegs auf die Niederlage zu.

Die Motivation, immer die Höchstleistung anzustreben, keinen Sieg verloren zu geben, zeichnet den „Unternehmer“ aus. Er „unternimmt“ etwas gegen nachlassende Motivation. Er vergrößert seine Ziele. Werden Sie Ihr eigener Lebensunternehmer durch die grenzenlose Kraft Ihrer Motivation!

## Motivation = die Disziplin, am höchsten Qualitätsstandard festzuhalten

Das ist meiner Überzeugung nach ein wichtiges Trainingskonzept für jeden Erfolg! Disziplin bedeutet vor allem, immer an seinem höchsten Qualitätsstandard festzuhalten.

Disziplin und Pflichtbewusstsein allein bringen meistens ungenügende Leistungen, eben „Pflichtleistungen“. Disziplin und Pflichtbewusstsein ohne Motivation, ohne Begeisterung sind eine ziemlich tote Angelegenheit.

Die Erkenntnis, dass Erfolg für die Motivation gefährlicher sein kann als eine Niederlage, bedeutet für mich: immer wieder neue Unternehmensziele festzulegen und dabei fünf Jahre vorauszudenken. Das ist für mich gleichbedeutend mit der ständigen Erneuerung der Motivation meiner Mitarbeiter.

Wie motiviere ich andere Menschen Tag für Tag, das Bestmögliche an Leistung zu erbringen – an ihrem Arbeitsplatz, im Sport, ja, auch in Politik und Gesellschaft? Wie motiviere ich Menschen in meiner Umgebung, Kollegen, Lebenspartner, Freunde, auf Spitzenleistungen hinzuarbeiten? Denken Sie einmal darüber nach, und handeln Sie dementsprechend.

## Führungskraft ist Motivationskraft

Diese Aussage definiert die Qualität jeder Art von Führungsperson. Wer andere Menschen nicht motivieren kann, ist bestenfalls ein guter Theoretiker oder ein guter Einzelkämpfer. Aber er wird nie ein erfolgreicher Unternehmer, Teamchef, Mannschaftskapitän oder Präsident.

Warum ist das so? Warum ist die Kraft der Motivation offensichtlich wichtiger als ausgefeilte Technik, überragende Taktik oder auch einfach das Pflichtbewusstsein, eine möglichst gute Leistung zu erbringen?

Nur auf der Basis der bestmöglichen Motivation ist es möglich, dem Körper, dem Geist, der Kreativität das Höchstmaß an Leistung abzuringen und in schwierigen Situationen alle physischen Kraftreserven und psychischen Energien zu mobilisieren. Probieren Sie es aus! Suchen Sie sich eine Aufgabe, die Sie wirklich begeistert – und legen Sie los! Auf die Plätze und mit Begeisterung – los!

## Wer nicht selbst brennt, kann andere nicht anzünden

Ich beschäftige mich seit vielen Jahren mit dem Thema Motivation. Und dabei wurde mir eines klar: Wer andere Menschen motivieren will, muss vor allem selbst motiviert sein! Ja, wer selbst nicht brennt, kann andere nicht anzünden. Wer von seiner Aufgabe begeistert ist, dem strömen nicht nur ungeahnte Kräfte zu, der zieht auch automatisch Menschen an, Menschen, die das Feuer der Begeisterung suchen. Die Temperatur der Seele steigt nur durch Motivation.

Ich selbst beginne jeden Tag damit, mich positiv zu motivieren. Und frage mich natürlich jeden Abend: „Wie war heute deine Motivation?“ Ich kann Ihnen versichern, dass die Antwort darauf immer sehr positiv ausfällt!

## Motivieren Sie sich für bewusste Entscheidungen!

Motiviert sein bedeutet vor allem, auf einem ganz hohen Level des Bewusstseins zu leben. Motivation bedeutet für mich in erster Linie, dass ich bewusste Entscheidungen treffe, dass ich nichts vor mir herschiebe. Vor allem Unangenehmes lasse ich niemals liegen. Dazu gehört ein hoher Grad an Aufmerksamkeit, Sensibilität und Mut.

Um das zu verdeutlichen, möchte ich Sie gerne zu einem kleinen Versuch anregen. Überlegen Sie sich heute oder in den nächsten Tagen wenigstens für eine Stunde bei jeder auch noch so kleinen Entscheidung, warum Sie so und nicht anders handeln.

Warum schieben Sie ein Telefonat auf? Warum lesen Sie diese Zeitung und nicht eine andere? Warum beginnen Sie Ihre Lektüre mit dem Sport und nicht mit den Wirtschaftsnachrichten? Warum fahren Sie immer denselben Weg zu Ihrer Arbeit und nehmen nicht mal einen anderen, der genausogut möglich wäre? Warum nehmen Sie den Lift und gehen nicht zu Fuß? Und so weiter und so fort!

Werden Sie sich bei diesem Versuch vor allem über eines klar: Auch Emotionen sind Entscheidungen, die ich treffe, wenn auch meistens unbewusst!

Ich weiß, dass es Ihnen nicht gelingen wird, diesen Versuch auch nur eine Stunde konsequent durchzuhalten! Sie werden sehr schnell erkennen, dass Sie sich für viele Handlungen gar nicht bewusst entscheiden, sondern dass Sie überwiegend reflexartig reagieren oder handeln.

Motivieren Sie sich deshalb für bewusste Entscheidungen!

## Fernbedienung oder eigenverantwortliche Steuerung?

An diesem Versuch erkennen Sie, dass das Leben als eine ununterbrochene Kette von großen und kleinen Entscheidungen verläuft. Ihre Entscheidungen von gestern bestimmen Ihre Gegenwart. Sie sind nicht mehr umkehrbar. Aber was viel wichtiger ist: Ihre Entscheidungen von heute bestimmen Ihre Zukunft, und zwar auch scheinbar nebensächliche Entscheidungen, denen Sie vielleicht keinerlei Bedeutung beimessen.

Ob ich mich vor den Fernseher setze und aus lauter Langeweile die 180. Folge irgendeiner Seifenoper an mir vorüberziehen lasse, mag für den Augenblick keine großartige Konsequenz haben. Ich überlasse mich sozusagen per Fernbedienung einer ferngesteuerten Programmgestaltung! Und meiner eigenen „Promillegestaltung!“

Wenn ich aber dagegensetze, dass ich in dieser halben Stunde einen Brief schreiben könnte, der mir einen wichtigen Kontakt eröffnet; dass ich ein geistig anregendes Buch lesen oder dass ich mir die Nachrichten in englischer Sprache anhören könnte, um für das Gespräch mit einem amerikanischen Partner besser gerüstet zu sein – dann haben diese scheinbar nebensächlichen Entscheidungen in der Summe sehr wohl eine überragende Konsequenz. Aus einem ganz einfachen Grund: Ihre gewohnheitsmäßigen Entscheidungen bestimmen Ihr Leben in weit höherem Maß als scheinbar wichtige, die nur gelegentlich auf Sie zukommen.

Wenn Sie zum Beispiel pro Tag eine halbe Stunde weniger fernsehen und diese Zeit in Ihre Weiterbildung investieren, werden Sie schon nach wenigen Monaten eine deutliche Veränderung auf Ihrem Erfolgskonto erleben und sich darüber freuen.

Der Grad an verantwortungsbewusster Entscheidung ist ein deutlicher Hinweis, was für Werte und was für Lebensziele ich verinnerlicht habe. Beantworten Sie für sich ganz ehrlich folgende Fragen:

- Begreife ich mein Leben als Chance zum Wachstum?
- Habe ich den festen Wunsch, meinen geistigen Horizont zu erweitern?
- Wie wichtig ist mir die Verwirklichung meines Lebensziels?
- Bin ich mir der Verantwortung für meine begrenzte Lebenszeit voll bewusst? Weiß ich wirklich, dass ich nur dieses eine Leben habe?

Auf diese Fragen gibt es sehr häufig Anworten, die nach einer neuen Programmgestaltung rufen!

## Motivieren Sie sich für Geist!

Insofern ist diese Freizeit-Programmwahl sehr aufschlussreich für die Programmwahl, die ich für mein Leben getroffen habe. Das ist genau der Punkt, an dem sich zeigt, wie groß meine Motivation ist, mein Leben aktiv zu gestalten. Leben heißt für mich, geistig ständig in Bewegung zu sein. Und da mein Leben zeitlich begrenzt ist, bin ich ständig gezwungen, mich zu entscheiden, und zwar für positive Gedanken, für positives Handeln, für Erfolg anstatt für Misserfolg, für Engagement anstatt für Gleichgültigkeit, für dauerhafte Lösungen anstatt für verschleppte Probleme.

Die beste Motivation für den Geist finden Sie in der Umgebung großer Menschen. Suchen Sie den Kontakt zu Menschen, die den Geist der Offenheit, der Ehrlichkeit, der Tatkraft und der großen Visionen leben! Lassen Sie sich von erfolgreichen Menschen zu Ihren eigenen Visionen anregen! Folgen Sie Ihrem Geist und Ihrem Gefühl!

## Sich nicht entscheiden ist Stillstand

Wer sich nicht mehr entscheidet, befindet sich mit seinem Leben im Stillstand. Nur wer bewusste Entscheidungen trifft, erlebt auch sein Leben bewusst. Am Gedankenlosen, der alle Entscheidungen vermeidet, zieht das Leben vorüber. Unwiederbringlich! Die entscheidungslose Zeit ist für das Leben verloren. Wenn Sie älter werden, werden Sie vor allem eines bereuen: die Dinge, die Sie in Ihrem Leben nicht entsprechend Ihren Möglichkeiten verwirklicht haben!

Jede Entscheidung, die Sie vor sich herschieben, jede Ausrede und Unwahrheit, die Sie aus Mutlosigkeit sich selbst und anderen gegenüber äußern, nagt an Ihrer Motivation, an Ihrer Kraft, an Ihrem Erfolgsbewusstsein und führt zum Stillstand. Wenn ich, anstatt eine bewusste Entscheidung zu treffen, bewusst die Unwahrheit sage, mache ich mich selbst zum Schuldner. Derjenige, dem ich die Unwahrheit sage, wird automatisch zu meinem Gläubiger. Ich gebe ihm Macht über mein Leben!

## Wer entscheidet, bestimmt den Gang der Handlung

Ehe Sie sich also für Ihre Stellung im Leben entscheiden oder auch nicht, sollten Sie sich über dieses Grundgesetz des Lebens im klaren sein: Derjenige, der entscheidet, bestimmt den Gang der Handlung! Alle negativen Emotionen verlieren die Macht in dem Moment, in dem wir die Verantwortung für unser Handeln übernehmen!

Machen Sie sich einmal bewusst, wie viele Menschen sich durch gewohnheitsmäßige Nicht-Entscheidungen in einem grauen, unerfüllten Gewohnheitstrott verlieren, die für alles und jedes, was in ihrem Leben schiefläuft, andere verantwortlich machen. Dabei muss sich jeder darüber im klaren sein: Wem ich die Schuld an meinen unerfüllten Lebensträumen gebe, dem gebe ich gleichzeitig die Macht über mich! Ist das für Sie nicht ein Grund mehr, bei allem, was Sie tun, die Verantwortung selbst zu übernehmen?

## Nur dauerhafte Motivation führt zum Ziel

Das ist der Ansatzpunkt für positive Motivation: Ich kann jeden Tag, jede Stunde, jeden Augenblick damit beginnen, weniger zu essen und zu trinken, mit dem Rauchen aufzuhören und mit der Verwirklichung eines großen, positiven Lebensplans zu beginnen. Ich kann mich also jederzeit entscheiden zwischen Frustration und positiver Veränderung, zwischen begeistertem Handeln und entschlusslosem Abwarten, zwischen Grund und Abgrund.

Haben Sie den Zeitpunkt für eine deutliche Kursänderung in Ihrem Leben schon gewählt? Dann nehmen Sie jetzt, in diesem Augenblick ein Stück Papier oder besser noch Ihr „Erfolgstagebuch“, notieren Sie Datum und Uhrzeit, und schreiben Sie darunter: „Ab sofort läuft der Countdown für meinen Erfolg!“

## Motivieren Sie sich für Ihr Lebensziel: der Beste zu werden, der Sie sein können!

Wir alle haben Träume, Von denen wir tief in unserem Inneren wissen, dass wir sie erreichen könnten, wenn – ja, wenn wir den Mut hätten, alles das von uns abzustreifen, was uns an ihrer Verwirklichung hindert, wenn wir konsequent mit der Planung beginnen würden, wenn wir eine Reihe von hinderlichen Gewohnheiten ablegen würden, die uns immer wieder auf die eingefahrenen Geleise zurückwerfen. Und wenn wir genügend Ausdauer besäßen, so lange auf die Verwirklichung unserer Träume hinzuarbeiten, bis sie Realität geworden sind.

Schreiben Sie eine wichtige Meldung zum Tage, am besten für alle Tage: Ich will der Beste werden, der ich sein kann!

## Glücksgefühle sind die Basis für große Erfolge

Schüren Sie das Feuer Ihrer Motivation mit Erfolgen! Ich hatte schon als Kind ein ausgeprägtes Erfolgsbewusstsein. Bei jeder sich bietenden Gelegenheit trat ich gegen die Kinder in der Nachbarschaft zum Murmelspielen an. Das verschaffte mir eine ungeheure Übung, und so konnte ich meistens mit sehr viel mehr Murmeln nach Hause gehen, als ich mitgebracht hatte. Ich organisierte auch Fußballspiele und Kopfballturniere und war natürlich überglücklich, wenn ich zur siegreichen Mannschaft gehörte. So verschaffte ich mir ganz bewusst positive Erlebnisse, die vor allem aus der Freude an der Geschicklichkeit, am sportlichen Wettkampf, am Verbessern der eigenen Leistung bestanden.

Suchen Sie sich täglich Ihre Herausforderungen und Ihre Erfolge, und stärken Sie damit Ihre Motivation, ihre Lebensfreude und Begeisterung!

## Wie heißt Ihr Motiv für Ihre Motivation?

Im wesentlichen gilt das Prinzip der täglichen Erfolgssuche für mich auch heute noch. Ich achte darauf, dass es mir gut geht. Das ist es doch, worum sich unser Leben insgesamt dreht: Unangenehmes besiegen – nicht nur beiseite schieben – und möglichst viel Positives erleben! Ihr Motiv ist, Ihren Körper gesund und fit zu halten. Sie haben eine intensive Freude, Ihre Geschicklichkeit und ihre körperliche Leistungsfähigkeit zu steigern, um sie vorausschauend durch ständiges Training bis ins hohe Alter zu erhalten.

Dafür verzichten Sie auf vordergründige Annehmlichkeiten, wie zum Beispiel zu rauchen oder bei jeder Gelegenheit Bier, Wein oder Schnaps zu sich zu nehmen. Ihr Motiv ist klar. Ihr Ziel ist klar, und daraus entspringt Ihre Motivation, mit Disziplin und Ausdauer Ihren Körper zu trainieren. Das ist es, was Ihnen Lebensfreude verschafft und Sie auch stolz macht. Dafür haben Sie Grundsätze entwickelt und Verhaltensregeln aufgestellt.

Motivation erfordert ein Motiv. Niemand kann sich im lust- und luftleeren Raum motivieren. „Ich möchte, dass es mir besser geht!“ ist nur eine vage Hoffnung, die keinerlei Motivation hervorruft. Aus dieser in keiner Weise zielgerichteten Hoffnung entsteht niemals Erfolg, sondern das, was in Deutschland leider sehr weit verbreitet ist, nämlich Neid auf diejenigen, denen es besser geht, die erfolgreicher sind als man selbst. – Warum? – Vage Zielvorstellungen, hinter denen nicht der brennende Wunsch steht, sie tatkräftig umzusetzen, lassen nur Wunschträume ins Unermessliche steigen. Wer aber in Wunschträumen lebt, verspürt kein Bedürfnis, eigene Anstrengungen zu machen.

Deshalb sehen neidische Menschen nur das Ergebnis, das andere Menschen erreicht haben, aber nicht den steinigen Weg dorthin!

## Die großen Erfolgsverhinderer: Neid und Missgunst

Ein großer Autoverleiher hat vor einigen Jahren das Thema Neid, leider eine sehr weit verbreitete Verhaltensweise, mit einer Anzeige auf den Punkt gebracht – unter dem Foto eines Porsche Carrera stand: Neid und Missgunst für 99 Mark am Tag!

Neid und Missgunst sind die schlechteste Form von Motivation für eine eigene Leistung. Neidische Menschen orientieren ihre Ziele nie an ihren eigenen Bedürfnissen, Wünschen und Möglichkeiten. Neider laufen ständig den Erfolgen anderer Menschen hinterher – und den eigenen davon.

Setzen Sie dagegen die neidlose Freude am Erfolg der anderen. Damit stellen Sie sich automatisch auf eine Stufe mit den Erfolgreichen.

## Haben Sie heute schon gejammert?

Verbunden mit diesem „Neid in Germany" ist das, worin wir Deutsche Weltmeister sind: das Jammern. Statt des Mittagsgrußes „Mahlzeit" könnte man die Menschen fragen: „Haben Sie heute schon gejammert?"

Jammern schafft Zufriedenheit mit dem Status quo. Bitte ja nichts daran ändern! Man könnte ja sonst seine urdeutsche Lust am Jammern verlieren. Jammern im Chor macht besonders Spaß. Gemeinsam jammern hat für manche Menschen den Effekt einer Gruppentherapie. Aber glauben Sie mir, man kann sich den Frust nicht von der Seele jammern!

Der große Mangel an Motivation, an positiver Grundstimmung in dieser Gesellschaft ist zur Zeit noch überall spürbar. Haben Sie auf die freundlich gemeinte Frage: „Wie geht's?" nicht auch schon die Antwort zu hören bekommen: „Ich kann nicht klagen!"? Da klingt fast Bedauern mit, dass es dem Befragten nicht schlechter geht.

Manche Menschen jammern zum Beispiel grundsätzlich über das Wetter – egal wie es in Wirklichkeit ist. Das gibt aber meist nur den Grundton für die weitere Unterhaltung an. Über den Staat, über die Wirtschaft, über die Gesellschaft, vor allem über die Jugend – über all das können manche Menschen stundenlang und ausführlich jammern.

Jammern ist aber das krasse Gegenteil von der Motivation, die wirklich etwas bewegen will und bewegen kann. Jammern verhindert vor allem das Nachdenken über konkrete Lösungen. Ich kenne keine erfolgreichen Menschen, die jammern. Das passt einfach nicht zu ihrer Grundhaltung. Wer jammert, macht sich nämlich automatisch zum Verlierer, zum Benachteiligten, zum Übervorteilten. Gewinner suchen immer nach Lösungen. Verlierer suchen nach Ausreden! Entscheiden Sie für sich, in welche Gruppe Sie gehören möchten.

Starten Sie eine Kampagne gegen das Jammern, wo immer ihnen Menschen mit dieser negativen Grundhaltung begegnen! Denn wer nicht jammert, hat mehr Zeit zum Leben!

## Keine Angst vor positivem Denken!

Anfang 1998 führte ich im Badischen Rundfunk ein einstündiges Streitgespräch zum Thema „Positiv denken macht krank!“ Mein Gesprächspartner war gelernter Therapeut und Autor des gleichnamigen Buchs. Die Quintessenz seiner Erkenntnisse lautete: „Wenn es jemandem schlecht geht und er denkt positiv, aber seine Situation verbessert sich dadurch nicht schlagartig, dann geht es ihm hinterher noch schlechter. Deshalb muss man“, so dieser gescheite

Doktor, „das positive Denken von vornherein unterbinden." Eine phantastische Schlussfolgerung, die für viele Menschen dazu führt, dass sie die Verantwortung für ihr Leben gegen ein hohes Honorar an ihren Therapeuten abgeben!

Für den Alltag heißt das zum Beispiel: „Ich darf eine Fussballmannschaft nicht positiv motivieren, denn wenn sie verliert, geht es ihr hinterher noch schlechter!" Das erscheint mir ziemlich absurd. Meine Botschaft lautet unverrückbar: „Denke positiv!" und vor allem: „Handle positiv!" Positiv denken schafft Reichtum auf allen Gebieten! Das Spiel heißt „Positiv kontra Negativ".

## So werden Träume Wirklichkeit: Mach und tu!

Der einzig gangbare Weg, um sein Leben entscheidend zu verbessern, lautet: Mach und tu! Einen Entschluss zu fassen und ihn konsequent umzusetzen setzt die Motivation voraus. Motivation für ehrlichen Erfolg.

Dieser einmal gefasste Entschluss wäre aber nicht ausreichend, um Sie immer wieder von neuem anzutreiben, eine nächste Stufe zu erreichen. Sie brauchen ständig neue Motivationsanstöße.

Im Alltag eines Unternehmers verhält sich das nicht anders. Ich muss ganz bewusst immer wieder positive Erlebnisse herbeiführen und negative möglichst ausschalten. Das verlangt Mut und Entschlossenheit. Und Entscheidungsfreude.

Ich habe die Motivation, ein selbstbestimmtes Leben zu führen. Diese Motivation bedingt alle weiteren Überlegungen. Sie ist die Schaltstelle für Erfolg im Leben eines jeden Menschen. Sie macht letztlich den Unterschied zwischen Erfolg und Misserfolg aus.

## Befreie deine innere Kraft!

Haben Sie sich auch schon oft gefragt, wo denn die Blockaden herkommen, die den Erfolg verhindern? Mangel an Geld ist eine große Blockade. Mangel an Wissen ebenso. Aber wo kommt dieser Mangel her? Meist aus einem Mangel an Ehrgeiz, einem Mangel an Einsatz, einem Mangel an Ideen. Häufig auch aus einem Mangel an Mut, zu sich selbst und zu seinen Zielen zu stehen.

Das heißt, viel zu viele Menschen haben überhaupt kein Lebensziel. Sie lassen nicht nur andere für sich entscheiden. Schlimmer noch, sie lassen andere für sich denken. Sie haben die Einstellung: „Die Erfolgreichen haben eben Glück gehabt, und ich habe leider von Anfang an nur Pech!“ Das ist die Einstellung der „99-Pfennig-Menschen“ – sie schaffen nie die ganze Mark!

Wie soll aus einer solchen Einstellung zum Leben die Motivation entstehen, etwas positiv zu verändern? Suchen Sie deshalb täglich und bei jeder sich bietenden Gelegenheit Erfolge. – Warum? – Das steigert Ihr Erfolgsbewusstsein. Damit befinden Sie sich auf der Spirale, die nach oben führt – zu wirklich großen und bewusst erzielten Erfolgen!

## Ihre Gedanken sind Ihr Leben

Jeder hat die Kraft und die Fähigkeit, sein Leben entscheidend zu verbessern, wenn er sein Denken verändert! Diesen Zusammenhang müssen Sie sich immer wieder klarmachen. Das bedeutet: „Die Art und Weise wie ich denke, bestimmt mein Leben!"

Deshalb wiederhole ich noch einmal: „Es sind meine Gedanken, die mein Leben bestimmen!" Wenn ich mir sage: „Naja, da kann man halt nichts machen. Mein Leben ist nun mal so!", dann wird mein Leben auch dementsprechend verlaufen.

Ich weiß, es ist ein absolutes Muss, selbständig zu denken, Leidenschaft und Begeisterung für ein erfolgreiches und erfülltes Leben in sich zu wecken, Verantwortung für sein Leben zu übernehmen, Angst und Mutlosigkeit zu überwinden und täglich die Motivation erneut auf ein Ziel auszurichten: „Ich möchte der werden, der ich von meinen Anlagen und Fähigkeiten her sein kann. Meine Motivation bestimmt meinen Erfolg!" Mein Herz schlägt für diesen Erfolg.

Wenn ich mich natürlich damit begnüge zu sagen: „Schade, ich hatte schlechte Startbedingungen. Meine Eltern konnten mir keine höhere Schule oder gar ein Studium finanzieren!", dann kann es durchaus sein, dass ich bis an mein Lebensende mit wachsender Unzufriedenheit Lebensumstände ertragen muss, die weit hinter meinen Möglichkeiten und noch weiter hinter meinen Träumen zurückbleiben. Millionen Menschen leben ein solch unerfülltes Leben. Das muss nicht sein! Das darf nicht sein! Sie können ein erfülltes Leben nur durch Ihre Gedanken erleben. Ihre Gedanken füllen Ihr Leben.

Erfolgreiche Menschen haben große Träume und den festen Willen, diese Träume in Wirklichkeit zu verwandeln. Ich kann Ihnen hierzu nur eines ans Herz legen: Träumen Sie große Träume von Erfolg, von Wohlstand und Lebensglück, und glauben Sie begeistert an Ihr wunderbares Leben.

## Begeisterung ist ansteckend!

Ich kann Ihnen aus eigener Erfahrung voraussagen, was auf Sie zukommen wird: Die Menschen um Sie herum werden dieses Feuer der Begeisterung in Ihnen brennen sehen. Sie werden diese Menschen wie ein Magnet anziehen, und die Menschen werden wie von selbst auf Sie zugehen und Ihnen ihre Hilfe anbieten! Glauben Sie mir, Ihre Freunde werden sich an Ihrer Begeisterung entzünden und alle Kraft aufwenden, um Sie in Ihren Plänen zu unterstützen. Diese Hilfe zur Verwandlung Ihrer Träume und Visionen in sichtbare, greifbare und fühlbare Wirklichkeit wird sich wie von selbst auf Sie zubewegen. – Warum? – Weil aus Ihrer Begeisterung zu spüren ist, dass auch Sie alles Menschenmögliche tun werden, um anderen Menschen bei der Verwirklichung ihrer Träume und Visionen zu helfen. Denken Sie niemals nur an Ihren eigenen Erfolg, sondern auch daran, wie Sie den Erfolg Ihrer Freunde, Ihrer Kollegen, Ihrer Mitmenschen unterstützen können. Schaffen Sie Ihr eigenes Erfolgskartell!

## Der Glaube

Unser Glaube daran, was wir sind und was wir sein können, ist ausschlaggebend für das, was wir sein werden. Wenn wir glauben, dass unserem Leben enge Grenzen gesetzt sind, dann bewegen wir uns auch innerhalb dieser Grenzen.

Leidenschaft und Glaube liefern den Antrieb zu großen Leistungen. Sicher spüren auch Sie tief in Ihrem Inneren, dass alle Ihre Träume von einem glücklichen, erfolgreichen und erfüllten Leben als Erfolgspotenzial fest in Ihnen verankert sind. Sie wissen, dass Sie diese Träume in Wirklichkeit verwandeln werden – wenn Sie den Mut, die Ausdauer, den Willen und vor allem die Motivation aufbringen, konsequent an ihrer Verwirklichung zu arbeiten.

Dreh- und Angelpunkt unserer Motivation ist das Ziel, ein glückliches und erfülltes Leben zu führen. Viele Menschen haben aber im Alltagsgetriebe, in der beruflichen Hetzjagd verlernt, eigene Wünsche und Ziele wahrzunehmen und ihre Verwirklichung ernsthaft ins Auge zu fassen. Andere richten ihre ganze Energie und Tatkraft auf die Verwirklichung von Zielen, die an ihren ureigensten Interessen vorbeigehen. Sie suchen Ziele des Konsums, der Gier und der Macht.

Nur ein Mensch, der sich des eigentlichen Sinns seines Lebens bewusst ist, kann sich wirkungsvoll auf sein Ziel hin motivieren, das ganz seinen individuellen Möglichkeiten entspricht. Entfalten Sie Ihre Anlagen, lassen Sie sie wachsen und reifen, das ist meine Botschaft an Sie!

Wenn Sie mit Freude und Begeisterung auf ein Ziel zugehen, werden Sie erstaunt sein, wie viele Gelegenheiten sich wie von selbst anbieten, dieses Ziel zu erreichen. – Warum? – Ihre Begeisterung steigert die Wahrnehmung für die Chancen, die sich bieten, um diesem Ziel näher zu kommen, und sie ist ansteckend. Mehr und mehr Menschen in Ihrem Umfeld werden sich Gedanken machen, wie sie Ihnen auf Ihrem Weg helfen können. Glauben Sie an sich und an Ihre Ziele! Glauben Sie daran, dass Ihr Glaube zur stärksten Kraftquelle Ihres Lebens wird!

## Motivation ist Handlungspower

Eine Gefahr der akademischen Ausbildung ist, dass man gelernt hat, über Probleme lange und gründlich nachzudenken. Was man leider nicht lernt, ist, intensiv und zielgerichtet nachzudenken und das Ergebnis dieses Nachdenkens sofort und unverzüglich in die Tat umzusetzen. Die meisten Akademiker, die ich kennengelernt habe, verschwenden viel zuviel Zeit damit, über alle möglichen Facetten eines Problems nachzudenken – und vergessen den Schritt zum Handeln, weil ihr Lebensziel das Nachdenken über Probleme ist. Wer aber ein Ziel vor Augen hat, für den sind Probleme nur die Hürden, die zu überwinden sind, wenn man dieses Ziel erreichen möchte.

Gehen Sie deshalb mit Motivation ins neue Jahrtausend! Zünden Sie Ihr Motivationsfeuerwerk. Zünden Sie Raketen der Begeisterung! Der Lohn dieser Motivation, der Beste zu sein, lautet: „Ich habe mehr geleistet, als irgend jemand von mir erwartet oder verlangt hat!“ Erfolg entsteht, wenn man das Beste will und dafür sein Bestes gibt!

# 50mal Fitness für Geist, Körper, Seele

## 1. Glauben Sie an Ihren Erfolg

Glauben Sie an die wunderbare Kraft der menschlichen Energie – Ihrer Energie. Mit ihr können Sie Berge versetzen, Niederlagen überwinden und andere Menschen von Ihren Zielen überzeugen. Glauben Sie an sich selbst und an die unendlichen Möglichkeiten, die in Ihnen stecken.

Erfolg hat sehr viel mit Glauben zu tun! – Warum? – Weil die wahren Erfolge immer erst gedacht werden und vor dem geistigen Auge projiziert werden müssen. Alles Weitere hängt von dem Glauben an ihre Verwirklichung ab.

## 2. Formen Sie ein genaues Bild Ihres Lebensziels

Wie heißt Ihr größter Lebenswunsch? Welche Lebensform entspricht ganz Ihrem Wesen, Ihren Fähigkeiten und Ihrem Können? Welche Ziele möchten Sie in Ihrem Leben erreichen?

Viele Menschen haben nur eine ganz vage Vorstellung von dem Leben, das sie eigentlich führen möchten. Im Grunde möchten sie nur, dass es ihnen irgendwie bessergeht. Diese Ziellosigkeit führt nur zu einer tiefsitzenden

Unzufriedenheit, aber niemals zur Verwirklichung von Träumen.

Sie möchten Ihr Leben entscheidend verbessern. Machen Sie sich deshalb ein genaues Bild von der Lebenssituation, in der Sie in einem, in drei, in fünf Jahren leben möchten, mit allen Einzelheiten. Diese Ziele müssen Sie in allen Details festhalten.

Das ist ungeheuer wichtig, denn Sie wollen diese Ziele ja tatsächlich erreichen.

Die Ernsthaftigkeit, mit der Sie sich auf diese Ziele festlegen, sagt sehr viel über die Kraft Ihrer Begeisterung für ein neues Leben. Beginnen Sie damit – jetzt!

## 3. Erleben Sie sich als erfolgreichen Menschen

Erinnern Sie sich an einen der erfolgreichsten Augenblicke in Ihrem Leben. Was war das für ein wunderbares Gefühl der Einheit von Geist, Körper und Seele! Sie schienen auf diesem Erfolgsgefühl zu schweben. Alles war leicht. Und wenn es Anstrengung war, dann war sie von einem herrlichen Gefühl der Freude und inneren Befriedigung begleitet.

Es ist der große Wunsch eines jeden Menschen, solche zutiefst befriedigenden Augenblicke des Erfolgs immer und immer wieder zu erleben, sie zur Grundstimmung des Lebens zu machen. Streifen Sie jede Mutlosigkeit ab, und versuchen Sie, so intensiv und so genau wie möglich einen dieser großartigen Erfolgsmomente vor Ihrem geistigen

Auge zu sehen, ja, mit Ihrem ganzen Körper wieder zu fühlen. Spüren Sie, wie diese Erinnerung ein ganz neues, positives Lebensgefühl in Ihnen auslöst?

## 4. Vergrößern Sie Ihr Habenkonto für Erfolg

Ein wunderbarer Lebenstag liegt vor Ihnen! Verbinden Sie in Ihren Gedanken das Erfolgsgefühl, das Sie früher erlebt haben, mit den Aufgaben, die Sie heute bewältigen wollen. Kämpfen Sie um jeden auch noch so kleinen Erfolg in dem Bewusstsein, dass jede Art von Schwierigkeit überwunden werden kann. Erzielen Sie jeden Tag mindestens 20 kleine Erfolge!

So wächst in Ihrem Denken das Gefühl von Erfolg und Freude am Leben! Buchen Sie jeden noch so kleinen Erfolg auf Ihr Habenkonto des Glücks. Sie werden plötzlich erstaunt feststellen, wie viele Glücksmomente jeder Tag für Sie bereithält.

## 5. Stärken Sie Ihre Entschlusskraft

Motivieren Sie sich täglich neu für Ihren eigenen Aufstieg. Nehmen Sie sich eine Aufgabe vor, die Sie vielleicht seit Wochen vor sich herschieben. Sie ist Ihnen unangenehm, und sie ist lästig. Ihre Entschlusskraft ist gefordert. Freuen Sie sich einfach auf den herrlichen Augenblick, wenn Sie befriedigt feststellen können: „Das habe ich geschafft! Mein Kopf ist wieder ein Stückchen freier. Jetzt kann ich mich voll und ganz auf Aufgaben konzentrieren, die mir Freude bereiten!“

Dieses Gefühl „Du schaffst, was du willst!“ müssen Sie ganz bewusst immer wieder herbeiführen, indem Sie Entscheidungen treffen und sie sofort mit größter Tatkraft umsetzen! Nur so erschaffen Sie den wunderbaren Gleichklang von Denken, Beschließen und Handeln.

Lassen Sie nie zu, dass Sie sich im Lauf der Zeit an unangenehme Lebensumstände gewöhnen. Es sind unsere täglichen Entscheidungen, die unser Leben bestimmen, nicht die sogenannten Lebensumstände. Entscheiden Sie sich dafür, dass es Ihnen täglich bessergeht. Reißen Sie die Zäune Ihrer Entscheidungslosigkeit ein!

## 6. Bereichern Sie Ihr Leben mit Glücksmomenten

Jeder von uns ist mit all den Ressourcen, mit all den Kräften, mit all der Intelligenz, der Phantasie und Kreativität ausgestattet, die er benötigt, um ein glückliches Leben zu führen. Das ist der Grund, warum das Glück eines jeden Lebens aus ganz unterschiedlichen Dingen besteht.

Ein schlechter Ratgeber für das eigene Lebensglück ist der Blick auf das Glück und den Erfolg anderer Menschen. Hören Sie in sich hinein, wenn Sie erfahren wollen, was Sie glücklich macht. Besinnen Sie sich darauf, woraus für Sie die größten Glücksmomente bestehen. Eine scheinbar unlösbare Aufgabe bewältigen, einen anderen Menschen für ein Ziel begeistern, ein gutes Buch lesen, ein Gespräch mit

Freunden führen, eine Wanderung am Meer oder in den Bergen unternehmen, einem geliebten Menschen ein Lächeln schenken. Ja, und einfach sich selbst etwas Gutes tun!

Bereichern Sie jeden Tag Ihres Lebens mit möglichst vielen dieser Glücksmomente!

## 7. Werden Sie Herr all Ihrer Handlungen

Das wunderbare Gefühl „Mir geht es gut!“ entsteht nicht immer nur aus dem Erleben und dem Haben. Manchmal ist es gerade der Verzicht auf etwas, der eine große Zufriedenheit mit sich selbst auslöst. Verzichten Sie für einen überschaubaren Zeitraum, den Sie sich selbst setzen, auf die vielen kleinen „Ersatzbefriedigungen“, die oft ein schales Gefühl zurücklassen: die unzähligen Tassen Kaffee, die Zigaretten, die man sich reflexartig ansteckt, oder auch das zwanghafte Fernsehen ohne eigene Programmkontrolle.

Diese Art von Verzicht führt zu einer größeren Bewusstheit des Erlebens und schenkt Ihnen das großartige Gefühl: „Ich bin Herr meiner Handlungen!“

## 8. Seien Sie jederzeit bereit zum Wandel

Am Anfang Ihres Erfolgs steht die Bereitschaft zum Wandel. Überlegen Sie, was zur Zeit Ihr Denken bestimmt. Wird es von negativen Gedanken beherrscht, weil Sie vielleicht große Schwierigkeiten erleben – im Beruf, in der Partnerschaft, in Ihren Finanzen?

Glauben Sie mir, Sie können Ihr Denken ganz anders programmieren. Lassen Sie die Schwierigkeiten nicht zu nahe an sich herankommen. Auch wenn Sie jetzt denken, das ist einfacher gesagt als getan. Ihr Wissen, Ihr Können, Ihre Phantasie und auch Ihr Unterbewusstsein werden Ihnen einen geeigneten Weg zu Ihrem Lebensziel vorzeichnen, wenn Sie Ihr Denken positiv programmieren. Das ist vielleicht die wichtigste Voraussetzung für eine dauerhafte Entwicklung Ihrer Persönlichkeit, Ihres Charakters und Ihrer Erfolgsbereitschaft. Wenn Sie unablässig daran arbeiten, werden Sie eines Tages das Wunder erleben, ein grundlegend positiv gestimmter und erfolgreicher Mensch zu sein.

## 9. Überwinden Sie Angst und Mutlosigkeit

Der Wandel in unserem Leben wird immer nur von kurzer Dauer sein, wenn wir uns ausschließlich von anderen Menschen in eine positive Richtung bringen lassen. Wenn Sie einen dauerhaften Wandel zum Positiven in Ihrem Leben anstreben, müssen Sie ihn aus sich selbst heraus wollen und auch durchführen.

„Ja, ich schaffe es!“ ist der Satz, den Sie sich und Ihrem Unterbewusstsein immer wieder von neuem einprägen müssen. Dann werden Sie eines Tages feststellen, dass nicht Angst und Mutlosigkeit die spontane Reaktion auf Schwierigkeiten sind, sondern Zuversicht und Erfolgsbewusstsein.

## 10. Suchen Sie Ihre Lebensfreude

„Ich finde es herrlich, dass ich lebe!“ ist die schönste Einstellung, die Sie zu Ihrem Leben haben können. Suchen Sie die Freude in Ihrem Leben, auch wenn Ihre Erziehung Ihnen etwas anderes eingeprägt hat. Warum ist es so wichtig, Tag für Tag diese Freude am Leben zu empfinden? Weil missmutige und übelgelaunte Menschen keinen dauerhaften Erfolg haben können. Suchen Sie in allen Ihren Unternehmungen das Positive, das, was Ihnen Freude bereitet.

Das ist der Weg, auf dem Sie eines Tages das Geheimnis des Erfolgs finden werden. Suchen Sie Lebensfreude statt Lebensersatz! Werden Sie ein glücklicher Mensch!

## 11. Heute ist die wichtigste Zeit in Ihrem Leben

Machen Sie sich klar, wie Sie diesem Tag das Positivste und Beste abgewinnen können. Egal welche Schwierigkeiten heute vor Ihnen liegen, Sie wollen diesen Tag mit dem guten Gefühl beenden, dass Sie das Beste daraus gemacht haben. Wenn er grau und regnerisch beginnt, entdecken Sie die Schönheit der Grautöne, das leise Prasseln der Regentropfen auf den Blättern der Bäume. Wenn Ihnen ein unfreundlicher oder gar feindselig gestimmter Mensch begegnet, reagieren Sie nicht auf seine Weise. Bestimmen Sie den Gang der Handlung, und versuchen Sie, ihn umzustimmen. Es ist ein wunderbarer Erfolg, einem missmutigen Menschen ein Lächeln abzugewinnen.

Warum ich heute nur von diesem einen Tag spreche? Dieser heutige Tag ist der wichtigste auf dem Weg zu Ihrem Erfolg im Leben! Es ist der erste Tag auf dem Weg in Ihre positive Zukunft. Sie sollen ihn frohen Herzens beschließen.

## 12. Nehmen Sie das Gute bewusst wahr

Fragen Sie sich heute: „Wodurch erreiche ich den Unterschied zwischen bloßem Dasein, das mir wie Sand zwischen den Fingern zerrinnt, und einem eigenständigen Leben, das ich nach meinen Erwartungen und Wünschen gestalte?"

Dazu gehört vor allem, dass Sie das Gute, das Ihnen täglich widerfährt, bewusst wahrnehmen. Mit allen Ihren Sinnen. Und vor allem mit Ihrem Herzen.

## 13. Schenken Sie anderen Menschen Freude

Reich an Lebensfreude werden Sie vor allem dadurch, dass Sie anderen Menschen Freude schenken. Gerade den Menschen, die uns am nächsten sind, begegnen wir im Alltag häufig gleichgültig, ja sogar mit einer Gereiztheit, die uns anderen Menschen gegenüber ganz fremd ist.

Spielen Sie heute einmal ein wenig mit Ihrer Phantasie, und überlegen Sie, wie Sie dem Menschen, der in Ihrem Leben am meisten bedeutet, eine Freude bereiten können. Versuchen Sie, etwas zu finden, das einen seiner Wünsche erfüllt. Die Freude, die auf Sie zurückkommt, wird Ihren Tag in ein wunderbares Licht tauchen.

## 14. Steigern Sie Ihr Charisma

Es gibt in unserem Leben nichts, was wichtiger ist als die Beziehungen zu unseren Mitmenschen. Aller wirtschaftliche Erfolg wird nebensächlich, wenn darunter unsere zwischenmenschlichen Beziehungen leiden. Das gilt nicht nur für unsere ganz engen Beziehungen.

Ein großer Teil unserer Lebensfreude entspringt den täglichen Begegnungen – im Büro, am Zeitungskiosk, an der Tankstelle oder wo auch immer. Ein freundliches Wort, ein Dankeschön, eine kleine Anerkennung – all das strahlt auf uns zurück. Ja, Ihre Ausstrahlung strahlt auf Sie zurück. Schenken Sie sich heute diese Freudenstrahlen! Und arbeiten Sie täglich an ihrer Ausstrahlung. Steigern Sie ihr Charisma!

## 15. Stellen Sie sich heute in den Mittelpunkt

Heute sollten Sie einmal ganz bewusst sich selbst etwas Gutes tun! Erfüllen Sie sich einen lange gehegten Wunsch, auf den Sie, aus welchen Gründen auch immer, bisher verzichtet haben.

Stellen Sie sich in den Mittelpunkt Ihrer Überlegungen. Viele Menschen vergessen aus lauter Rücksicht auf andere, auch sich selbst wichtig zu nehmen. Vergessen Sie nie, Sie sind das Zentrum Ihrer Welt, Ihres Denkens, Ihrer Empfindungen. Dieses Zentrum müssen Sie positiv und mit der ganzen Kraft Ihrer Persönlichkeit ausfüllen. Das Gefühl, ich bin voll und ganz ich, tut unwahrscheinlich gut!

Eine tiefe Freude am Leben kann nur der empfinden, der sich selber mag und der in sich selber ruht!

## 16. Suchen Sie die Anerkennung

Bewundern Sie Menschen, die im Mittelpunkt des Geschehens stehen? Das geschieht häufig mit der unbewussten Einschränkung: „Mein Platz ist das nicht!“ Bewegen Sie sich heute einmal selbst in den Mittelpunkt des Geschehens – mit einer ungewöhnlichen Idee, mit einer Leistung, die allen anderen Freude macht und Ihnen Anerkennung schenkt.

Anerkennung für eine gelungene Leistung bringt Freude in Ihr Leben. Sie ist ein Vorgeschmack auf das Glücksgefühl, das Sie empfinden werden, wenn Sie Ihrem großen Ziel ganz nahe sind.

## 17. Tun Sie anderen Menschen etwas Gutes

Nicht alle Ihre Anstrengungen sollten darauf gerichtet sein, im Mittelpunkt zu stehen. Tun Sie heute einmal einem Menschen etwas Gutes, ohne dass außer Ihnen irgend jemand etwas davon erfährt. Erwarten Sie auch keinen Dank dafür. Betrachten Sie diese gute Tat als Dank für die vielen guten Dinge, die Ihnen widerfahren sind, ohne dass Sie dafür hart arbeiten mussten.

Der Lohn für Sie wird dennoch nicht ausbleiben. Die Freude über dieses unauffällige Tun bleibt in Ihnen. Und Sie werden sehen, es entsteht ein kleiner Pakt mit dem Schicksal. Die Momente, in denen Ihnen unerwartet etwas Bereicherndes in den Schoß fällt, häufen sich. Halten Sie also Ausschau nach Gelegenheiten, bei denen Sie unauffällig Gutes tun können.

## 18. Engagieren Sie sich für den Erfolg der anderen

Beschränken Sie Ihr Engagement für das Gute nicht auf einige wenige Gelegenheiten. Es sollte im Lauf der Zeit zu einer Ihrer wichtigsten Grundhaltungen werden. – Warum? – Weil egozentrische, selbstverliebte und selbstsüchtige Menschen auf Dauer niemals Erfolg haben können. Erfolgreiche Menschen sind deshalb erfolgreich, weil sie sich nicht nur für ihren eigenen Erfolg, sondern auch für den der anderen engagieren.

Wenn Sie wirklich erfolgreich werden wollen, müssen Sie lernen, erst zu geben, anstatt zu nehmen. Düngen Sie den Boden Ihres Erfolgs mit guten Taten. Werden Sie zum Partner des Erfolgs Ihrer Mitmenschen. Aus dieser Erfahrung entstehen für Sie große Glücksmomente.

## 19. Notieren Sie jeden Tag Ihre Fortschritte

Auch wenn Sie sich Schritt für Schritt durch Ihren „Terminplan für Erfolg“ hindurcharbeiten, sollten Sie immer wieder zu den Aufzeichnungen über Ihre Träume und Ziele zurückkehren. Hören Sie auf, nur zu hoffen, dass alles irgendwie besser werden wird. Verpflichten Sie sich täglich neu, Ihre Ziele zu erreichen. Sorgen Sie durch konkrete Taten dafür, dass Sie Ihren Zielen täglich einen kleinen Schritt näher kommen. Vielleicht führen Sie sogar ein kleines Tagebuch Ihres Weges zum Erfolg. Notieren Sie jeden Tag Ihre Fortschritte.

Freuen Sie sich über jeden auch noch so kleinen Fortschritt in Richtung Erfolg. Denken Sie immer daran, dass sich Ihre kleinen Erfolge zu riesigen Fortschritten addieren, wenn Sie mit Ausdauer daran weiterarbeiten.

## 20. Machen Sie täglich Schritte in Richtung Erfolg

Erfolg entsteht nicht dadurch, dass man darauf wartet, dass sich irgendwie die große, alles entscheidende Wende einstellt. Eine kleine Summe, die Sie konkret auf Ihrem Konto verbuchen können, bereitet Ihnen sicher mehr Freude als 100 000 Mark, die Sie sich für das kommende Jahr nur erhoffen.

Überlegen Sie deshalb, was Sie heute tun müssen, um diese Summe, die Sie zur Seite legen wollen, ehrlich zu verdienen. Ein Angebot mehr, das Sie hereinholen, ein neuer Kunde, eine zusätzliche Dienstleistung, eine pfiffige Idee, die Ihnen vielleicht in der nahen Zukunft täglich 100 Mark mehr einbringt – das sind die kleinen Schritte, die Ihnen das gute Gefühl vermitteln, auf dem richtigen Weg zu sein.

## 21. Akzeptieren Sie das Unabänderliche

Glück ist keine Folge von angenehmen Zufällen. Glück entsteht auch nicht dadurch, dass man sich Dinge wünscht, die unabänderlich sind. An Ihrem Aussehen, an Ihrer körperlichen Konstitution können Sie so gut wie nichts verändern. Es macht auch wenig Sinn, wenn Sie sich wünschen, dass Sie andere Eltern gehabt hätten oder an der einen oder anderen Stelle in Ihrem Leben anders entschieden hätten. Der Seufzer „Ach, hätte ich nur ...!“ ist ein großer Erfolgsverhinderer.

Überprüfen Sie also, mit welchen Wunschvorstellungen Sie sich unnötig quälen, und befreien Sie sich davon. Es gibt so viele Dinge, die Sie in Ihrem Leben verändern und nach Ihren eigenen Wünschen gestalten können. Lernen Sie deshalb, das Unabänderliche zu akzeptieren. Die Vergangenheit zum Beispiel ist unabänderlich. Ändern können Sie nur Ihre Einstellung dazu. Konzentrieren Sie Ihre ganze Kraft auf das, was Sie für Ihr zukünftiges Leben erreichen möchten und erreichen können. Freuen Sie sich auf Ihre Zukunft!

## 22. Planen Sie täglich Ihren Weg zum Ziel

Glück ist nichts, was Sie mit Geld kaufen oder mit Macht bestimmen können. Glück entsteht auch nicht durch die bloße Anhäufung materieller Güter oder das Genießen von immer größerem Luxus. Glück ist etwas, das wie absichtslos auf Sie zukommt. Das ist der große Unterschied zwischen Glück und Erfolg. Für das Erreichen Ihrer Ziele können und müssen Sie Tag für Tag planen und arbeiten.

Sie können damit einen Zustand zu erreichen, in dem Sie frei und von finanziellen Sorgen unabhängig das tun können, was ganz und gar Ihrem Wesen entspricht. Ob daraus Glück entsteht, hängt sehr stark von Ihrer Fähigkeit ab, Glücksmomente zu erkennen, wenn sie auf Sie zukommen. Glück kommt immer als ein Geschenk. Lernen Sie, es zu erkennen, wenn es Ihnen begegnet.

## 23. Schüren Sie das Verlangen nach Erfolg

Wann fühlen Sie sich rundum glücklich und zufrieden? – Viele Menschen haben vor lauter Alltagssorgen ganz vergessen darüber nachzudenken. Wie könnte man ein Ziel erreichen, über das man nicht mehr nachdenkt? Führen Sie sich deutlich vor Augen, wie dieser Zustand aussehen soll.

Was müsste sich in Ihrem Leben verändern, damit dieser Zustand eintritt? Oder vielmehr: Was könnten Sie in Ihrem Denken und Handeln ändern, damit Sie sich diesem Zustand nähern? Als erstes sicher Ihre Einstellung. „So will ich leben, und so werde ich leben!“ Dieses Ziel müssen Sie sich Tag für Tag vor Augen führen und in sich das brennende Verlangen schüren, es zu erreichen!

## 24. Stärken Sie Ihre Entscheidungsfreude

„Mir geht's gut!“ ist ein wunderbares Lebensgefühl, das auch entsteht, wenn man mit alten Gewohnheiten bricht. Wann sind Sie das letzte Mal vor Sonnenaufgang aufgestanden und haben sich mit dem ganzen kreativen Potenzial, das sich im Schlaf ansammelt, an die Arbeit gemacht? – Wenn Sie nicht ohnehin zu den Menschen zählen, die am liebsten in den frühen Morgenstunden mit ihrer Arbeit beginnen, probieren Sie es aus.

Allein die freie Entscheidung: „Ich beginne jetzt zu arbeiten!“ setzt viel mehr Energien frei, als wenn Sie sich unter dem Druck des „Nun kann ich nicht mehr anders!“ mühsam an die Arbeit quälen. Probieren Sie es einfach aus!

## 25. Bauen Sie Ihre Willensstärke auf

Hier schon ein kleiner Vorgriff auf das Thema Fitness. Wann haben Sie das letzte Mal das herrliche Gefühl verspürt, sich körperlich richtig verausgabt zu haben, bei einer Radtour, beim Joggen, bei einem Tennismatch, beim Schwimmen? Dieses körperliche Gefühl des Erfolgs, des Sieges über die eigene Trägheit, sollte Sie von heute an ständig begleiten. Damit bauen Sie die nötige Energie auf und den Stress ab, der beim Kampf um Ihre Ziele entsteht.

Nur ein bisschen Spazierengehen mag zwar auch gesund sein, aber es verlangt Ihnen nichts ab. Dagegen beim Radfahren, Joggen oder Schwimmen gegen das Bedürfnis anzukämpfen: „Ich gebe auf!" mit dem Satz: „Ich schaffe es!" weckt auch Ihre geistige Energie. Spürbar!

## 26. Steigern Sie täglich Ihre Disziplin

Dieses „Mir geht es gut!" spüren Sie auch ganz deutlich in sich, wenn Sie mit Willenskraft Ihrer Disziplin zum Sieg verholfen haben. Sich am Morgen noch einmal im Bett umdrehen und weiterschlafen mag für den Augenblick angenehm sein. Wenn Sie sich aber vorgenommen haben: „Heute stehe ich auf und erledige die und die Arbeiten!" und Sie tun es dann nicht, hinterlässt dieser Mangel an Disziplin einen ganz negativen Beigeschmack, der Sie wahrscheinlich den ganzen Tag begleitet und andere gute Vorsätze ebenfalls negativ beeinflusst.

Wenn Sie statt dessen dieses wunderbare Gefühl mit in den Tag nehmen wollen: „Ja, ich habe es geschafft!", dann führt an der Disziplin kein Weg vorbei!

## 27. Steuern Sie bewusst Ihre Reaktionen

Es gibt keine unangenehmen Situationen an sich. Die Unannehmlichkeiten bestehen ausschließlich aus unseren Reaktionen darauf. Diese Reaktionen sind nur scheinbar vorprogrammiert und unausweichlich. Sie können sie beeinflussen!

Probieren Sie es gleich heute aus. Jeder Tag bringt unausweichlich Situationen, die uns mehr oder weniger unangenehm sind. Oft ahnen wir schon vorher, was auf uns zukommt. Angst vor Kritik ist eine dieser Situationen. Sie können Ihre Reaktion darauf bewusst steuern.

Wenn die Kritik an sich berechtigt ist, lassen Sie sie zu, aber nicht dieses Magenkribbeln und nicht diesen Druck im Nacken. Bleiben Sie aufrecht, auch in Gedanken. Es ist ein wirklich gutes Gefühl, wenn Sie Ihre Reaktion von dieser Situation trennen.

## 28. Erleben Sie Glücksmomente im Beruf

Kennen Sie dieses wunderbare Gefühl im Körper und in der Stimmung, wenn ein Schlag beim Tennis, ein Schwung beim Skifahren oder ein Schuss beim Fussball so richtig aus der Bewegung, aus einem geistigen und körperlichen Einssein heraus gelingt?

Viele Menschen erleben derartige Glücksmomente nur in ihren Hobbys. – Warum eigentlich? – In der Arbeit, im Beruf sind ganz ähnliche Momente und Erfahrungen möglich. Und sie betreffen unsere Existenz. Versuchen Sie heute einmal, diese tiefe Harmonie zwischen Absicht und Ausführung zu erreichen. Das Gefühl der Leichtigkeit, das dabei entsteht, ist ein Zeichen von Meisterschaft.

## 29. Bauen Sie Brücken zum Ja

Sie werden Erfolgsgefühle immer häufiger erleben, wenn Sie den Grundsatz in Ihr Denken integrieren: „Geht nicht, gibt's nicht!“ Häufig geben Ihnen Menschen auf eine Frage oder auf eine Bitte ein Nein zur Antwort, weil sie zu bequem sind, über eine Antwort oder eine Lösung nachzudenken. Mit jedem Nein, das Sie akzeptieren, entfernen Sie sich ein Stück von Ihrem Erfolgsbewusstsein.

Bauen Sie Brücken zu einem Ja. Das fordert Ihre Intelligenz, Ihren Charme und ihre Ausstrahlung heraus. Ein anfängliches Nein mit Überzeugungskraft in ein Ja zu verwandeln ist ein wunderbares Gefühl des Erfolgs.

## 30. Steigern Sie Ihre innere Harmonie

Eines ist Ihnen sicher deutlich geworden: Erfolg ist nicht das, was von außen auf Sie zukommt. Erfolg hat seinen Ursprung in Ihrem Denken, in Ihrer Persönlichkeit, in der Stimmigkeit von Geist, Körper und Seele. Zum Erfolg gehören auch Gesundheit, Lebensfreude, Liebe, erfüllende Beziehungen, kreative Energie, Freiheit und Unabhängigkeit, emotionale und seelische Stabilität. Materielle Unabhängigkeit, Wohlstand, Reichtum sind nur Ausdruck dafür, welcher Grad an Übereinstimmung zwischen Ihren Zielen und Ihrer Persönlichkeit besteht.

Steigern Sie Ihre Energie, Ihre Kreativität, Ihre innere Harmonie und Ihre Motivation – und Ihr Erfolg wird sich wie von selbst einstellen.

## 31. Gehen Sie über selbstgesetzte Grenzen hinaus

Vor vielen Jahren sah ich in einer Zeitschrift einmal einen Cartoon in drei Teilen. Die Figur dieses Seriencartoons hieß „Der kleine Herr Benjamin“. Dieser kleine Herr Benjamin betrachtete nachdenklich eine Glaskugel, in der kleine Fische im Kreis herumschwammen. Sie taten ihm offensichtlich leid. Im nächsten Bild packte er das Aquarium auf sein Fahrrad und fuhr zu einem Fluss. Das dritte Bild zeigte ihn noch nachdenklicher. Er blickte von einer Brücke auf die Fische, denen er soeben ihre Freiheit geschenkt hatte. Sie schwammen weiterhin in ihrem gewohnten kleinen Kreis.

Diesen Cartoon konnte ich nicht vergessen. Und ich bin schon vielen Menschen begegnet, bei denen ich daran denken musste. Sie schwimmen tagaus, tagein in ihrem kleinen Umkreis und nehmen die großen Möglichkeiten, von denen sie umgeben sind, gar nicht wahr.

Verlassen Sie Ihr ganz persönliches Aquarium!

## 32. Machen Sie aus sich einen erfolgsverwöhnten Menschen

Sie haben bisher immer nur die Erfolgsgeschichten von anderen Menschen gelesen. Von Menschen, die scheinbar mit größter Leichtigkeit gewinnträchtige Unternehmen aufgebaut haben, die genau das Leben führen, das ihnen

Freude bereitet, die sich, ohne groß darüber nachdenken zu müssen, viele Wünsche erfüllen können.

Ist es richtig, dass Sie diese erfolgsverwöhnten Menschen bisher immer in einer anderen Kategorie gesehen haben? Als Menschen, die einfach mehr Glück hatten als Sie, während Sie zu der großen Gruppe von Menschen zu gehören scheinen, die sich mühsam zwei Schritte nach vorne kämpfen, um nach einiger Zeit mindestens wieder einen Schritt zurückzufallen?

Wenn Sie diese selbstgesetzte Grenze sprengen wollen, müssen Sie sich als erstes bereit machen, Ihr Denken zu ändern. – Wie? – Überlegen Sie, wo Sie derzeit Ihre Grenzen setzen!

## 33. Gehen Sie sparsam mit Ihrer Zeit um

Ihr Tagesablauf sagt viel darüber aus, ob Sie das Leben führen, das Sie sich schon immer vorgestellt haben. Erfolgreiche Menschen, denen bewusst ist, dass Zeit in unserem Leben ein sehr kostbares Gut ist, gehen sehr sparsam mit ihr um. Sie leben konsequent und zielgerichtet.

Sich treiben lassen führt noch nicht einmal zu einem befriedigenden Urlaub. Entwerfen Sie für diesen heutigen Tag ein genaues Arbeits- und Erholungsprogramm. Gewöhnen Sie sich daran, für jeden Tag ein Ziel festzulegen, das Sie unbedingt erreichen wollen.

## 34. Vermeiden Sie Zeitfresser

Erfolg ist lernbar. Einer der wichtigsten Lernschritte für Erfolg ist die richtige Nutzung der Zeit. Wenn Sie ausreichend schlafen wollen, stehen Ihnen täglich 16 Stunden Wachsein zur Verfügung. Nutzen Sie davon 12 Stunden für Ihren Erfolg!

Beurteilen Sie einen Tag lang alles, was Sie tun, danach, ob es Sie Ihrem Lebensziel näher bringt. Sie werden plötzlich feststellen, dass sich die Spanne der sinnvoll genutzten Zeit gewaltig steigern lässt. Sie wollen Ihr Leben ändern – beginnen Sie mit den Gewohnheiten. Vermeiden Sie Zeitfresser!

## 35. Ich gebe mein Bestes

Was wollen Sie heute erreichen? – Doch sicher, dass Sie am Abend mit Ihrer persönlichen Leistungsbilanz zufrieden sind. Sie selbst wissen am besten, was Sie sich für heute vorgenommen haben, wie Sie es bestmöglich erledigen können und was Ihnen dieses herrliche Gefühl vermittelt: „Ja, ich habe mein Bestes gegeben. Mehr war nicht möglich!“

Wenn diese Erfolgsbilanzen mehr und mehr werden, steigen automatisch Ihr Wohlbefinden, Ihre innere Harmonie und auch Ihr Kontostand.

## 36. Ich schaffe es, weil ich es von ganzem Herzen will

Beginnen Sie diesen Tag vor dem Spiegel! Schauen Sie sich an, und sagen Sie zu sich selbst: „Ich schaffe es, weil ich es aus ganzem Herzen will." Und glauben Sie mir, es gibt niemanden, der Ihren Erfolg dringender braucht, als der, der da vor Ihnen steht.

Alles, was Sie für Ihren Erfolg benötigen, haben Sie in sich. Sie müssen die in Ihnen wohnenden Kräfte nur ganz gezielt wecken, Ihr Wissen erweitern und Ihrem unerschöpflichen Unterbewusstsein den bildhaften Auftrag geben, Sie an das Ziel Ihrer Wünsche zu tragen.

## 37. Stehen Sie mit Beharrlichkeit zu Ihren Zielen

Viele Menschen sind mit ihren Wünschen zu ungeduldig. Wenn sich die nicht wie von Zauberhand umgehend erfüllen, geben sie diese Wünsche auf – und suchen sich ganz schnell neue! – Warum? – Weil sie nicht wissen, dass man die schönsten Träume nur mit großer Beharrlichkeit, Geduld und unermüdlicher Leistung erreichen kann.

Die Zuversicht und die Ausdauer, mit der Sie heute auf Ihre Ziele hinarbeiten, sind ein Gradmesser für Ihr Erfolgsbewusstsein. Bereiten Sie sich die Freude, mit Ihren Ansprüchen vor sich selbst zu bestehen.

## 38. Lassen Sie sich nicht von Ihren Tageszielen abbringen

Was bedeutet Erfolg? – Das intensive Gefühl, jeden Tag als Geschenk zu erleben! Sich voller Tatendrang an selbstgestellte Aufgaben zu machen und die ersehnte Wirklichkeit langsam wachsen zu sehen ist der Lohn für den Mut zur Selbständigkeit und Eigenverantwortung.

Lassen Sie sich heute durch nichts und niemanden von Ihrem Tagesziel ablenken, bis Sie es vollendet haben. Sie werden dann die Stunden der Freizeit und der Muße um so intensiver und freier genießen!

## 39. Verwirklichen Sie Ihre Ideen

Wissen Sie, wie man die Ebbe im Portmonnaie bekämpfen kann? – Mit einer Flut von Ideen, mit Einfallsreichtum, mit Fleiß und mit vielen kleinen Erfolgen! Manchen Menschen genügte die Umsetzung einer einzigen Idee, um unermesslich reich zu werden. Ideen allein machen nicht reich. Fleiß allein ebensowenig. Ziehen Sie aus dieser Erkenntnis den richtigen Schluss – verwirklichen Sie Ihre Ideen mit unermüdlichem Fleiß und mit Ausdauer. Ihr Erfolg wird unausweichlich sein!

## 40. Richten Sie Ihre ganze Sehnsucht auf Ihren Erfolg

Überlegen Sie: Welches sind die kleinen Hürden und gar großen Hemmschwellen, die Ihren Erfolg blockieren? Kann es sein, dass Sie Ihren Erfolg gar nicht intensiv genug wollen?

Erinnern Sie sich an Ihre erste große Liebe. Was haben Sie nicht alles bewegt, um dem von Ihnen geliebten Menschen eine Freude zu bereiten. Sie haben Ihre ganze Intuition spielen lassen, um diesen Menschen zu treffen, auch wenn Sie nicht genau wussten, wo er war. Immer und bei allem, was Sie unternahmen, hatten Sie diesen Menschen vor Augen!

Den großen Erfolg ihres Lebens müssen Sie mit derselben Intensität wollen, jeden Gedanken darangeben und ihn unermüdlich herbeisehnen.

## 41. Ziehen Sie die Bilanz des Positiven

Nur verwirklichte Ideen machen Sie zu einem erfolgreichen und selbstbestimmten Menschen! Legen Sie alle Grübelei und Niedergeschlagenheit von sich ab! Inventur machen und Bilanz ziehen heißt vor allem, sich seiner positiven Seiten zu vergewissern!

Was können Sie wirklich gut? – Das ist der Schlüssel zu Ihrem Erfolg!

## 42. Setzen Sie alle Ihre Kräfte frei

Begeistern Sie sich für Ihren Erfolg! Sie werden automatisch spüren, wie Ihre innere Bereitschaft für den Erfolg wächst! Diese Erfolgsbereitschaft wird Sie mit den richtigen Menschen zusammenbringen. Auch die entscheidenden Gelegenheiten für Ihren Erfolg werden Ihnen „zufallen". In dem Augenblick, in dem Sie wirklich davon überzeugt sind, dass Ihre Gedanken die Kräfte freisetzen können, werden Sie dieses Wunder des Erfolgs auf sich zukommen sehen!

Erfolg entsteht vor allem aus dem Kampf mit sich selbst. Mit jeder Hürde, die Sie in sich überwinden, kommen Sie ihm näher!

## 43. Suchen Sie Ihren Erfolg in sich selbst

Vielleicht haben Sie in den vergangenen Jahren den Erfolg ganz woanders gesucht als in sich selbst. Vielleicht dachten Sie, er müsste Ihnen einfach in den Schoß fallen. Da wurden Sie natürlich enttäuscht und haben zuwenig Zuversicht und Mut für Ihre Ziele entwickelt.

Ab jetzt wissen Sie: Mein Erfolg entsteht als erstes in mir, in meinen Gedanken, durch mein Handeln.

## 44. Ich will besser werden

Ab sofort heißt Ihr Denkprogramm nicht mehr: „Das kann ich nicht!“, sondern: „Das muss ich noch lernen!“ Und anstatt resignierend zu sagen: „Das habe ich nicht!“, werden Sie mit Entschlossenheit denken: „Das brauche ich noch!“ Auf Wünsche, die Sie seit langem hegen und die für Ihr Leben wirklich bedeutsam sind, werden Sie nicht mit dem Seufzer reagieren: „Das kann ich mir nicht leisten!“, sondern mit dem Vorsatz: „Dafür muss ich noch ein paar gute Ideen umsetzen!“

Ihr Denkprogramm lautet: „Ich will besser werden! Ich will erfolgreich sein!“

## 45. Planen Sie Ihre Reise zum Erfolg

Stellen Sie sich vor, dass Sie Ihr Lebensziel wie auf einer Weltumsegelung ansteuern. Für eine derartige Unternehmung würden Sie ganz nüchtern und vorausschauend planen: „Was muss ich an Bord nehmen, damit ich viele Jahre einer ungewissen Reise überstehe? Und was ist Ballast, von dem ich mich befreien muss?“

Nur wenn Sie diese Planung sorgfältig durchführen, wird Ihnen günstiger Rückenwind nützen und werden Menschen an Bord kommen, die Ihre Reise zum Erfolg unterstützen!

## 46. Überwinden Sie Ihre persönlichen Erfolgsblockaden

Kennen Sie Ihren ganz persönlichen Lebensballast, der Sie bisher daran gehindert hat, dorthin zu gelangen, wo Sie aufgrund Ihrer Fähigkeiten stehen könnten? Es gibt nur drei Richtungen, aus denen die Probleme und die Erfolgsblockaden kommen: entweder aus der Familie, aus dem Umfeld am Arbeitsplatz oder aus dem eigenen mangelnden Selbstbewusstsein. Diese drei Bereiche sind eng mit einander verbunden. Deshalb kommen die Probleme häufig aus allen Richtungen gleichzeitig.

Fangen Sie bei sich selbst mit einer Veränderung an. Sie werden erstaunt feststellen, dass Sie damit Ihre Umgebung am schnellsten verändern können. – Wann? – Sofort!

## 47. Übernehmen Sie die Verantwortung für Ihr Leben

Positives Denken befreit uns von Sorgen, von der Erinnerung an Niederlagen, Lebensangst, Ärger, Zorn, Hass, Neid, Eifersucht. Aber positives Denken allein genügt nicht. Sie können sich aus dieser Palette negativer Kräfte nur befreien, wenn Sie die Verantwortung für Ihr Leben übernehmen.

Bedenken Sie dabei: Wem Sie die Schuld geben für das, was in Ihrem Leben schiefgelaufen ist, dem geben Sie auch die Verantwortung für Ihr Leben. Das dürfen Sie nicht zulassen.

Eigenverantwortung ist ein großartiges Gefühl. Es erscheint am geistigen Horizont, sobald man anfängt, sich von Halbwahrheiten zu befreien.

## 48. Sehen Sie das Positive

Es gibt unzählige Wege der Wahrnehmung und der Erfahrung in Ihrem Leben. Sie können mit eitler Vielzahl an Emotionen darauf reagieren. Alles, was Sie tun müssen, ist: Schalten Sie auf den richtigen Gefühlskanal!

Sehen Sie das Positive in allem, was ihnen begegnet. Nehmen Sie Probleme, die auftauchen, als das, was sie sind: Wegweiser auf den richtigen Weg zu Ihrem Erfolg!

## 49. Verlassen Sie sich auf Ihre Bauchgefühle

Verlassen Sie sich bei anstehenden Entscheidungen nicht nur auf Ihr rationales Denken. Hören Sie in sich hinein. Suchen Sie den Weg zu Ihrem Unterbewusstsein und zu Ihrer Intuition.

Nehmen Sie Ihre Bauchgefühle wahr. Schalten Sie bei schwierigen Entscheidungen ganz bewusst um auf dieses Zentrum der intuitiven Wahrnehmung. Ihr rationales Denken kann durch scheinbar rationale Argumente zu falschen Entscheidungen überredet werden. Ihre Bauchgefühle dagegen nie. Sie sind ein wahrer Lügendetektor.

Sie zeigen Ihnen den besten Weg zu einem ehrlichen Erfolg.

## 50. Vertrauen Sie auf Ihre Intuition

Verbannen Sie jeden Gedanken an Armut aus Ihrer Vorstellung. Trainieren Sie Ihren Mut. Versetzen Sie sich täglich in den Gefühlszustand des Erfolgs, den Sie sich sehnlich wünschen. Geben Sie Ihrer Intuition, Ihrem Unterbewusstsein den Auftrag, Ihnen einen Weg zu Ihrem Erfolg aufzuzeigen. Dann wird Ihnen der Erfolg auf völlig überraschende Weise zuströmen.

* * *

Nehmen Sie mein Fitnessprogramm mit auf Ihre Erfolgsreise. Ich kann Ihnen versichern – wenn der Erfolg erst einmal angefangen hat, sich bei Ihnen wohlzufühlen, werden Sie sich nur noch erstaunt fragen, wo er sich die ganzen Jahre über versteckt gehalten hat. Ich freue mich schon jetzt auf Ihren Erfolg, weil ich weiß:

## Sie schaffen es!

Kapitel 4

# So werden Sie eine erfolgreiche Persönlichkeit

## Glauben Sie an sich selbst!

Wie fühlen Sie sich heute? Positiv oder negativ? Voller Tatendrang oder ziemlich niedergeschlagen und lustlos? Begeistert über einen Tag, der mit all seinen Möglichkeiten vor Ihnen liegt? Oder fühlen Sie sich ängstlich, weil unangenehme Entscheidungen vor Ihnen liegen? Wissen Sie, dass es unabhängig von dem, was Sie gestern erlebt und vielleicht auch erlitten haben, zu einem großen Teil Ihre ganz persönliche Entscheidung ist, wie Sie sich heute fühlen? Ja, glauben Sie mir, es liegt tatsächlich nur an Ihrem Denken und an Ihren oftmals unbewussten Reaktionen, wie Sie sich fühlen.

Manche Menschen neigen zu der irrigen Ansicht, dass Glück, Erfolg und auch gute Laune das Resultat von wunderschönen Überraschungen ist, die – vor allem anderen Menschen – von irgendwoher zufliegen. In der gleichen Weise trifft – vor allem bei ihnen selber – das Schicksal die Entscheidung über Unglück, Misserfolg und entsprechende Niedergeschlagenheit. Sie glauben, dass sie darauf keinerlei Einfluss haben. Aber das ist falsch – genau das ist der Grund für ihre Erfolglosigkeit. Für Glück, Erfolg und eine positive Grundstimmung kann man sehr viel tun. Für das Gegenteil muss man allerdings nur sehr viel unterlassen.

## Veränderung lohnt sich immer

Werden Sie sich immer und immer wieder der unumstößlichen Tatsache bewusst: „Es sind meine eigenen Gedanken, die mein Leben bestimmen!“ Solange Sie zu sich selber sagen: „Naja, da kann man halt nichts machen. Mein Leben ist nun mal so grau!“, wird Ihr Leben auch dementsprechend trist verlaufen.

Ich meine aber, es lohnt sich sehr, dass Sie Leidenschaft und Begeisterung für ein erfolgreiches und erfülltes Leben in sich wecken, dass Sie Verantwortung für Ihr Leben übernehmen, dass Sie bewusst und täglich von neuem Angst und Mutlosigkeit bekämpfen und überwinden. Setzen Sie sich jeden Tag von neuem das Ziel: „Ich möchte der werden, der ich von meinen Anlagen und Fähigkeiten her sein kann!“ Die Veränderung von Denkweisen, die noch aus der Kindheit stammen, funktioniert nicht von heute auf morgen. Sie ist ein langwieriger Prozess. Und selbst wenn Sie den Eindruck gewinnen: „Jetzt habe ich es geschafft!“, müssen Sie sich weiter täglich positiv einstimmen und bewusst Ihr Glück und Ihren Erfolg anstreben. Jeden Tag aufs neue!

Ich selbst beginne jeden Tag damit, mich positiv auf alles, was vor mir liegt, vorzubereiten, in meinen Gedanken positive Erwartungen aufzubauen und jede Stimmungsschwankung nach unten von mir fernzuhalten. Und ich frage mich natürlich jeden Abend: „Wie war heute deine innere Einstellung?“ Ich kann Ihnen versichern, dass die Antwort darauf meistens sehr positiv ausfällt! Das ist mir enorm wichtig, weil ich weiß, wie sehr auch mein

Erfolg von meiner positiven Grundstimmung abhängt. Die Formel lautet ganz einfach: schlechte Laune – geringer Erfolg! Gute Laune – großer Erfolg!

Machen Sie sich Ihre gefühlsmäßigen Reaktionen bewusst, denn sie steuern Ihre Entscheidungen in viel stärkerem Maße als rein logische und rationale Überlegungen. Wenn Sie Ihre Emotionen bewusst erleben und ehrlich zu ihnen stehen – in dem Bewusstsein: „Ja, das bin ich und so will ich handeln!" –, werden Sie in der Lage sein, Ihre Entscheidungen entsprechend zu steuern. Fangen Sie damit an. Es funktioniert!

## Werden Sie sich Ihrer Reaktionen bewusst

Nur ein Beispiel: Als Unternehmer in einer global vernetzten High-Tech-Branche bin ich häufig mit dem Flugzeug unterwegs. Da passiert es natürlich immer wieder, dass Flüge verschoben oder abgesagt werden. Die Reaktionen der einzelnen Fluggäste darauf sind total unterschiedlich. Die einen reagieren völlig negativ und aggressiv. Ihre Gesichtszüge sind geradezu entstellt von ihrer Wut. In lautstarken Worten lassen sie ihren Ärger am Bodenpersonal aus. Bei diesen Menschen habe ich immer den Eindruck, dass ihnen das Dampf-Ablassen, das Wut-Abreagieren wichtiger ist, als eine positive Lösung zu finden – ein todsicherer Weg in den Misserfolg!

Die anderen rennen hektisch zum Schalter der nächsten Fluglinie, um schnell noch umzubuchen. Einige heben resigniert die Schultern. Sie denken wahrscheinlich: „Warum muss ausgerechnet mir das passieren?" Und sie fragen sich ratlos: „So eine hoffnungslose Situation. Was machen wir jetzt?"

Dann gibt es noch diejenigen, die ganz gelassen ins nächste Restaurant schlendern, um in aller Ruhe einen Kaffee zu trinken und die neueste Zeitung zu lesen. Bedenken Sie, der Anlass für all diese unterschiedlichen Reaktionen war aber ein und derselbe.

Lassen Sie sich dieses Beispiel einmal in Ruhe durch den Kopf gehen, ehe Sie spontan auf eine Situation reagieren, die unangenehm ist und die nicht in Ihren Plan passt. Sie können selbst am besten beurteilen, wie Sie reagiert hätten. Spielen Sie nun in Ihrer Vorstellung diese Situation durch – und zwar in dem Bewusstsein: „Ich bin bereits die große Persönlichkeit, zu der ich mich einmal entwickeln möchte!" Könnten Sie sich da noch vorstellen, eine Stewardess anzuschreien, weil Ihr Flug gestrichen wurde? Ganz bestimmt nicht! Sicher würden Sie freundlich, souverän, gelassen und in der Überzeugung: „Ich schaffe es!" die bestmögliche Lösung für diese Situation suchen.

Glauben Sie mir, Sie können durch eine positive Reaktion auf eine negative Begegnung das Ergebnis völlig ins Positive verwandeln. Je mehr Sie Ihr Verhalten positiv unter Kontrolle haben, um so besser können Sie auch andere Menschen positiv verändern – und das wiederum verändert Ihr Leben in unglaublicher Weise!

## Sie stehen vor einer glänzenden Zukunft

Tatsache ist, dass von der Entscheidung, wie Sie heute denken und fühlen, ganz wesentlich Ihre Zukunft und Ihr Erfolg abhängen. Und die wollen Sie doch sicher so schön und positiv wie möglich gestalten, oder etwa nicht?

Hat Ihnen schon einmal jemand, der Sie kennt und schätzt, gesagt: „Du stehst vor einer glänzenden Zukunft!"? Stellen Sie sich vor, die Eltern, ein Lehrer, der Chef, bei dem Sie Ihre Ausbildung beginnen, Ihr Lebenspartner, ein Mensch, dem Sie sich nahe fühlen, sagt voller Überzeugung zu Ihnen: „Du hast großartige Anlagen. Entwickle sie, und du stehst vor einer wunderbaren Zukunft. Das mag dir heute noch völlig unwirklich erscheinen, aber glaube mir, du wirst all das erreichen, was du dir für dein Leben erhoffst!"

Was für Gefühle würde so eine sagenhafte Projektion Ihrer Persönlichkeit in Ihnen auslösen? – Ich bin sicher, ein wunderbares Gefühl der Zuversicht, der Freude, der Hoffnung, des Glaubens an sich selbst. Plötzlich sind alle Ihre Selbstzweifel verschwunden, und Sie spüren ganz deutlich: „Ja, ich trage alle Fähigkeiten in mir, die ich brauche, um die wichtigste Aufgabe meines Lebens zu bestehen. Das ist: mein Lebensziel verwirklichen und zu der Persönlichkeit heranreifen, die ich sein kann! Ich werde so lange an mir und an diesen Fähigkeiten arbeiten, bis ich dort stehe, wovon ich bisher nur geträumt habe. Ich kann es schaffen, weil ich es wirklich will!"

Stellen Sie sich vor, dass Sie mit dieser tiefen Überzeugung jeden Tag Ihres zukünftigen Lebens beginnen. Was glauben Sie, wo Sie dann innerhalb eines Jahres stehen werden? – Richtig! Sie werden auf Ihrer Erfolgsleiter unweigerlich einige Stufen höher geklettert sein!

## Werden Sie der, der Sie sein können!

Lassen Sie mich die Rolle dieses Botschafters Ihres Erfolgs übernehmen. Ich rufe Ihnen mit jeder Zeile dieses Buches ganz bewusst zu: „Sie stehen vor einer Zukunft, die größer ist, als Sie sich heute vorstellen können – wenn Sie unverzüglich beginnen und unermüdlich daran arbeiten, der zu werden, der Sie sein können! Wecken Sie in sich die freudige Erwartung auf ein Leben, das Sie sich immer gewünscht haben. Wecken Sie in sich die Kraft und Begeisterung für Erfolg – für Ihren Erfolg!“ Sie tragen ihn in sich.

Sie wissen bereits, es ist meine tiefe Überzeugung, dass jeder Mensch über ein Potenzial verfügt, das um ein Vielfaches größer ist, als er es jemals ausschöpfen kann. Ja, auch Sie haben die Kraft, die größten Träume und Visionen Ihres Lebens in greifbare Wirklichkeit zu verwandeln. Diese Kraft liegt in Ihnen selbst! Es ist jetzt an der Zeit, diese Kraft freizusetzen, sie ganz gezielt anzuwenden und mit Hilfe dieser Kraft zu der herausragenden Persönlichkeit zu werden, die in Ihnen angelegt ist. Arbeiten Sie mit aller Kraft an Ihrer Persönlichkeit. Es lohnt sich!

## Was buchen Sie auf Ihr Lebenskonto?

Schauen Sie bei Ihrem Lebens- und Persönlichkeitskonto nicht immer nur auf die Soll-Seite, auf das, was Sie noch nicht können, noch nicht haben oder noch nicht sind! Es gibt keinen Menschen, der alles kann, der alles weiß und der alles hat – auch wenn sein Leben nach außen noch so glanzvoll erscheint. Hören Sie auf, sich ständig klein zu machen. Dafür gibt es keinen Grund, und es bringt Sie keinen Schritt weiter.

Leider gibt es aber sehr viele Menschen, die selbst bei den schönsten Dingen immer nur nach dem suchen, was vielleicht nicht ganz so perfekt ist. Sie schauen nur nach dem Negativen, bei sich und bei anderen. Kein Wunder, dass diese Menschen sehr viel häufiger negative Erfahrungen machen als andere. Ihr beliebtester Satzanfang lautet: „Ja, aber …!“ Meiden Sie diese „Ja, aber“-Menschen. Sie finden immer ein Haar in der Suppe.

„Ja, aber“-Menschen gehen in ein Fünf-Sterne-Hotel, bekommen eine Suite mit Balkon und Seeblick, erleben einen Service, der sie mit allem verwöhnt, was sich ein Mensch nur erträumen kann – und wenn man zu ihnen voll ehrlicher Begeisterung sagt: „Ist das nicht ein wunderschönes Hotel?“, geben sie zur Antwort: „Ja schon, aber der Teppich im Flur ist unmöglich!“

Das Zusammenleben mit derart negativ gepolten Menschen muss schrecklich sein. Sie werden nie zufrieden und glücklich sein und ihren Erfolg genießen, weil sie immer nur nach dem suchen, was ihnen vielleicht noch fehlt. Und sie verlieren sich selbst dabei.

Diesen Fehler dürfen Sie nicht machen. Schauen Sie immer auf die Haben-Seite ihres Lebens. Da steht ganz sicher eine lange Reihe von positiven Dingen, die Ihnen gar nicht bewusst sind – ein Dach über dem Kopf, ausreichend zu essen, ein Radio, ein Fernseher, ein paar gute Freunde, mit denen Sie gelegentlich ein Glas Wein trinken, oder was auch immer Sie sich Positives für Ihr Leben als Minimum vorstellen. Und selbst wenn Ihnen vieles noch abgeht, Sie haben eine ganz große Rubrik, die auf keinem Bankauszug auftaucht. Diese Rubrik heißt: meine unendlich vielen Möglichkeiten!

Diese Möglichkeiten werden Sie in Realität verwandeln, sobald Sie sich bewusst werden, was Sie alles können. Schreiben Sie in Ihr Erfolgstagebuch: „Was ich alles kann! Was ich an mir gut finde! Worauf ich stolz hin!“ Sie werden überrascht sein, was auf Ihrer Haben-Seite alles zusammenkommt. Das ist der richtige Ansatzpunkt für ein erfolgreiches Leben. Nehmen Sie sich jeden Tag aufs neue vor, diese Positivliste zu erweitern und die einzelnen Punkte zu verbessern. Fangen Sie an. Sammeln Sie Pluspunkte. Jetzt! Tragen Sie alles, aber wirklich alles Positive ab sofort in Ihr Lebensbuch für Erfolg ein.

## Sie können Ihr Ich entscheidend verbessern

Die Lebensziele, die Sie erreichen möchten, sind so eng mit der Entwicklung Ihrer Persönlichkeit verbunden, dass eine Trennung ausgeschlossen ist. Auf diesen Punkt komme ich immer wiedet zurück, weil er das A und O jedes dauerhaften Erfolgs ist. Die Größe Ihres Erfolgs ist von der Größe Ihrer Persönlichkeit abhängig. Deshalb immer wieder die Aufforderung: Wachsen Sie! Gewinnen Sie an Format! Erweitern Sie Ihre Interessensgebiete! Vergrößern Sie Ihre Fähigkeiten! Leben Sie im eigenen Ich!

In dem Maß, in dem Sie aktiv, voller Energie und Motivation auf die Verwirklichung Ihrer Ziele zuschreiten, treten die in Ihnen angelegten Fähigkeiten zutage. Und je mehr Sie an Ihrem Selbstbewusstsein, an Ihrer Anziehungskraft, an Ihrem Charisma und an der Steigerung Ihrer Fähigkeiten arbeiten, um so schneller werden Sie ans Ziel gelangen. Erhöhen Sie die Strahlkraft Ihrer Persönlichkeit! Verbannen Sie damit das Negative aus Ihrem Leben.

## Was Sie an sich verändern können

Glauben Sie mir, Antriebsschwäche, Entschlusslosigkeit, Menschenscheu und die damit verbundenen Kontaktschwierigkeiten, mangelnde Selbstsicherheit, Zukunftsangst und Mutlosigkeit sind keine unabänderlichen Gegebenheiten. Und schon gar nicht die scheinbar schicksalhafte Erfolglosigkeit. Übrigens, auch Erfolglosigkeit muss man sich täglich neu bestätigen – genauso wie Erfolg. Und so wie der Erfolg mit der Zeit immer größer wird und sich scheinbar wie von selbst steigert, so nimmt auch die Erfolglosigkeit automatisch zu.

Lassen Sie sich deshalb von niemandem, wirklich von niemandem einreden, dass Sie ein „Versager" sind, selbst wenn in Ihrem Leben in den zurückliegenden Jahren manches nicht so gelaufen sein mag, wie Sie sich das vorgestellt haben. Wer sagt Ihnen, dass Sie deshalb für immer zur Erfolglosigkeit verdammt sind? Das dürfen Sie einfach nicht glauben. Bedenken Sie, dass es sogar möglich ist, selbst seine körperliche Konstitution entscheidend zu verbessern. Ich gebe Ihnen ein bekanntes Beispiel:

## Er kurierte sich mit kaltem Wasser

Der berühmte Pfarrer Sebastian Kneipp hat dies in jungen Jahren an sich selbst bewiesen, indem er sich mit ungeheurer Disziplin seinen selbsterdachten Wasserkuren unterzog. Er war von Kind an bis in seine Studentenzeit körperlich so hinfällig gewesen, dass man ihm nicht einmal zutraute, dass er sein Theologiestudium abschließen könnte. Jeder, der ihn zu kennen glaubte, war überzeugt, dass er noch vor der Abschlussprüfung an seinen ständigen Asthma- und Bronchitisanfällen sterben würde. Aber Kneipp schaffte nicht nur diese Prüfung. Er wurde Pfarrer, später sogar Päpstlicher Geheimkämmerer und starb im Alter von 76 Jahren, und das war zu seiner Lebenszeit ein fast schon biblisches Alter. – Wie war das möglich?

Der junge Kneipp wollte sich mit seinem schlechten körperlichen Zustand und mit dem bedenklichen Urteil der Ärzte einfach nicht länger abfinden. Heimlich begann er, seinen Körper abzuhärten, indem er sogar im Winter in der kalten Donau badete. Zum Erstaunen aller wurde er langsam gesund, kam zu Kräften und entwickelte eine unglaubliche Energie. Es war ihm gelungen, in sich ein physisches Potenzial zum Vorschein zu bringen, das niemand bei ihm vermutet hatte.

## Er wurde ein Helfer der Menschheit

Sebastian Kneipp hat mit dieser Therapie nicht nur sich selbst geholfen. Die Kaltwasser-Kuren, die er für seine eigene Gesundung mit großer Intuition entwickelt hatte, wurden ein fester Bestandteil der Physiotherapie. Bis heute wenden sie Millionen Menschen mit großem Erfolg an. Kneipp wurde damit schon zu Lebzeiten weltberühmt, und seine Bücher erreichten Millionenauflagen und werden immer noch nachgedruckt.

Was war der Beginn dieses neuen Lebens? Kneipp glaubte mit unerschütterlichem Gottvertrauen daran, dass seine schwächliche Konstitution nicht unabänderlich war. Er besaß ein echtes Gottvertrauen, und er glaubte an seine Zukunft. Mit eisernem Willen begann er, an sich selbst zu arbeiten. Er legte jede Niedergeschlagenheit ab und suchte einen Weg, wie er zunächst überleben und dann wirklich gesund werden konnte. Auf diesem Weg wurde er zu einem großen Helfer der Menschheit; seine im wahrsten Sinn des Wortes heilsame Wirkung dauert bis heute an.

## Sie stehen vor einer glänzenden Zukunft!

Ich bin der festen und durch eigene Erfahrung gesicherten Überzeugung, dass jeder Mensch nicht nur seine körperliche Konstitution verbessern, sondern in noch weit größerem Maße sein geistiges Potenzial, seine psychischen Energien und kreativen Kräfte in sich freisetzen kann. Und dieses Potenzial ist unendlich viel größer, als er selbst oder je ein anderer in ihm vermutet.

Diese geistigen und psychischen Kräfte sind es, die Sie in eine unvorstellbar reiche Zukunft führen werden. Die wichtigste Voraussetzung für diese Entwicklung ist der unerschütterliche Glaube an sich selbst, an das tatsächliche Vorhandensein dieser Anlagen, Energien und Kräfte. Glauben Sie an diese Lebenskräfte. Sie werden sie auch in sich entdecken, so wie Kolumbus den Neuen Kontinent nur entdecken konnte, weil er fest daran glaubte, dass es ihn gibt.

Sie können und sollen nicht Ihr Ich verändern, aber Sie können und werden das großartige Potential, das in Ihnen vorhanden ist, konsequent ausbauen, um die Persönlichkeit zu werden, die in Ihnen angelegt ist. Ich wiederhole an dieser Stelle ganz bewusst: „Kein Mensch wird für die Erfolglosigkeit geboren!" Das Ziel jedes Lebens ist der Erfolg! Aber dieser Erfolg wird keinem Menschen geschenkt. Erfolg gibt es niemals zum Nulltarif. Das ist eine unabänderliche Tatsache. Geschenkte Erfolge zählen nicht, auch wenn sie noch so groß erscheinen mögen. Das ehrliche Empfinden, einen großen Erfolg errungen zu haben, stellt sich nur ein, wenn wir selbst mit unserer ganzen Kraft und mit ehrlicher Leistung dahinterstehen, wenn es unsere eigenen Ideen sind, die wir mit unerschütterlicher Ausdauer verwirklichen. Verschaffen auch Sie sich diese unsagbare Freude am eigenen Erfolg!

## Wie wird man erfolglos?

Es gibt zunächst keinen anderen Unterschied zwischen erfolgreichen und erfolglosen Menschen als den, dass der eine die reichen Möglichkeiten, die in ihm angelegt sind, konsequent entwickelt, während der andere – aus welchen Gründen auch immer – sie verkümmern lässt, als wären sie ein Besitz, der ihn nichts angeht. Für dauerhaften Erfolg und für andauernden Misserfolg kann man sich entscheiden – täglich! Kürzlich lernte ich die Geschichte einer Frau kennen, die sich bis heute bei jeder Gelegenheit für Misserfolg entschieden hat!

Sie sprach mich ganz unvermittelt und fast ein wenig aggressiv auf einer Elektronikmesse in München an, wo sie an einem der Nachbarstände jobbte: „Herr Lejeune, Sie haben leicht reden, von wegen ‚Lebe ehrlich – werde reich!'. Sie haben es geschafft. Ich kann mir nicht einmal Ihr neues Buch leisten!" Aus diesen Worten sprach eine hoffnungslose Verbitterung. Aber offensichtlich hatte sie sich, wie viele Menschen, in dieser Lebenssituation mit meinem Buch „Lebe ehrlich – werde reich!" beschäftigt. Das machte mich aufmerksam, und ich bat sie, mir ihre Lebensgeschichte zu erzählen.

## Mit Volldampf in die falsche Richtung

Sie war Ende 50 und sah immer noch sehr attraktiv aus. Sie musste einmal eine Schönheit gewesen sein. Aufgewachsen war sie in einer Kleinstadt am Bodensee. Ihr Vater hatte von ihr immer nur Leistung verlangt und ihr wenig Freiheit für ihre persönliche Entwicklung gelassen. Diesen Zwang hatte sie lange Zeit ertragen. Bis kurz vor dem Abitur! Da schmiss sie alles hin und brach aus diesem engen Leben aus. Gegen Ende ihres letzten Schuljahrs, wenige Wochen vor der Abschlussprüfung, fuhr sie statt nach Hause in Richtung Süden nach Italien. Ihre Schulbücher warf sie unterwegs aus dem Zugfenster. Sie dachte, sie habe die Freiheit gewählt. Dabei hatte sie lediglich Aufbruch mit Ausbruch verwechselt. Wenige Meter vor dem Ziel hatte sie aufgegeben. Ab diesem Zeitpunkt fuhr Ihr Zug immer in die falsche Richtung.

In Italien schlug sie sich als Platzanweiserin in einem Kino und als Zigarettenverkäuferin durch. Als eine heftige Jugendliebe zu Ende ging, kehrte sie reumütig nach Hause zurück – wo sie von ihrem Vater gnadenlos verprügelt wurde. Daraufhin nahm sie ihre letzten 100 Mark und fuhr nach München, um bei einer Freundin Zuflucht zu suchen. Spät abends stieg sie am Hauptbahnhof in die letzte Straßenbahn, fuhr aber leider wieder in die verkehrte Richtung – bis zur Endstation. Es blieb ihr nur die Möglichkeit, mit einem Taxi den ganzen Weg zurückzufahren. Das kostete sie ihre ganzen 100 Mark.

## Nur überleben oder leben?

Nun war sie gezwungen, sofort an Geld zum Überleben zu kommen. Deshalb nahm sie am nächsten Tag den erstbesten Aushilfsjob in einer Reifenfirma an, für den sie allein schon mit ihren Sprachkenntnissen weit überqualifiziert war. Aber ohne einen Pfennig Geld in der Tasche hatte sie nicht mehr die Möglichkeit, in Ruhe Bilanz für einen aussichtsreichen Neuanfang zu ziehen. So startete sie weit unter ihrem Potenzial – und wurde wenig später kurzerhand gefeuert, als sie eine bessere Bezahlung forderte. Daraufhin blieb sie zu Hause, denn mittlerweile hatte sie einen neuen Freund gefunden. Die drei Fragen: „Was habe ich? Was kann ich? Wer bin ich?" hätten Ihr einen ganz anderen Weg gezeigt. Nun bekam sie innerhalb eines Jahres zwei Kinder, die ihr von den zukünftigen Schwiegereltern weggenommen wurden, als sich dieser Freund wieder von ihr trennte. Nicht einmal dagegen wehrte sie sich.

## Luftschlösser kann man nicht reparieren!

Wieder auf sich allein gestellt, versuchte sie nun, wegen der besseren Bezahlung einen beruflichen Neuanfang in der Elektronikbranche. Dieser Neuanfang gelang. Die Chance für einen ehrlichen Aufstieg war groß. Endlich hatte sie Arbeit gefunden, die ihr Spaß machte, die ihre Fähigkeiten herausforderte. Endlich schien eine glänzende Zukunft vor ihr zu liegen. Doch kurze Zeit später lernte sie einen gutaussehenden, älteren und sehr reichen Schweizer Geschäftsmann kennen, der ihr erst ein teures Auto schenkte, ihr eine schöne Wohnung bezahlte und sie dann überredete, mit ihm in die Schweiz zu gehen. Bei diesem Traummann war Luxus angesagt statt harter Arbeit – teure Kleider teurer Schmuck, teure Wochenendtrips in die schönsten Städte der Welt. Doch allmählich bekam das Luftschloss grobe Risse. Nach knapp einem Jahr öffnete der Traummann die Falltür in die bittere Wirklichkeit. Er ließ ihr von seinem Rechtsanwalt mitteilen, die Beziehung sei zu Ende, und er würde nun zu einer anderen Frau zurückkehren. Sein guter Rat zum Abschied: Sie solle schleunigst das Land verlassen, da ihre Aufenthaltsgenehmigung für die Schweiz abgelaufen sei.

Als sie nach Deutschland zurückkam, musste sie feststellen, dass sie schwer krank war. Eine Krebsoperation war unvermeidlich geworden. Sie überlebte zwar aber nun ging es mit ihr rapide abwärts. Sie fand keinen Job mehr, musste zum Sozialamt gehen, kam aber natürlich mit der Sozialhilfe nicht über die Runden. Gelegenheitsjobs auf Schwarzarbeitbasis schienen der einzige Ausweg – doch nun lebte sie in ständiger Angst, erwischt zu werden, dafür eingesperrt zu werden und immer noch tiefer in die Dunkelkammer ihres Lebens zu geraten.

## Entscheiden Sie sich nie für Luftschlösser

Was für ein verpfuschtes Leben! An dem nach ihrer Meinung immer die anderen die Schuld trugen! Ihr Vater, der vielleicht in der besten Absicht das Falsche getan hatte. Die Schwiegereltern, die ihr die Kinder genommen hatten. Der Traummann, der sie fallen ließ ..., der erste Mann, der sie liebte ... und, und und ...

Ich musste ihr leider ganz deutlich sagen, dass sie nie wirklich Verantwortung für Ihr Leben übernommen hatte. Sie hatte sich immer in den falschen Zug gesetzt. Ab einem bestimmten Punkt in ihrem Leben hatte sie grundsätzlich die falschen oder gar keine Entscheidungen getroffen. Dass sie immer wieder schamlos ausgenützt worden war, hatte sie zumindest widerstandslos hingenommen – weil ihr die Energie und der Mut fehlten, ihr Leben selbst zu gestalten, weil sie dem Schein mehr vertraute als ehrlichen Anstrengungen.

Immer wieder hatte sie sich für Luftschlösser entschieden anstatt für greifbare Erfolge – selbst als eine aussichtsreiche Karriere in der Elektronikbranche vor ihr lag! Sie war ein beredtes Beispiel dafür, dass der Traum vom mühelosen Flug ins Luftschloss häufig auf den harten Sitzen des Sozialamts und nicht selten in der Intensivstation oder auf dem Operationstisch endet. Sie hatte sich immer nur für den Misserfolg entschieden!

## Die Zeit zum Umdenken ist immer günstig

Was hätte aus dieser Frau werden können, wenn sie ihr Leben selbst bestimmt hätte. So machte sie sich immer zum Opfer ihrer eigenen Richtungslosigkeit. Dennoch verabschiedete ich mich von ihr mit den Worten: „Es ist nie zu spät, an sich selbst zu glauben!" Ich sah ihr lange in die Augen und gab ihr den Rat: „Bitte, entscheiden Sie sich endlich für Ihr Leben!"

Derjenige, der nichts für den Erfolg in seinem Leben tut, wird bestenfalls auf einer mittelmäßigen Ausgangsstufe verharren. Sehr viel häufiger wird er sogar auf seiner Lebens- und Erfolgsskala nach unten rutschen. Für den Erfolgsbewussten dagegen eröffnen sich mit jeder Stufe, die er auf seiner Erfolgsleiter nach oben steigt, ganz neue und immer größere Erfolgsaussichten.

Mit jeder Herausforderung, der sich der Erfolgsbewusste stellt und die er meistert, wächst seine Freude am Leben, wächst seine Motivation, wachsen seine Fähigkeiten und natürlich auch seine Möglichkeiten. Dadurch klafft die Schere zwischen dem Erfolglosen und dem Erfolgreichen immer weiter auseinander. Diese auseinanderdriftende Entwicklung macht letztlich den Unterschied zwischen dem Erfolglosen und dem Erfolgreichen aus. Und der Erfolglose reibt sich verwundert die Augen und fragt sich: „Wie war das möglich? Wieso passiert das immer nur mir?"

Warten Sie nicht länger auf die so genannten „günstigen Gelegenheiten", auf eine Veränderung der allgemeinen Ausgangslage. Warten Sie nicht länger darauf, dass sich der Erfolg irgendwie von selbst einstellt. Denn es gibt eine gesicherte Wahrheit über den Erfolg: „Wer auf Erfolg nur wartet, hat ihn schon verpasst!" Erfolg kommt niemals vom Warten, sondern immer nur vom Entscheiden!

Die Zeit für ein Umdenken in Richtung Erfolg ist immer günstig! Deshalb ist für Sie der Punkt gekommen, dass Sie sich für den Weg nach oben und für den Erfolg entscheiden, dass Sie auf den Zug aufspringen, der in die Zukunft fährt. Die ganze Palette an Fähigkeiten, die Sie dazu benötigen, ist in Ihnen angelegt. Fangen Sie an, die ganze Farbigkeit Ihres Lebens zum Leuchten zu bringen! Bringen Sie die Farbe des Erfolgs in Ihr Leben!

Übrigens, dass Sie auf der Suche nach Ihrem Erfolg sind, zeigt mir die Tatsache, dass Sie mit dem Lesen von „Du schaffst, was du willst!“ bereits bis hierher vorgedrungen sind. Bleiben Sie dran! Ich freue mich auf Ihren Erfolg! Weil ich weiß, Sie schaffen es!

## Überzeugen Sie sich selbst!

Ihr Erfolg kommt von nirgendwo anders her, als aus dem unerschöpflichen Potenzial Ihrer eigenen Persönlichkeit und Ihren eigenen Fähigkeiten! Wenn Sie diese Überzeugung fest in sich verankern, dann können Sie ab sofort mit einem entspannten Lächeln zu sich selbst sagen: „Ja, ich weiß, ich stehe vor einer glänzenden Zukunft!“ Tun Sie das! Stellen Sie sich vor den Spiegel, und wiederholen Sie laut und voller Überzeugung diesen Satz: „Ich stehe vor einer glänzenden Zukunft, weil ich heute damit beginne, sie zu verwirklichen!“ Schauen Sie Ihrer Zukunft in die Augen!

Was fühlen Sie dabei? Spüren Sie, wie sich Ihre Einstellung zu sich selbst verändert, wie die Sorgen, die Sie im Moment vielleicht noch bedrücken, plötzlich kleiner werden? Weil Ihre Gewissheit wächst: „Ja, heute fängt für mich ein neuer Lebensabschnitt an! Heute tue ich ganz bewusst den ersten Schritt in eine glänzende Zukunft! Ich höre auf, nur vage zu hoffen, dass sich durch irgendeinen glücklichen Zufall mein Leben verändert. Ich nehme die Veränderung meines Lebens selbst in die Hand, und ich beginne bei mir!"

Lesen Sie an dieser Stelle bitte noch einmal die ersten Seiten des Kapitels „Motivation – Ihr Leitstrahl für ein neues Leben". Das verstärkt Ihre Gewissheit: „Ja, ich schaffe es!"

## Entwerfen Sie ein neues Bild von sich!

Wiederholen Sie diese Aufforderung an sich selbst jeden Tag! Stellen Sie sich bildlich vor, wie Ihr Leben im Erfolg aussehen wird – wie Sie in Ihrem ganz normalen Alltag leben werden, wie Ihre Arbeitsumgebung aussieht, wie Ihr Haus eingerichtet ist, in dem Sie wohnen, welche Kleidung Sie tragen, in welcher Umgebung Sie sich bewegen werden, was für interessante Menschen Sie treffen werden.

Diese bildliche Vorstellung ist eminent wichtig! Erinnern Sie sich an etwas, das Sie unbedingt besitzen wollten: ein Kleidungsstück, ein Schmuckstück oder auch ein altes Möbelstück, das Sie irgendwo gesehen hatten und das Sie nun unbedingt besitzen möchten. Woran denken Sie dabei? – An das Wort Kleid, Ring oder Schrank? – Nein, Sie haben dieses ganz bestimmte Kleid, Schmuckstück oder Möbel mit allen Einzelheiten „vor Augen"! Dieses ganz konkrete Bild ist es, das Sie so lange nicht loslassen wird, bis Sie es tatsächlich erworben haben.

## Die Macht der Bilder

Glauben Sie mir, diese konkreten Bilder sind ungeheuer wichtig! Ich habe die Macht der Bilder an mir selbst immer wieder erleben können. Manche dieser Bilder reichen in meine Kindheit zurück. Nur ein Beispiel: Einmal im Jahr leisteten sich meine Eltern einen Omnibusausflug an einen der schönsten bayerischen Seen, an den Tegernsee. Diese wunderbare Landschaft, die bemalten Bauernhäuser, die ganze Atmosphäre eines gediegenen Wohlstands und der Naturverbundenheit waren ein Teil meiner Kindheitsträume.

Lange Zeit trug ich diesen Traum mit mir herum: „In dieser herrlichen Gegend möchte ich einmal ein Haus besitzen!" Diesen Traum ließ ich nie los, und vor einigen Jahren konnte ich ihn tatsächlich verwirklichen. Aber dort steht nicht nur mein Haus, das ich bewohne, dort bin ich auch menschlich verwurzelt. Denn es ist das Wichtigste im Leben, menschlich verwurzelt zu sein, zu wissen, wo man hingehört!

In derselben Weise können auch Sie ein Bild von sich, von Ihrer zukünftigen Lebensform und von Ihrer Rolle in der Gesellschaft entwerfen. Denn viel wichtiger als die Vorstellung der materiellen Dinge, die Sie besitzen werden, ist es, sich auszumalen, welche Menschen Sie treffen und welche Rolle im gesellschaftlichen Leben Ihrer Gemeinde, Ihrer Stadt, Ihres Landes Sie spielen werden. Das bedeutet nicht, dass Sie nun plötzlich die Klatschspalten der Boulevardzeitungen erobern sollen. Nein, vielmehr werden Sie als erfolgreicher und guter Mensch eine ganz andere Rolle spielen als bisher, zumindest in Ihrer nächsten Umgebung. Wie werden Sie dort auftreten? Welche Anerkennung und Achtung wird auf Sie zukommen? Erleben Sie sich in Ihrer Vorstellung im Kreis der Menschen, die Ihre Freude am Leben teilen.

Die suggestive Wirkung dieser konkreten Vorstellung wird nicht ausbleiben. Denken Sie daran, wenn Sie vor dem Spiegel stehen und zu sich selbst sagen: „Ja, ich habe eine glänzende Zukunft vor mir!"

## Der Dreisprung zum Erfolg

So wunderbar Ihre Ziele, Ihre Träume und Visionen für die Zukunft auch sein mögen, es gibt eine ganz logische Abfolge auf dem Weg zum Ziel, und die lautet: „Erst musst du das Notwendige tun, damit du das Mögliche erreichst. Und plötzlich stellst du fest, dass du auch das Unmögliche schaffst!"

Das ist der Dreisprung zum Erfolg. Der Anlauf ist das Finden des Ziels. Dann kommt der Absprung mit dem Aktivwerden und dem Erreichen der ersten Zwischenziele. Der zweite Sprung bringt Sie bereits in Sichtweite Ihres Ziels, und dann folgt mit Konzentration und einer geradezu explosiven Kraft der Sprung ins Ziel! Was steht am Beginn Ihrer Erfolgskarriere? Was steht ganz am Beginn Ihres Anlaufs zum Glück, zur Freude, zur Erfüllung?

Es ist der Wunsch, der Traum, die Vision und dann der Gedanke: „Wie bekomme ich das, was ich mir schon lange wünsche, erhoffe, erträume und was mir meiner tiefen

Überzeugung nach auch zusteht? Was muss ich tun, damit meine Träume sichtbare, greifbare und fühlbare Wirklichkeit werden?"

## Aller Erfolg geschieht durch Ihre Persönlichkeit

Von den Überlegungen, auf welchem Weg Sie Ihren Erfolg erreichen werden, ist nur ein kleiner Schritt zu den grundlegenden Fragen: „Wie weit bin ich noch von der Persönlichkeit entfernt, die diesen Erfolg zustande bringen kann? Wo muss ich noch besser werden und meine Fähigkeiten steigern? Was muss ich lernen? Wo stehe ich mir vielleicht selbst im Weg? Was muss ich an meinen Verhaltensweisen gegenüber anderen Menschen verändern, um möglichst viele positive Emotionen und Verhaltensweisen zurückzubekommen? In welcher Weise kann ich mein Verhältnis zu meinen Mitmenschen, zu meinen Kollegen, Geschäftsfreunden, zur Familie und zu meinem Lebenspartner verbessern, um eine möglichst gute innere Balance und Harmonie zu erzielen?"

## Worauf sind Sie stolz in Ihrem Leben?

Sie können sich gar nicht oft genug die Frage stellen: „Was ist positiv an mir? Was mag ich an mir? Worauf bin ich stolz?" Ja, geben Sie sich selbst eine Antwort auf die Frage: „Worauf bin ich stolz in meinem Leben?" Diese Frage habe ich schon vielen Menschen gestellt. Die Antwort war häufig ein ratloses Schweigen. Das ist das sicherste Zeichen, dass der Befragte wenig Selbstvertrauen besitzt, wenig Erfolgsbewusstsein hat und wahrscheinlich gar nicht weiß, dass er selbst es ist, der hier die Weichen in Richtung positive Zukunft stellen muss.

Wie hätten Sie spontan darauf geantwortet? – „Ja, ich bin stolz auf das, was ich bisher in meinem Leben schon erreicht habe!“

## Hören Sie nie auf, an sich zu arbeiten!

Ist das so? – Wunderbar! Dazu möchte ich Ihnen herzlich gratulieren. Ihr Selbstbewusstsein ist in bester Ordnung! Und das ist ein wichtiger Baustein für Ihre erfolgreiche Zukunft! Dennoch dürfen Sie dabei nicht stehenbleiben. Das Leben hält noch viele Möglichkeiten für Sie bereit, die nur darauf warten, von Ihnen ergriffen zu werden. Vor allem sind Sie mit der Entwicklung Ihrer Persönlichkeit nie am Ende.

Nehmen Sie sich täglich Zeit, an der Vorstellung der Persönlichkeit zu arbeiten, die Sie sein wollen und sein können. Sicher hatten Sie früher schon einmal einen großen Traum, ein großes Bild Ihrer Persönlichkeit und Ihres Lebens. Denken Sie einmal darüber nach, in wie vielen Punkten sich Ihr Leben verändern und vor allem verbessern würde, wenn Sie dieses Bild konsequent verwirklichen würden.

## Tag für Tag, Schritt für Schritt

Nicht die Vorsätze zählen und auch nicht gelegentliche Versuche in Richtung Selbstverwirklichung. Die konsequente Ausrichtung aller Handlungen, von der Pflege des Äußeren bis zum Verhalten gegenüber Ihren Mitmenschen, von dem, was Sie lesen, und auch von dem, was Sie in Ihrer Freizeit tun, hängt es ab, ob Sie dem großen Bild Ihrer Persönlichkeit nahekommen werden.

Nehmen Sie sich ein Beispiel an den Menschen, die als die Großen in die Geschichte eingegangen sind. Sie haben nicht nur hie und da ein wenig über ihre Ziele nachgedacht und gesagt: „Da müsste man mal was ändern!“, „Das könnte man eventuell besser machen!“ oder „Da müsste man mal was erfinden!“ Nein, sie haben unter Aufbietung aller ihrer Kräfte an der Verwirklichung der Ziele gearbeitet, die sie sich gesetzt haben. Sie haben ihr ganzes Wesen, ihr ganzes Können, ihre ganze Kraft auf dieses Ziel hin ausgerichtet.

Sie haben Entbehrungen, Verachtung, Lächerlichkeit in Kauf genommen und oft auch ihren ganzen Besitz geopfert, nur um diesem einen Ziel näherzukommen, das sie unter allen Umständen erreichen wollten.

Erst wenn auch Sie diese totale Hingabe an Ihr Ziel in sich spüren, die verzehrende Sehnsucht, es zu erreichen, den unbedingten Willen, keine Ausreden gelten zu lassen, sondern alles daranzusetzen, dass Ihr Traum, Ihre Vision, Wirklichkeit wird, dann haben Sie eine reelle Chance, auch tatsächlich an Ihr Ziel zu gelangen. Ja, Sie schaffen es!

## Öffnen Sie das Tor für Ihren Lebenserfolg!

Richten Sie Ihr Handeln nicht daran aus, in welcher Lebenssituation Sie sich derzeit befinden. Die meisten großen Menschen, die wir bewundern, haben ihre Leistungen aus ganz bescheidenen Verhältnissen heraus vollbracht. Es waren einzig und allein ihr Wille und ihre festen Überzeugungen, an deren Verwirklichung sie Tag für Tag mit unermüdlicher Ausdauer gearbeitet haben, die sie zu dem machten, wofür sie letzten Endes Anerkennung fanden.

Denken Sie deshalb bei allem, was Sie tun, daran: Sie können an jedem Tag Ihres Lebens die Tür öffnen, die zu Ihrem großen Lebenserfolg führt. Reißen Sie die Zäune ein, die Ihrem Denken im Wege stehen. Entwickeln Sie Ihr Bewusstsein auf den Gedanken hin, dass Sie selbst es sind, der die Richtung Ihres Lebens bestimmt. Je mehr bewusste Entscheidungen Sie für dieses selbstbestimmte Lebensziel treffen, um so öfter werden Sie feststellen, dass Sie sich diesem Ziel nähern.

## Wanderdünen

Sicher wissen Sie, wie Wanderdünen entstehen. Der Wind trägt unaufhörlich ein Sandkorn nach dem anderen in eine bestimmte Richtung. Selbst wenn Sie einen ganzen Tag lang versuchen, zu sehen, wie sich eine Wanderdüne bewegt, werden Sie wahrscheinlich keine Veränderung feststellen können. Aber wenn Sie nach einem Jahr wiederkehren, sehen Sie, dass sich die ganze Landschaft verändert hat.

Ähnlich ist es mit Erfolg und Misserfolg. In den seltensten Fällen sind Erfolg oder Misserfolg das Ergebnis einer einzigen Entscheidung, einer einzigen Begegnung oder eines einzigen einschneidenden Erlebnisses. Die Richtung Ihres Lebens wird von dem bestimmt, was Sie Tag für Tag, Stunde um Stunde denken und entscheiden. Das Ergebnis Ihres Lebens ist die Summe aller Ihrer einzelnen Entscheidungen. Es ist Ihr Denken, das den Erfolg bestimmt

Wenn Sie nur das Ziel haben, Monat für Monat gerade so über die Runden zu kommen, dass Sie außer der Miete und den Versicherungen noch ein bisschen was zum Leben übrig haben, dann werden Sie es nie weiter bringen, als dass sich dieses Hamsterrad Ihres Lebens einigermaßen dreht. – Warum? – Ein solches Lebensziel kann Sie natürlich nicht begeistern. Erfolgreiche Menschen haben Ziele, die ihre Phantasie beflügeln, ihre Energie verdoppeln und sie an die Grenze des Möglichen heranführen, um letztlich das Unmögliche zustande zu bringen. Große Menschen sind große Träumer, und mit ihren Träumen verändern sie die Vorstellung der Menschheit von dem, was machbar ist.

Geben Sie sich selbst Antwort auf die Frage: „Welches ist der größte vorstellbare Traum für mein Leben?“ Und Sie werden erleben, was große Träume bewirken.

## Seine größte Herausforderung

Für Millionen Flugpassagiere ist es heute eine absolute Selbstverständlichkeit, von Europa aus nonstop nach New York zu fliegen. Als Charles A. Lindbergh 1927 in seiner einmotorigen Spirit of St. Louis zur ersten Atlantiküberquerung von New York nach Paris startete, war das die größte Herausforderung, der sich damals ein Pilot stellen konnte. Dieser Flug von 33½ Stunden verlangte überdurchschnittliche fliegerische Fähigkeiten, eine perfekte Beherrschung der Navigation, Mut, Risikobereitschaft und nicht zuletzt die fast übermenschliche Ausdauer, auf diesem Flug nicht einzuschlafen. Und natürlich die Überzeugung: „Du schaffst es!", die sich Lindbergh während des Fluges immer wieder einhämmerte.

Charles C. Lindbergh wurde mit diesem Flug ein Wegbereiter für das, was uns heute selbstverständlich ist, und er wurde buchstäblich über Nacht zu einem der bekanntesten und gefeiertsten Menschen diesseits und jenseits des Atlantik. In späteren Jahren flog er als Pionier viele der Routen zum ersten Mal, die Pan American Airways für die allgemeine Luftfahrt eröffnen wollte. Für die Schilderung seines epochemachenden Fluges, die er unter dem Titel „The Spirit of St. Louis" veröffentlichte, erhielt er den begehrten Pulitzerpreis. Ja, er hat es geschafft! Seine „Spirit of St. Louis" stand für Aufbruch, für Wagnis, für Risiko, für Ausdauer und natürlich für Erfolg!

## Werden Sie ein Pionier Ihres Erfolgs!

Es würde wenig Sinn machen, diese Pioniertat zu kopieren. Denn Pioniertaten sind immer auf einen ganz bestimmten Zeitpunkt zugeschnitten. Aber Sie können und sollen den Geist der Risikobereitschaft und der Entschlossenheit, die Bereitschaft, das bisher Undenkbare zu wagen, kopieren.

Natürlich können Sie gerade im Geschäftsleben Erfolge anderer Menschen kopieren und damit durchaus auch erfolgreich sein. Wo Sie hinsehen, werden Erfolgsideen kopiert – angefangen bei Werbeslogans, die in leicht abgewandelter Form von der Werbung für Tütensuppen in die Politik übernommen werden, von Fernsehserien bis hin zu Markenartikeln oder Serviceideen. Das ganze Franchising-System beruht auf der Idee des ausprobierten Erfolgs anderer. Es ist einfach verlockend, Erfolgskonzepte, die sich bereits bewährt haben, zu übernehmen.

Auch meine Idee des Chip-Broking wurde weltweit kopiert. Darauf bin ich natürlich stolz, und ich genieße die Anerkennung, die mir dafür von meinen Brokerkollegen entgegengebracht wird. Viele, die diese Idee in den vergangenen 20 Jahren kopiert haben, waren damit durchaus ebenfalls erfolgreich. Aber wer die Erfolge anderer nur kopiert, hat keinen Anspruch auf den ersten Platz. Dort steht immer das Original! Wer kopiert, muss sich bestenfalls mit dem zweiten oder dritten Platz begnügen. Das ist der Grund, warum ich ständig versuche, neue Ideen zu entwickeln und umzusetzen. Wirklich neue Ideen, neue Lösungen für alte Probleme und neue Unternehmungen haben die größte Aussicht auf Erfolg! Und aller Erfolg basiert auf Ideen, die verwirklicht werden.

## Steigern Sie Ihre schöpferische Phantasie!

Gerade in unserer Zeit gibt es eine unerhörte Vielfalt möglicher Betätigungsfelder! Deshalb besteht überhaupt keine Notwendigkeit, irgendwelche Erfolge anderer Menschen zu kopieren. Im Gegenteil! Wer große Ziele und den brennenden Wunsch hat, erfolgreich zu werden, darf sich nicht auf ausgetretene Pfade begeben. Er muss sein eigenes Original werden!

Ob Sie eigene Erfolgskonzepte entwerfen und umsetzen wollen oder ob Sie sich mit Kopien begnügen, ist nicht zuletzt eine Frage, welche Vorstellung Sie von Ihrer Persönlichkeit haben. Wer die Erfolge anderer Menschen kopiert, hat oft nicht genügend Vertrauen in das Potenzial der eigenen schöpferischen Phantasie. Die Schule, das Studium, die Berufsausbildung fördern in erster Linie das Übernehmen von bekanntem Stoff und das Nachahmen. Schöpferische Phantasie als Schulfach gibt es leider nicht. Aber glauben Sie mir: Jeder Mensch verfügt über wesentlich mehr Phantasie, als er sich selbst zutraut.

Auch auf diesem Gebiet müssen Sie als erstes die Vorstellung überwinden: „Das kann ich nicht! Ich bin nicht phantasiebegabt!“ Doch, Sie haben Phantasie. Die Phantasie ist wirklich die unerschöpflichste Kraft in uns. Aber wie im Sport müssen Sie diese Phantasie gezielt trainieren und ihre Leistungskraft durch ständige Übung steigern. Am besten, indem Sie ihr konkrete Ziele vorgeben.

## Fragen Sie Ihre Phantasie nach Lösungen!

Sicher haben Sie an einem Sommerhimmel schon die Wolken betrachtet und darin Gesichter, Figuren und die Formen von Tieren entdeckt. Ein Stück Rinde, ein Stein, eine Wurzel können uns zu ganz ähnlichen Vorstellungen anregen. Oder erinnern Sie sich an Ihre Kinderspiele: Ein Stückchen Holz konnte ein Schiff, ein Auto oder auch ein Flugzeug sein. Regen Sie diese Vorstellungskraft ganz gezielt wieder an. Die unendlichen Möglichkeiten, die unsere Phantasie für uns bereithält, gehen nicht verloren. Wir müssen nur lernen, sie wieder bewusst zu erkennen und auf unsere Phantasie zu vertrauen.

Sie kennen Ihr Ziel. Aber vielleicht sehen Sie noch keinen klaren Weg dorthin. Das Erreichen dieses Ziels erfordert ein großes Maß an Phantasie. Je stärker Ihr Wunsch nach Reichtum und Erfolg ist, um so stärker wird auch Ihre Phantasie angeregt, Mittel und Wege zu finden, wie Sie diesen Wunsch in handgreifliche Realität umwandeln können.

Sie wissen, dass Ihr Gehirn Aufträge annimmt und selbständig erledigt, während Sie in der Ebene Ihres Wachbewusstseins mit ganz anderen Dingen beschäftigt sind. Sicher haben Sie schon oft erlebt, dass Ihnen im Gespräch ein Name, ein Begriff oder eine Jahreszahl einfach nicht einfällt, obwohl Sie ganz genau wissen, dass sie irgendwo in Ihrem Gedächtnis gespeichert ist. Unzufrieden mit diesem „Sich-nicht-erinnern-Können" fahren Sie in Ihrem Gespräch fort, und Stunden, manchmal sogar Tage später fällt Ihnen dieser Begriff plötzlich wieder ein. Ein Teil Ihres Gehirns hat an der Antwort auf Ihre Frage weitergearbeitet.

## Die Lösung eines komplizierten Problems

Diese „Auftragserteilung" funktioniert aber auch in viel größeren Zusammenhängen, wie die folgende Geschichte beweist. Ein bekannter Hersteller von Achterbahnen und ähnlichen Fahrgeschäften wollte einen sogenannten „Fliegenden Teppich" bauen. Ein hochkompliziertes mechanisches Problem, denn zwei „Teppiche" sollten an den vier Ecken miteinander verbunden sein und sich so gegenseitig Schwung geben. Der Mann dachte ununterbrochen über die Lösung dieses scheinbar unlösbaren Problems nach. Eines Nachts, als er auf der Autobahn von der Aufstellung einer neuen Achterbahn zurückfuhr, hatte er urplötzlich die Lösung klar vor Augen. Er fuhr auf den nächsten Rastplatz, um sich Notizen zu machen. Zu Hause in der Firma brauchte er sich nur noch an den Zeichentisch zu setzen und diese Notizen übertragen. Die Lösung eines Problems, über das er monatelang ununterbrochen nachgedacht hatte, war ihm wie in einer Eingebung zugeflogen. Vertrauen auch Sie auf die Lösungen, die in Ihrer Phantasie und aus dem Unterbewusstsein entstehen.

## Erteilen Sie Ihrer Phantasie noch heute einen Auftrag

Ja, geben Sie Ihrem Geist, Ihrer Vorstellungskraft, Ihrer Phantasie den Auftrag, die Pläne auszuarbeiten und die Wege ausfindig zu machen, die Sie an Ihr Ziel und zum Erfolg führen.

Diesen Auftrag müssen Sie täglich mit in den Schlaf nehmen. Gerade im Schlaf leben Sie sehr intensiv in Ihrem Unterbewusstsein und damit im Bereich Ihrer Phantasie. Im Schlaf ist Ihre Phantasie hellwach. Deshalb ist es für Sie ganz wichtig, das zu befolgen, was ich im Zusammenhang mit dem Ziel schon empfohlen habe: „Stellen Sie sich täglich Ihr Ziel vor Augen. Besuchen Sie es, streicheln, liebkosen und umwerben Sie Ihr Ziel – ganz besonders vor dem Schlafengehen, ehe Sie sich in Ihr Reich der Träume begeben."

## Halten Sie Lösungsvorschläge umgehend fest!

Jeden auch noch so geringfügigen Ansatz, den Ihnen Ihre Phantasie zur Lösung aufzeigt, müssen Sie umgehend in Ihrem Erfolgstagebuch festhalten. Sie werden zunächst völlig überrascht sein, wie häufig Sie von Ihrer Vorstellungskraft Lösungen zu Problemen angeboten bekommen. Je gewissenhafter Sie diese festhalten, um so reicher wird Ihre Phantasie Sie mit Ideen und Lösungen belohnen.

Vielleicht ist Ihnen schon einmal aufgefallen, dass erfolgreiche Menschen immer wenigstens ein kleines

Notizbuch bei sich haben. – Wozu sie das brauchen? – Sie wissen, dass ganz alltägliche Erlebnisse, Bilder, eine Meldung im Radio oder auch ein kurzes Gespräch ihre Phantasie zu einer Lösung anregen können, nach der sie schon lange gesucht hahen. Und sie wissen auch, dass diese Gedanken oft so flüchtig vorbeihuschen, dass sie sich schon nach kurzer Zeit nicht mehr genau daran erinnern können. Deshalb gibt es nur eines: sofort festhalten! Legen Sie noch heute mit einem Notizbuch den Grundstein für Ihren Erfolg!

Auf diese Weise steigern Sie die Kraft Ihrer Gedanken kontinuierlich! Ihr Unterbewusstsein, Ihre Phantasie und Ihre Vorstellungskraft sind der Bewusstseinsbereich, der Sie weit über Ihre Alltagsrealität hinausführt. Sie sind die Verbindung zur geheimnisvollen Quelle unermesslichen Reichtums.

Ihre Phantasie müssen Sie ständig mit Anregungen versorgen. Sie müssen sie herausfordern. Sie müssen sie füttern. Am besten mit allen Fakten des Problems, das Sie lösen wollen. Niemand bekommt den Nobelpreis für Medizin nur aufgrund seiner überragenden Phantasie. Wer sich in den Kopf gesetzt hat, endlich ein Mittel gegen Krebs oder gegen AIDS zu finden, der muss alle bisher bekannten Forschungsergebnisse kennen. Das bedeutet selbstverständlich unermüdliche Arbeit. Aber diesen vielleicht winzigen Sprung von Gebirgen von Fakten hinauf zum Lichtstrahl einer Lösung – den schafft nur die Phantasie.

## Entdecken Sie eine neue Dimension!

Millionen von Menschen gehen durch ein Leben voller Eintönigkeit, zermürbender Gleichförmigkeit und ungelöster Probleme, weil sie kein Gefühl für Erfolg entwickelt haben und weil sie nicht wissen, was für eine beinahe unerschöpfliche Quelle in ihnen verborgen ist. Machen Sie Gebrauch davon. Lassen Sie diese Quelle sprudeln. Kein Reichtum, kein Erfolg, keine epochemachende Erfindung, keine weltbewegende Leistung wurde je ohne die aktive Hilfe dieser unerschöpflichen Quelle der Phantasie in greifbare Wirklichkeit verwandelt.

Die schöpferische Phantasie hat alles, was der Mensch an Kultur und Zivilisation geschaffen hat, im voraus gedacht, geplant und entworfen – die Pyramiden von Giseh, die gotischen Dome und das Schloss von Versailles, das Rad, den Raumgleitcr und den Ionenantrieb, die drahtlose Telegraphie und Hubble, das Weltraumteleskop. Die menschliche Phantasie dringt ein in die Tiefe der Weltmeere und des Universums. Sie ist grenzenlos. Und in ihnen lebt ein Teil dieser grenzenlosen Vorstellungskraft. Machen Sie Gebrauch davon. Es lohnt sich!

Ja, geben Sie Ihrer Phantasie, nachdem Sie alle bisherigen Lösungsmöglichkeiten sauber durchgearbeitet haben, den Auftrag: „Du schaffst es, einen Weg zu meinem Glück, Erfolg und Reichtum zu finden!“ Ihre Phantasie wird Sie reichlich belohnen, denn sie ist der Schlüssel zu völlig neuen Dimensionen ihres Denkens. Regen Sie Ihre Phantasie zum Entwurf einer herrlichen Zukunft an!

## Ausdauer – das Halteseil zu Ihrem Ziel

Lassen Sie sich beflügeln von der Unerschöpflichkeit Ihrer Phantasie, aber vergessen Sie dabei nicht: Die Schöpfungen Ihrer Phantasie bleiben vergängliche Hirngespinste und Wunschträume, wenn sie nicht auf den unbedingten Willen zu ihrer Umsetzung und vor allem auf unerschütterliche Ausdauer treffen! Also bitte Vorsicht vor Luftschlössern!

Phantasie ohne die Fähigkeit der Umsetzung ist das Markenzeichen der verkannten Genies! Mangelnde Ausdauer ist der Hauptgrund für das Scheitern von großen Lebensentwürfen. Gerade für kreative und phantasiebegabte Menschen liegt die Versuchung sehr nahe, sich einfach ein neues Ziel zu suchen, wenn die Verwirklichung des alten Ziels auf Schwierigkeiten stößt. Das dürfen Sie auf keinen Fall tun. Verlassen Sie nie Ihren Weg, wenn Sie ihn einmal als den richtigen erkannt haben!

Ich habe schon viele Menschen erlebt, die in der Hoffnung auf schnelle Erfolge und meist noch auf Anraten von „wohlmeinenden“ Bekannten sich zu neuen, verlockenden Zielen haben überreden lassen und damit kläglich gescheitert sind. Dieser Mangel an Ausdauer, an Geduld und Stehvermögen führt meistens in die Dunkelkammer der Resignation, weil das Ergebnis aller Anstrengungen ohne die nötige Ausdauer gleich Null ist.

## Fallen Sie nie hinter Ihr Ziel zurück!

Nur wenn Sie beharrlich und mit großer Ausdauer an der Verwirklichung Ihres Lebensziels arbeiten, können sich alle Ihre Anstrengungen letztlich zu einer großen Erfolgssumme addieren! Wenn wirklich ein echter Ruck durch Ihr Leben gehen soll, dann genügt es nicht, dass Sie gelegentlich darüber nachdenken, was besser werden sollte. Nur die Kontinuität all Ihrer Anstrengungen kann den Wandel schaffen und den ersehnten Erfolg bringen.

Fallen Sie deshalb nie hinter das Ziel zurück, das Sie sich gesteckt haben. Das ist vielleicht die wichtigste Anleitung zum Erfolg, die ich Ihnen in diesem wichtigen Punkt geben kann. Verlassen Sie nie das Ziel, das Sie sich einmal in den Kopf gesetzt haben. Sie können sich mehr Zeit geben. Sie können Umwege machen, wenn Schwierigkeiten unüberwindlich werden – aber wenn Sie Ihr Ziel innerlich einmal aufgegeben haben, werden Sie es nie wieder erreichen. Fallen Sie nie mehr in die Ziellosigkeit zurück.

Mit dem Satz „Du schaffst es!“ werden Sie sich immer wieder motivieren und sich für Ihren Erfolg begeistern. Dieser Satz wird Ihnen in schwierigen Zeiten Mut machen, Ihre Ausdauer und Ihr Selbstvertrauen stärken. Das ist der Satz, mit dem ich lange Durststrecken auf dem Weg zu meinem Erfolg durchgestanden habe. Damit hat mir auch meine Frau immer wieder Mut gemacht, wenn sie mir in schwierigsten Zeiten zurief: „Erich, du schaffst es!“ Suchen Sie sich Partner die sich nicht nur für große Ziele begeistern, sondern die auch bereit sind, Ihren Mut, Ihre Beharrlichkeit und Ihre Ausdauer kontinuierlich zu unterstützen, und die Ihnen jeden Tag zurufen:

**Ja, du schaffst es!**

Diesen Satz können Sie sich nicht oft genug sagen lassen! Denn er schenkt Ihnen Kraft und die Zuversicht, dass Sie mit Ihrer Suche nach Erfolg nicht allein stehen.

## Konkrete Bilder stärken Ihre Ausdauer

Darf ich Ihnen die ganz persönliche Frage stellen: Wo werden Sie in einem, in drei oder in fünf Jahren stehen? Wie werden Ihre Lebensumstände dann aussehen? Wie werden Sie sich dabei fühlen? Stellen Sie sich ihre ersehnten Lebensumstände ganz konkret vor! – Warum das so wichtig ist? – Konkrete Bilder stärken Ihre Motivation und damit Ihre Ausdauer, vor allem wenn Ihr Ziel Sie zwingt, bis an die Grenzen Ihrer Leistungsfähigkeit zu gehen.

Was treibt einen Sportler oder eine Sportlerin an, sich Tag für Tag zu quälen, am Stufenbarren, im Schwimmbecken oder auf der Aschenbahn? Er oder sie hat das „Treppchen“ vor Augen. in der Mitte auf der Nummer 1 zu stehen, während die Nationalhymne gespielt und die Fahne langsam am Mast hochgezogen wird – dieses ganz konkrete Bild des Triumphes trägt diese Menschen über Tausende Stunden des Trainings, der harten Disziplin und der vielen Verlockungen, ein ganz bequemes Leben zu führen.

Was ist Ihnen Ihr persönlicher Erfolg wert? Sind Sie bereit, zum Beispiel täglich zwei Stunden früher aufzustehen und abends noch zu arbeiten, während normale Arbeitnehmer bereits vor dem Fernseher sitzen? Am Wochenende ein Buch zu lesen, das Ihnen noch eine wertvolle Information über Ihr Fachgebiet bringen kann, während Ihre Freunde an einem heißen Sommertag an einem Badesee liegen? Nichts gegen die notwendige Erholung, die der Körper und auch der Geist brauchen, aber wenn ein Kunde am Montagmorgen ein detailliertes Angebot erwartet, weiß der Erfolgreiche, dass er sich keinen Aufschub gönnen darf. Er tauscht den Willen zum Erfolg gegen den Badesee.

Der Erfolgreiche, der den festen Willen hat, unter allen Umständen einen Weg zu seinem Ziel zu finden, wird um so härter arbeiten, je näher er sich am Ziel sieht. Sind Sie dazu bereit?

## In welcher Liga möchten Sie spielen?

Was, glauben Sie, haben „Erfolgsmenschen" trotz aller Unterschiede des Charakters, der Herkunft, der Nationalität gemeinsam? Woher kommt diese geheimnisvolle Kraft, die den einen Menschen das ganze Leben voranträgt, ihn über jeden Misserfolg hinweg zu Erfolg und Reichtum führt, während andere Menschen scheinbar nie eine Chance haben? Die Antwort auf diese Fragen können Sie nur geben, wenn Sie es ausprobieren und mit derselben Entschlossenheit ihren Lebenserfolg anstreben.

Die Frage ist, um in der Sprache des Sports zu bleiben: In welcher Liga möchten Sie spielen? – In der Champions League, in der Regionalliga, oder werden Sie lieber Kassenwart des Ortsvereins FC Jammertal? Die Entscheidung liegt ganz bei Ihnen. Die Größe Ihres Erfolgs bestimmen Sie ganz allein! Nur Sie allein! Da zählen nicht Ihre Herkunft, nicht das Vermögen, das Sie geerbt haben, nicht einmal die Schulbildung, die Sie bekommen haben. Es ist einzig und allein Ihr Wille, niemals aufzugeben, der Sie ans heißersehnte Ziel trägt! Dieser Wille prägt im Lauf der Zeit ganz entscheidend Ihre Persönlichkeit und damit Ihren Erfolg.

## Wie groß ist Ihr Wille, es zu schaffen?

„Ich schaffe es, weil ich will!" ist ein großartiger Leitsatz für unser Selbstvertrauen und für unsere Motivation. Mit diesem Satz sehen wir uns schon im Ziel! Aber der Titel meines Buches hat ganz bewusst einen zweiten Teil, der genauso wichtig ist!

Dieses „... was du willst!" stellt an Sie Fragen von einer ungeheuren Tragweite. „... was du willst!" klingt in Ihren Ohren zunächst vielleicht wie ein unwichtiger Zusatz. Sie denken wahrscheinlich: „Klar, dass ich es schaffen will. Keine Frage. Erfolgreich sein, reich werden, unabhängig werden, zu jeder Zeit selbständig entscheiden können, was ich tun will – all das ist doch schon lange mein Ziel. Was soll diese Frage überhaupt?"

Ich habe immer wieder die Erfahrung gemacht, dass gerade junge Menschen voller Begeisterung auf ein Ziel losstürmen. Sie wollen es im Handstreich erobern, sehen sich schon als glückliche Sieger – und plötzlich stehen Hürden im Weg. Die Fortschritte stellen sich langsamer ein, als sie dachten. Die Erfolge gelingen seltener, als sie sich eingestehen wollen. Probleme tauchen auf. Rückschläge müssen überwunden werden. – Wie reagieren die meisten Menschen darauf? – Ihre Begeisterung ebbt ab, die Motivation lässt nach. Die Disziplin wird butterweich. Die Konzentration lässt nach. Dafür werden die Kaffeepausen länger. Die Ausdauer und der Fleiß, auch in den Abendstunden noch wichtige Briefe zu schreiben oder Telefonate zu führen, sinken erheblich. Lauter Anzeichen, dass der Wille, ans Ziel zu gelangen, geringer war, als sie zugeben wollen. Plötzlich heißt es nicht mehr: „Ja, ich will!", sondern: „Wozu soll ich überhaupt?"

Stellen Sie sich deshalb offen und ehrlich die Frage: „Wie groß ist mein Wille, mein Lebensziel zu erreichen und alle Möglichkeiten auszuschöpfen, die in meiner Person angelegt sind?"

## Das alles entscheidende „Wenn"

Die Frage nach der Stärke Ihres Wollens kann zu sehr beunruhigenden Fragen führen. Diese Fragen erfassen Ihre ganze Person. Sie umfassen Ihre gesamte Lebenseinstellung, Ihr Erfolgsbewusstsein, Ihren Mut, Ihren Glauben, Ihr Selbstbewusstsein, Ihre Einstellung zu den Tugenden.

„... was du willst!" schließt auch die Frage ein: „Bin ich

bereit, manche liebgewonnenen Gewohnheiten und eingefahrene Routine aufzugeben? Welche Verhaltensweisen muss ich an mir verändern? Wie muss ich meine Einstellung zu mir selbst verändern? Und wie muss ich meine Haltung gegenüber meinen Mitmenschen verändern?" Ja, dieses „... was du willst!" kann zu weitreichenden Fragen und Konsequenzen führen. Wenn Sie sich zum Beispiel in einem Freundeskreis bewegen, der Ihre geistige Entwicklung nicht mitträgt, der sich vielleicht sogar über die Disziplin mokiert, mit der Sie nach ein oder zwei Glas Wein auf alkoholfreie Getränke umsteigen.

Da kann für Sie sehr bald der Punkt erreicht sein, an dem Sie sich entscheiden müssen: „Mein Ziel oder meine alte Clique!" Wie Sie sich entscheiden, sagt sehr viel über den Grad Ihrer Entschlossenheit, Ihr Lebensziel auch tatsächlich zu verwirklichen. In diesem „Wenn du willst"-Bereich werden Sie zwangsläufig an Grenzen stoßen, wo Sie versucht sind, aus alter Gewohnheit sagen: „Das schaffe ich nie!" Gerade da werde ich Ihnen mit meinem Buch immer wieder Ihren Glauben an sich selbst stärken: „Du schaffst es, und ich bin überzeugt, dass du es auch schaffen willst!"

Ich wünsche Ihnen von ganzem Herzen, dass Sie sich richtig entscheiden, nämlich für den Willen zu Ihrem eigenen Erfolg.

## Tu, was du willst!

In einem der erfolgreichsten Jugendbücher in deutscher Sprache, in Michael Endes „Die unendliche Geschichte", wird Bastian, der Held der Geschichte, aufgefordert: „Tu, was du willst!" Er denkt: „Das ist ja wunderbar. Das habe ich mir schon immer gewünscht. Das ist es, was mir die Erwachsenen bisher immer verweigert haben!" Aber im Laufe dieser „Unendlichen Geschichte" macht der Junge die erstaunliche Feststellung, dass das eine der schwierigsten Aufforderungen ist, die man uns Menschen stellen kann. „Tu, was du willst!" setzt voraus, dass ich ganz sicher weiß, was ich will, dass ich bereit hin, die volle Verantwortung für mein Handeln zu übernehmen, auch offen und ehrlich zu sagen, wenn ich etwas nicht will. Denn dieses „Tu, was du willst!" lässt keine faulen Kompromisse zu.

## Ein Satz von ungeheurer Sprengkraft

Sind Sie ganz sicher, dass Sie immer das tun, was Sie wollen? Nichts gegen ehrliche Kompromisse. Sie sind wichtig und notwendig, wenn sich zwei oder mehrere Menschen auf ein gemeinsames Ziel einigen. Aber vermeiden Sie unter allen Umständen Zugeständnisse, die in die Sprachlosigkeit und in die Unwahrheit führen. Das sind teure Kompromisse.

Ich weiß aus meiner täglichen Erfahrung, dass es den Mut vieler Menschen übersteigt, zu sagen: „Ich tue, was ich aus ganzem Herzen will. Dafür bin ich bereit, sogar Nachteile hinzunehmen!"

Viele Menschen verstecken sich hinter der Pflicht. Sie benützen die Pflicht als Ausrede dafür, dass sie nie darüber nachgedacht haben, was sie selbst wirklich wollen. Sie tun offenbar lieber das, was andere ihnen aufgetragen haben. Oder sie opponieren, indem sie „ja“ sagen und „nein“ denken.

„Tu, was du willst!“ ist ein Satz von ungeheurer Sprengkraft. Er stellt Fragen, die nicht nur Wünsche und Vorlieben von Abneigung und Widerwillen trennen. „Tu, was du willst!“ ist eine Aufforderung, die auf die Offenheit und Klarheit Ihres Charakters zielt, die Sie zwingt, sich ohne Ausflüchte mutig auch zu Ihren Schwächen zu bekennen. „Tu, was du willst!“ ist eine Entscheidungshilfe, die sehr oft zu einem „Nein“ führen kann, wenn alle ein „Ja“ von Ihnen erwarten. „Tu, was du willst!“ fordert gerade in bezug auf Ihr Lebensziel Entscheidungen, die Ihr Leben extrem verändern werden. Stellen Sie sich diesem „Reinheitsgebot“ Ihrer Handlungen, und Sie werden alle Ihre Wünsche, Erwartungen, Hoffnungen und Pläne, all Ihren Mut, Ihre Motivation, Ihre Energie und Ausdauer wie in einem Laserstrahl auf einen Punkt bündeln – auf das Erreichen Ihres Lebensziels!

## Sie sind der Mittelpunkt Ihrer Welt

Halten Sie in dem, was Sie gerade tun, inne, und betrachten Sie Ihr Leben einmal aus der Vogelperspektive wie ein Adler, der im Aufwind über der Landschaft kreist. Ist das der Ort, wo Sie gerne leben? Ist das die Tätigkeit, die Sie frei gewählt haben und die Ihnen Freude bereitet? Ist das das Leben, das Sie sich immer gewünscht haben? Leben Sie in Ihrer Welt?

Wenn Sie ganz entschlossen nach der Maxime leben und Ihre Entscheidungen daran messen: „Tu, was du willst!", werden Sie bald nicht mehr der sein, der alles wortlos schluckt, der feuchte Hände, eine zittrige Stimme und beklemmendes Herzrasen bekommt, wenn eine vermeintliche Respektsperson Sie missbilligend ansieht. Nein, wenn Sie mehr und mehr nach diesem Satz leben, verändert sich Ihr Bewusstsein. Sie werden ein völlig neues Lebensgefühl entwickeln, und das lässt sich in dem großartigen Satz zusammenfassen: „Ja, ich bin der Mittelpunkt meiner Welt! Ich rede, wie ich denke, und ich handle, wie ich rede!"

Dieses klare Lebensgefühl, wirklich im Zentrum Ihres Lebens zu stehen, wird Ihren Schutzschild gegen Übergriffe anderer Menschen in Ihr Leben unglaublich stark werden lassen. Prüfen Sie jede Ihrer Entscheidungen an diesem „Ich tue, was ich will und was ich für richtig halte, weil ich weiß, dass ich Erfolg haben werde!", und Sie werden nie wieder schwach!

Sie sind dabei, eine Persönlichkeit zu werden, die ihr Leben selbst in die Hand nimmt, die ihr Leben im Griff hat, die Verantwortung übernimmt und immer sehr klar Stellung bezieht, ob sie etwas will oder nicht.

## Geben Sie nie die Verantwortung für Ihr Leben ab!

Menschen, die nicht bewusst im Mittelpunkt ihres Lebens stehen, werden von anderen für deren Ziele vereinnahmt, mal mit freundlichen Worten, mal mit Drohungen, mal mit

Liebesentzug, mit Schmeicheleien oder auch mit kleinen Geschenken. Und sie werden in dem Moment fallengelassen, wenn sie nicht mehr gebraucht werden. Das kennen wir leider alle!

Sie dagegen haben sich als Ziel gesetzt, Ihr Leben glücklich, erfolgreich und in jeder Beziehung reich zu gestalten. Dieser große Wunsch wird Ihr Leben nicht immer nur beflügeln, er stellt auch Anforderungen an Sie. Eine dieser Anforderungen lautet: „Ich muss den Weg der absoluten Selbstverantwortung gehen. Ich bin der Mittelpunkt meiner Welt.

Alles, was ich tue oder lasse, ist ganz entscheidend für meine gesamte Lebenssituation. Das Leben, das ich führe, ist das Produkt meiner Gedanken, meiner Vorlieben und Abneigungen, meiner Entscheidungen. Ich werde der Schöpfer meiner Lebensumstände, meiner Welt!"

## Auf Verantwortung gibt es keinen Rabatt

Der Fluglotse, der von seinem Kontrollturm aus die Lande- und Startbahnen kontrolliert, darf sich nicht die geringste Nachlässigkeit oder Disziplinlosigkeit erlauben. Er hat die volle Verantwortung für alle Maschinen, die starten und landen, Verantwortung für Tausende von Menschenleben. Jede auch noch so kleine Entscheidung hat weitreichende Folgen – vor allem wenn sie falsch war.

Sobald Sie diese klare gedankliche Position für Ihr Leben gewonnen und die Entscheidung getroffen haben, dass Sie alle „Start- und Landebewegungen" aus Ihrem

Kontrollzentrum heraus verantworten, gibt es keine Entschuldigungen und Ausflüchte mehr. Auf diese Forderung gibt es keinen Rabatt. Diese Entscheidung erfordert Ihre ganze Disziplin und Tatkraft. Sie verlangt täglich Ihren vollen Einsatz, die völlige Hingabe an Ihr Ziel: energisch, unermüdlich und mit hundertprozentiger Konsequenz. Die totale Hingabe an ihr Lebensziel ist unumgänglich, denn für Ihr Leben können Sie keine Reiserücktrittsversicherung abschließen! Sie können die Schuld an Ihren Problemen, an Ihren Rückschlägen und Niederlagen nicht mehr auf andere abwälzen. Sie werden in vollem Bewusstsein der Verantwortung, die auf Sie zukommt, Ihr Leben selbst in die Hand nehmen.

## Was haben Sie erwartet?

Gut, Sie sind vielleicht getäuscht oder sogar betrogen worden – mit einem supergünstigen Beteiligungsmodell, das Ihnen 50 Prozent Rendite innerhalb eines Jahres versprach. Das hörte sich gut an, aber damit sind Sie baden gegangen. Nun können Sie sich auf den Standpunkt stellen: „Diese Betrüger haben alle meine Ersparnisse vernichtet!“ Aber sollten Sie sich nicht auch ehrlich fragen: „Habe ich alles genauestens geprüft, oder habe ich mich nur allzu gerne von unrealistischen Gewinnversprechungen locken lassen? Wie hoch waren meine Erwartungen, und wie stimmten diese Erwartungen mit der Realität überein?“

Hören Sie auch in Gesprächen mit anderen Menschen, die Ihnen haarklein die Gründe dafür erläutern, was in ihrem Leben alles schiefgelaufen ist, ganz genau hin. Das klingt etwa so: „... weil mein Chef ein mieser Kerl war“, „... weil die Kollegen mir meinen Erfolg nicht gönnen ...“, „... weil mein Ex-Lebenspartner mich mit Hass verfolgt ...!“ Sie werden sehr schnell auf die Schwachstellen und Gedächtnislücken stoßen, wo Menschen schlicht und einfach die Verantwortung für ihr Leben an andere abgetreten haben. Es ist aus gutem Grund juristisch sehr schwierig, einen Menschen entmündigen zu lassen. Um so erstaunlicher ist es, wie viele Menschen das freiwillig und ohne Not von sich aus tun. Bestehen Sie auf der Vormundschaft für Ihr eigenes Leben – und zwar lebenslänglich! Sagen Sie sich immer wieder den Satz: „Ich allein bin für mein Leben voll und ganz verantwortlich!“ Das Bewusstsein dafür müssen Sie in kleinen Schritten kontinuierlich aufbauen und ständig überprüfen. – Warum? – Wir fühlen uns nicht gerne schuldig. Das können Sie täglich im Straßenverkehr mitverfolgen. Ein kleiner Auffahrunfall – zwei Menschen springen aus dem Auto und schreien sich gegenseitig an, dass der andere die Schuld an dem Schlamassel trägt. Nicht einmal eine gewisse Mitverantwortung für die Karambolage wollen sie übernehmen. Bei den Karambolagen des Lebens verhalten sich die meisten Menschen nicht anders.

## Rent a Life

Übernehmen Sie die volle Verantwortung für Ihr Leben, und lassen Sie sich diese Verantwortung nie mehr abnehmen. Wenn Sie Auto fahren, lassen Sie Ihr Fahrzeug auch nicht vom Beifahrersitz aus steuern oder bremsen. Kürzlich kam ich auf einer Industriefachmesse mit einem hochgestellten Manager eines großen Konzerns ins Gespräch, einem Mann, der täglich ins Büro geht und Entscheidungen über Investitionen in Millionenhöhe trifft, der seinen Mitarbeitern Instruktionen und Anweisungen gibt. Kurz, ein Mann, der im Topmanagement große Verantwortung trägt.

Er hatte eine meiner Fernsehsendungen gesehen, und so wechselten wir rasch von Marktanalysen auf Lebensziele und Lebenserwartungen. Völlig unvermittelt kam er nach kurzer Zeit auf sein Privatleben zu sprechen. Es brach förmlich aus ihm heraus: „Was ich am Wochenende mit meiner Familie erlebe, ist die Hölle! Ich arbeite die ganze Woche wie ein Besessener, und am Wochenende muss ich zu Hause ran. Am Samstag muss ich den einen Sohn zum Fußballplatz bringen. Und ich muss auch noch zuschauen, obwohl mich Fußball überhaupt nicht interessiert. Der andere Sohn muss vom Tennistraining abgeholt werden. Nachmittags kommen die Schwiegereltern zum Kaffee. Für den Abend lädt meine Frau regelmäßig Gäste ein, die mich meistens tödlich langweilen. Am Sonntagmorgen muss ich mit der Familie in die Kirche gehen. Anschließend steht ein Brunch im Nobelhotel auf dem Programm, obwohl ich schon unter der Woche Hotelfrühstück satt habe. Nachmittags kommen wieder die Schwiegereltern zum Kaffeetrinken, und abends zwingt mich meine Frau, mit ihr ins Kino, ins Konzert oder in die Oper zu gehen. Wegen der Bildung! Das ist der reinste Terror! Wenn ich mich weigere, macht sie mir Vorwürfe, ich würde mich nicht für ihr Leben interessieren!“

## 52mal Hölle und kein Zurück!

„Wenn ich sie frage, ob sie nicht mal am Samstag an meiner Stelle die Kinder chauffieren könnte, meint sie: ‚Nachdem du schon die ganze Woche weg bist, solltest du dich wenigstens am Wochenende um die Kinder kümmern!' Sobald ich mich in mein Zimmer zurückziehe, um mich auszuruhen, läuft meine Frau ständig durch mein Zimmer, erzählt mir Geschichten aus der Nachbarschaft, die mich nicht interessieren, oder sie nervt mich mit Fragen, auf die ich meistens keine Antwort weiß. Was soll ich tun? Für mich persönlich bleibt da nichts, aber auch gar nichts übrig. Ich sage Ihnen, das ist die Hölle!"

## Im Job erfolgreich – und zu Hause?

52 Wochenenden im Jahr erlebt dieser Mann, wie er selbst sagt, die Hölle! Die äußerst anstrengende Arbeit unter der Woche dagegen empfindet er als Freiraum, als Erlösung, als sein eigentliches Leben! Da fühlt er sich im Mittelpunkt seiner Welt. Warum verzichtet dieser Mann auf sein Privatleben und lässt sich total vom Beifahrersitz aus steuern? – Aus Angst vor Konfrontation, Angst vor Trennung, aus einem Schuldgefühl heraus, weil er viel arbeitet, um für seine Familie viel Geld zu verdienen? Hat er Angst vor der Wahrheit?

Dieser Mann tat mir wirklich leid, denn durch sein Leben verlief ein Bruch, in dem seine ganze Lebensleistung zu versinken drohte. Er suchte offensichtlich Hilfe, sonst hätte er mir nicht diesen Abriss seines Höllenlebens erzählt. In der

Kürze der Zeit konnte ich ihm nur den Rat geben: „Sprechen Sie sich mit Ihrer Frau aus. Setzen Sie Grenzen!" In einer echten Beratung wäre ich viel deutlicher auf den Kernpunkt seines „Lebens in der Hölle" gekommen.

Das Beispiel dieses Topmanagers zeigt auf sehr schmerzliche Weise: Seine Lebensmitte verliert man sehr oft durch einen Mangel an Mut, durch einen Mangel an Selbstvertrauen, an Ich-Bewusstsein – und auch an Ehrlichkeit gegenüber sich und anderen!

Meistens beginnen derartig katastrophale Entwicklungen mit winzigen Kleinigkeiten. Ein unausgesprochenes, widerwilliges Einverständnis, und schon ist es passiert. Wie bei einem Autoreifen, der einen leichten Schlag bekommt. Er läuft dann unrund, und in kürzester Zeit hat er sein gesamtes Profil verloren.

## Stehen Sie zu Ihren Gefühlen

Es geht gar nicht immer darum, große Dinge zu tun, sondern es geht darum, mit seinem Körper, mit seinem Herzen und mit seinem Geist eine Wirklichkeit zu erleben, von der man das sichere Gefühl hat: „Ja, das ist meine Welt. Das ist mein Leben!" Dieses Gefühl stellt sich nur durch eine freie Entscheidung ein. Nur zu freien Entscheidungen kann der Mensch von innen heraus stehen. Dabei ist klar, dass eine freie Entscheidung gar nicht in erster Linie vom Kopf getroffen wird, sondern von ehrlichen Reaktionen auf positive oder auch negative Gefühle. Die Seele bucht Gefühle immer wahrheitsgetreu.

Wenn dieser Mann Spaß daran hätte, seinem Sohn beim Fußballspielen zuzusehen, dann gäbe es an seinen Wochenenden zumindest zwei oder drei Stunden, die er nicht als Hölle empfindet. Aber dazu kann er sich nicht – weil rational und vom Kopf gesteuert – entscheiden. Das einzige, wozu er sich entscheiden kann, ist, zu seinen Gefühlen zu stehen. Aber so ist es: Dieser Mann entscheidet sich Wochenende für Wochenende für seine ganz persönliche Hölle! Mit einer deutlichen Aussprache und dem Mut zu den Folgen könnte er anfangen, sein Leben wieder positiv zu gestalten. Seine Frau trägt jedenfalls nur einen Teil der Verantwortung für „seine Wochenend-Hölle"!

## Leben im Mittelpunkt

„Tu, was du willst, und stelle dich in den Mittelpunkt deines Lebens!" geht von der grundsätzlichen Überzeugung aus, dass jeder Mensch die Kraft hat, sich aus unbefriedigenden Lebenssituationen, aus beruflichen Niederlagen und emotionalen Verstrickungen zu befreien.

Wer mit diesem Bewusstsein, dass jeder Mensch der Mittelpunkt seines Lebens ist, noch Schwierigkeiten hat, kann es trainieren. – Wie funktioniert das? – Als erstes muss ich mir immer wieder darüber klarwerden, dass alles, was ich sehe, höre, schmecke, rieche, fühle, auf mich bezogen ist. Nur durch diese Sinneswahrnehmungen erfahre ich die Welt, die mich umgibt. Ich kann nicht für einen anderen frieren, und ich kann nicht für einen anderen Durst empfinden, genausowenig, wie ein anderer an meiner Stelle Freude, Liebe oder Glück empfinden kann. Ich kann nicht für einen anderen an einer Rose riechen.

Starten Sie doch einmal einen einfachen Versuch. Erklären Sie einem anderen Menschen, wie eine Mangofrucht schmeckt. Wenn er noch nie eine dieser exotischen Früchte probiert hat, wird es Ihnen nicht gelingen, diesen Geschmack exakt zu beschreiben. Noch weniger können Sie Empfindungen in all ihrer Widersprüchlichkeit beschreiben. Trotz alle Erklärungsversuche bleiben Sie in Ihrer Erfahrungswelt.

Wenn ich selbst einfache Sinneswahrnehmungen nicht ohne weiteres auf andere Menschen übertragen kann, woher sollte ein anderer Mensch dann genau wissen, was für mein Leben richtig und wichtig ist? Das Ich und seine Empfindungen sind niemals austauschbar. Was ist die Quintessenz daraus? – Ich darf niemals andere Menschen für mich denken lassen. Geliehene Gedanken können sehr, sehr teuer werden. Leihen Sie sich niemals Entscheidungen von anderen Menschen.

## Das Leben ist kein Tauschgeschäft

Sie können sich von anderen Menschen nicht Mut, Begeisterung, Willensstärke, Zielstrebigkeit und Erfolgsbewusstsein vorschreiben lassen. Aber genau das tun viele Menschen, ohne zu ahnen, dass sie damit ihr eigenes Leben verpfänden – im Tausch gegen Sorglosigkeit, Bequemlichkeit und allerhöchste Lebenszinsen. Entscheidungsfreiheit bedeutet für diese Menschen die Freiheit von Entscheidungen.

Verwechseln Sie deshalb nie Freiheit mit Vakuum! Sie müssen sich jetzt, am Anfang Ihres Weges zum Erfolg, ein Versprechen abnehmen: „Ich werde der Schöpfer meiner Welt, der freie Unternehmer meines Lebens. Ich werde keine Entscheidung, die mein Leben betrifft, freiwillig an einen anderen Menschen oder an eine Institution abgehen. Ich stelle mich bewusst in den Mittelpunkt meines Lebens, weil ich weiß, dass nur der Weg Freude macht, für den ich mich selbst entscheide, und nur der Erfolg zählt, den ich selbst erringe!" Das ist gerade am Anfang nicht einfach. Wie den Aufschlag beim Tennis müssen Sie diese „spielentscheidendende" Grundstellung üben, üben und nochmal üben. Denn nur die Übung macht den Meister.

Diesem unwiderruflichen Versprechen, Schöpfer Ihrer Welt zu werden, müssen Sie täglich, stündlich, minütlich gerecht werden. Ihr Leben können Sie nicht wie eine Pauschalreise buchen, bei der im Reisepreis alles inbegriffen ist bis hin zur Verantwortung für einen reibungslosen Ablauf. Viele Menschen legen aber dieses „Pauschalreisebewusstsein" an den Tag, wenn es um ihr Leben geht. Über alles, was sie nicht wie erwartet vorfinden oder was nicht so abläuft, wie es im Prospekt steht, beklagen sie sich beim Reiseveranstalter. Aber für ein verpfuschtes Leben kann man keine Rückerstattung einklagen.

## Offen, ehrlich und aufrichtig!

Wenn Sie Ihr Leben als Ihre wichtigste Lebensaufgabe ansehen, werden Sie alles, was Ihnen begegnet, ob gut oder schlecht, als eine Chance für Ihren eigenen Wachstums- und Reifeprozess willkommen heißen. Jeder Tag ist Trainingstag! Und Ihr Training für die Olympiade des Erfolgs ist keine lästige Pflicht – es ist das Leben schlechthin. Werden Sie zu einem Menschen, der sich bewusst entschlossen hat, sich permanent zu verändern, zu verbessern, zu lernen, das Leben zu meistern und Erfolge zu erringen. Die eigene Position bewusst gestalten, jeden Augenblick offen, ehrlich und aufrichtig zu sich selbst zu sein – so entwickeln Sie Ihr Leben zur Kunst des Erfolgreichen. Werden Sie ein Lebenskünstler für Erfolg! Werden Sie der Architekt Ihrer Wirklichkeit! – Warum? – Nichts wirkt so überzeugend wie die Wirklichkeit!

## Ein besseres Leben als Ihr eigenes gibt es nicht!

Halten Sie eines ganz fest: Es gibt keine Stufe des Erfolgs, die nicht verbesserungsfähig wäre. Begreifen Sie Ihr Leben als einen permanenten Zustand der Entwicklung und des Wachsens, als eine unaufhörliche Suche nach dem wahren Sinn Ihres Daseins und als ein beständiges Streben nach Ihrem Erfolg. Ich sage ausdrücklich: nach Ihrem Erfolg. Seien Sie wachsam, und lassen Sie sich nie von anderen Menschen ein Leben überstülpen, das nicht das Ihre ist. Ich bin hundertprozentig davon überzeugt: Selbst wenn Sie Millionen Leben mit allen Einzelheiten zu Ihrer persönlichen Auswahl hätten – Sie würden letzten Endes nie ein anderes Leben gegen das Ihre eintauschen. Und das ist gut so. Ein besseres Lehen als Ihr eigenes können Sie nicht finden und auch nicht geschenkt bekommen.

Es macht wenig Sinn, sich das Leben eines anderen Menschen zu wünschen, und sei er noch so reich und erfolgreich. In jedem Leben gibt es so viele Seiten, die einmalig und wunderbar sind. Pflegen Sie deshalb von Zeit zu Zeit Erinnerungen, die Ihnen wertvoll sind, ja, auch die, die Ihnen vielleicht erst in der Erinnerung wertvoll geworden sind. Die Erfahrungen, die Sie in schwierigen Zeiten gemacht haben, können für Ihren Erfolg von entscheidender Bedeutung sein. In meinem Leben sind besonders die harten Zeiten und die Niederlagen zu wichtigen Bausteinen für meinen Erfolg geworden. Aus meiner heutigen Sicht möchte ich sie unter gar keinen Umständen missen. Sie waren große Lehrmeister für mich.

Befreien Sie sich von dem Gedanken: „Ja, wenn ich der oder der sein könnte, dann ginge es mir gut!“ Nehmen Sie ein für allemal Abschied von dem Gedanken, der so oft zu hören ist: „Wenn ich dessen Vermögen hätte, dann könnte ich mein Leben ganz anders führen!“

## Nur die eigene Leistung bringt Freude am Erfolg

Vermögen, das Ihnen ohne eigene Arbeit, ohne die richtige Erfolgsmotivation zufällt, ist wertlos. Es zerrinnt Ihnen unter der Fingern. Sie kennen sicher die Aussage eines amerikanischen Wirtschaftswissenschaftlers, der das menschliche Wesen offenbar sehr gut kannte. Er sagte: „Verteilen Sie alles Vermögen, das in einem Land vorhanden ist, an einem Montag morgen absolut gleich auf alle Menschen. Und Sie werden feststellen, dass bereits abends um fünf Uhr die einen mehr und die anderen weniger besitzen. Am Ende der Woche werden einige wenige ihr Vermögen verdoppelt haben, während andere gar nichts mehr besitzen!" – Warum das so ist? – Weil Vermögen nicht eine Frage des Habens, sondern des Denkens ist.

## Leben Sie Ihr Leben

Deshalb ist es für Sie von entscheidender Bedeutung, dass Sie eins werden mit Ihrem Lebensziel, dass dieses Lebensziel wirklich aus Ihnen selbst kommt. Dazu gehört zwingend, dass Sie Ihr Leben leben, dass Sie Ihre echten Gefühle erkennen und dass Sie ausschließlich Ihre Gedanken denken.

In unserer Zeit, die so stark von den Massenmedien beherrscht wird, ist die Gefahr groß, dass Menschen diese Medien auch für sich denken lassen, dass sie nicht nur bereitwillig Trends der Mode übernehmen, sondern auch

Gefühle, Sympathien und Antipathien. Der Trend zur Vereinheitlichung ist groß. Viele Menschen tragen nicht nur Designer-Klamotten, sie äußern auch „Designer-Gedanken", die sie von Fernsehkommentatoren, von selbsternannten Vordenkern oder auch von den Trendsettern der Societyblätter übernehmen. Machen Sie sich deshalb eines bewusst: Ein erfolgreicher Mensch lebt sein Leben, und er übernimmt niemals ungeprüft die Gedanken anderer. Erfolgreich sein heißt, beständig an seinem eigenen Original zu arbeiten.

## Bekennen Sie sich ehrlich zu Ihrem Leben

Selbständig leben, selbständig denken und selbständig handeln sind unabdingbare Voraussetzungen für ein erfolgreiches Leben. Dazu gehört als erstes, dass Sie Ihr bisheriges Lehen so akzeptieren, wie es tatsächlich verlaufen ist. Akzeptieren Sie vor allem auch Ihre Herkunft. Als ich in meinem ersten Buch „Mr. Chip" beschrieb, unter welch harten Bedingungen ich aufgewachsen bin, mit welchen Problemen ich in meinem Elternhaus zu kämpfen hatte und welche Fehler ich auch gemacht habe, da stellten mir viele Menschen die verblüffte Frage: „Herr Lejeune, wie kann man nur so ehrlich sein?" Sie alle hatten offenbar den Eindruck, dass man nur erfolgreich sein kann, wenn man alles aus seinem Leben ausblendet, was in der Hochglanzbroschüre des eigenen Lebens stört.

Wie viele Erfolgskarrieren erfuhren gerade deshalb einen nicht wiedergutzumachenden Knick, weil die Menschen Vertuschen, Verbiegen, Vergessen und Täuschen an die Stelle von Ehrlichkeit und Offenheit gesetzt haben. Lügen führt in einen Dschungel, der alles überwuchert. Lügen ist einer der größten Energieabsauger. Lügen zerstört vor allem jede Basis für Kommunikation, und wir wissen – ehrliche Kommunikation ist eine der stärksten Antriebsfedern für Erfolg.

## Analysieren Sie Ihre Niederlagen

Niederlagen zu verniedlichen, zu verheimlichen oder gar als halbe Siege auszugeben, führt nur dazu, dass man sie nicht sauber analysieren kann. Ich bin überzeugt, dass man ehrlichen Erfolg nur dann verwirklichen kann, wenn man in seinen Niederlagen ehrlich zu sich selbst und zu anderen ist. Niederlagen, die Sie vor sich und anderen nicht wahrhaben wollen, bleiben an Ihnen kleben wie Pech und Federn. Nur Niederlagen, zu denen Sie offen und ehrlich stehen, können Sie ins Positive verwandeln. Das klare Erkennen Ihrer Niederlagen verwandelt sich in eine unwiderstehliche Kraft, sobald sie den festen Entschluss fassen, sie zu überwinden. Sagen Sie sich deshalb gerade nach Niederlagen: „Ich will Erfolg haben, und ich werde ihn mit dem ganzen Potenzial meiner ganzen Persönlichkeit erringen!" Das ist der wahre Schlüssel zum Erfolg!

## Bündeln Sie Ihre Entschlusskraft

Ihr Wollen und Ihr Tun müssen deckungsgleich sein. Denken Sie an einen Speerwerfer. Im Augenblick des Wurfs ist sein ganzer Körpers, sein ganzes Denken und Tun darauf konzentriert, die Schwungkraft seines Anlaufs mit der Wurfkraft seines Armes zu kombinieren. Da gibt es nur die eine Richtung – nach vorne. Es sieht tatsächlich so aus, als ob er sein ganzes Ich nach vorne werfen würde.

Nicht anders werden auch Sie handeln, wenn Sie ganz mit Ihrem Ziel eins sind. Körper, Geist, Seele, Wünschen und Wollen – alles strebt nach vorne in eine Richtung, in Richtung Lebensziel Erfolg! – Wann ist dafür der beste Zeitpunkt? – Fangen Sie einfach an mit dem Training! Und wenn ein Wurf danebengeht? Was macht das schon? Das ist nur ein Zeichen dafür, dass Ihr Denken, Fühlen und Handeln noch nicht ganz übereinstimmen. Legen Sie deshalb alles ab, was Sie in eine andere Richtung als Ihr Lebensziel zieht, zerrt oder lockt. Bündeln Sie Ihre große Sehnsucht nach Erfolg mit allen Ihren Fähigkeiten, mit Ihren Erfahrungen, mit Ihrem festen Willen, mit der ganzen Zielstrebigkeit, zu der Sie fähig sind, und vor allem einer Begeisterung, die aus dem Kern Ihres Wesens strömt.

Sobald Sie sich dieser Mitte Ihrer Person, Ihrer Welt, Ihres Lebens sicher sind, werden Sie mit geschlossenen Augen ins Ziel treffen!

## Steigern Sie Ihr Erfolgsbewusstsein

Wo liegen die Aufgaben, vor denen Sie immer noch am liebsten davonlaufen würden? Aufgaben, an denen Sie bisher immer wieder gescheitert sind? Aufgaben, bei denen Sie sich überhaupt nicht mehr vorstellen können, dass Sie sie jemals erfolgreich bewältigen werden?

Da ist zum Beispiel der Vertreter, der zum zehnten Mal einen Kunden besuchen soll, der ihn anfangs mit fadenscheinigen Ausreden weggeschickt hat und bei den letzten Besuchen unfreundlich, ja sogar aggressiv wurde. Das ganze unangenehme Gefühl steigt in ihm auf, wenn er nur an diesen Besuch denkt. Er spürt tatsächlich Magenschmerzen. Seine Vorstellung von diesem Besuch ist mit Angst besetzt. Vielleicht trinkt er sogar ein oder zwei Schnäpse vor diesem Besuch, den er nicht vermeiden kann. Aber garantiert wird auch dieser Besuch negativ verlaufen und die Angst nur noch verstärken. Das ist jedenfalls eine gesicherte Lebenserfahrung.

Wie kann dieser Mann seine Angst vor dem Versagen überwinden, anstatt sie nur zu betäuben, um hinterher ihre Wirkung um so stärker zu spüren?

## Greifen Sie in Ihren Pokalschrank

Eine viel bessere Antwort dieses Vertreters, mit seiner Angst umzugehen, wäre doch, sich an seinen größten Verkaufserfolg zu erinnern, den er je erzielt hat. Dabei wird er diese Freude fast körperlich spüren. Das Gefühl des Triumphes von damals wird seine ganze Körperhaltung verändern. Dieses Gefühl muss er in seiner Vorstellung mit dem Kundenbesuch verknüpfen. Er muss sozusagen in seinen Pokalschrank greifen – nicht mit dem wehmütigen Gedanken: „Das war einmal!“, sondern mit dem sicheren Gefühl: „Das habe ich schon einmal geschafft. Das werde ich wieder schaffen!“ Er muss dieses Erfolgsgefühl wiederbeleben und mutig den Entschluss fassen: „Heute bekomme ich meinen Auftrag! Ich werde diesem Kunden mit meiner ganzen Überzeugungskraft darlegen, dass er an mir und meinem Angebot nicht vorbeigehen kann!“

## Was tun, wenn Niederlagen drohen?

Der Gedanke an die vergangenen Erfolge ist ein Schlüssel zu vielen kleinen und auch großen Erfolgserlebnissen. Er hilft auch mir immer wieder, wenn Niederlagen drohen. Nur ein Beispiel: Kürzlich bereitete ich meine Talkshow für meinen Münchner Fernsehsender vor. Es sollte die Weihnachtssendung werden. Als Gast hatte ich den bekannten Skifahrer und Olympiasieger Markus Wasmeier eingeladen. Doch der rief mich zwei Tage vor der Aufnahme an, um seine Teilnahme abzusagen. Er hatte sich das Bein verletzt, trug einen Gipsverband und konnte nicht nach München ins Studio kommen.

Wo sollte ich da in der Kürze der Zeit einen anderen Gast finden? Hier drohte mir eine gewaltige Niederlage. Aber eines war mir sofort klar: die Sendung absagen kam auf keinen Fall in Frage. In dieser wirklich kritischen Situation addierte ich im Geist in Sekundenschnelle alle Erfolge der vergangenen Monate zusammen. Diese Erinnerung an meine Erfolge gab mir eine ungeheure Kraft. Vor allem erinnerte ich mich an die herrlichen Fernsehgespräche, die ich bis dahin für diesen Sender schon geführt hatte – mit großen Persönlichkeiten aus der Politik, der Industrie und der Society. Und ich erinnerte mich vor allem daran, wie glücklich ich gewesen war, als ich deren Zusage für meine Sendung bekommen hatte. Ich musste eine Lösung finden, sofort! Und ich wusste auch, mit der Kraft all der Erfolge, an die ich mich erinnerte, würde ich es schaffen!

## Wie man durch eine Absage an einen Weltstar kommt

Da kam mir urplötzlich die Idee: Horst Tappert! Der weltweit bekannteste deutsche Schauspieler und einer der bekanntesten Deutschen überhaupt! Den wollte ich in meiner Sendung vorstellen. Als Kommissar Derrick kennen ihn über vier Milliarden Fernsehzuschauer. Gerade hatte er sich, begleitet von überschwänglichen Glückwünschen aller Medien, mit seiner letzten Folge von „Derrick“ verabschiedet. Ihn wollte ich für meine Talkshow gewinnen, und ich wollte ihn so vorstellen, wie ihn bisher noch niemand kannte. Spontan griff ich zum Hörer und rief ihn an. Horst Tappert hörte mir interessiert zu, aber er hatte große Bedenken zu kommen, denn er lernte gerade den Text für seinen neuesten Film, in dem er in der Hauptrolle einen Kardinal spielt. Der Drehbeginn in Venedig und

Rom stand kurz bevor. Das war schon fast ein ganzes Nein. Da stellte sich heraus, dass er mein Buch „Lebe ehrlich – werde reich!" mit Begeisterung gelesen hatte. Schon war seine Absicht, ein endgültiges Nein auszusprechen, stark verringert.

Dazu kam mein Bewusstsein: „Du hast es geschafft, mit dem Bundeskanzler in einer Fernsehsendung Seite an Seite zu sitzen, dann schaffst du es erst recht, Derrick in die eigene Sendung zu holen!" Das gab mir eine solche Sicherheit und Überzeugungskraft, dass ich einfach nicht lockerließ.

## Nichts ist so überzeugend wie Begeisterung

Horst Tappert sagte zu. Ich holte ihn ab und steckte ihn mit meiner Motivation und Begeisterung auf der Fahrt ins Studio dermaßen an, dass uns fast die Zeit zu kurz wurde. Es wurde eine faszinierende Sendung für uns beide. Tappert sprach über Dinge, über die er noch nie gesprochen hatte – über sein Toupet, das er nur auf Wunsch des Regisseurs getragen hatte. Er sprach über sein Verhältnis zum Tod. Er sprach über den Beginn seiner Schauspielerkarriere und über die Rolle, die sein Vater dabei gespielt hatte. Er erzählte, dass sein Vater nie auch nur eine einzige Theateraufführung geschweige denn einen Film von ihm angesehen hatte. Dennoch fand es Tappert großartig, einmal darüber reden zu können.

Natürlich unterhielten wir uns auch über seinen unvorstellbaren Erfolg und dass er als Derrick wirklich bis in den letzten Winkel dieser Erde bekannt war. Tappert war von unserem Gespräch so begeistert, dass er in der anschließenden Pressekonferenz einen Hit zündete – entgegen allen seinen Ankündigungen sagte er zu, noch einmal eine Folge von „Derrick“ zu drehen, quasi als „Euro-Kommissar“ von Brüssel aus. Das wurde in den Medien eine der Top-Meldungen des nächsten Tages.

Ich war überglücklich. Diese unwahrscheinliche Kraft, mit der ich eine drohende Niederlage in einen glänzenden Erfolg verwandelt hatte, verdankte ich vor allem meinem Glauben an den Erfolg. Ich wollte mich keinesfalls mit einem Misserfolg abfinden, ich war durch meine Intuition auf eine Lösungsmöglichkeit gestoßen, und die hatte ich durch meine Überzeugungskraft umgesetzt, die durch meine früheren Erfolge wesentlich gestärkt war.

Warum ich Ihnen diese Geschichte so ausführlich erzähle? Weil ich Ihnen damit zeigen will, dass auch der Erfolgreiche ständig mit Problemen zu kämpfen hat, deren Bewältigung keineswegs von vornherein klar ist. Der erfolgsorientierte Mensch packt seine Probleme nur bewusster an. Er lässt dem Scheitern in seinem Denken keinen Raum. Während der gewohnt Erfolglose vielleicht schon über notwendige Ausreden nach seinem Scheitern nachdenkt, kämpft der Erfolgsbewusste mit seiner ganzen Persönlichkeit und seiner ganzen Erfahrung gegen eine drohende Niederlage – und für seinen Erfolg!

## Warum jeder Erfolg so wichtig ist

Warum kämpft ein erfolgsbewusster Mensch derart entschlossen immer noch um positive Lösungen, während andere Menschen sich schon längst mit dem Satz verabschieden: „Ach, was liegt schon daran!“ Ich kann aus eigener Erfahrung nur sagen, es liegt sehr viel daran – nicht wegen der Punkte, die ich verliere, oder wegen des entgangenen Gewinns, der meiner Bilanz fehlt. Es geht vor allem um das Bewusstsein. Es geht um Plus oder Minus. Setzen Sie deshalb vor alles, was Sie tun, ein großes Pluszeichen. Werden Sie ein Plus-Denker!

Dieses Wissen, dass errungene Erfolge positiv fortwirken, während Misserfolge auch zukünftige Erfolge gefährden, lässt erfolgsbewusste Menschen um jeden auch noch so kleinen Erfolg kämpfen. Sie sind äußerst sensibel gegenüber ihrer eigenen Einstellung zum Erfolg, weil sie wissen, dass sie die wirkliche Triebfeder darstellt. Ein erfolgsbewusster Mensch kann vorübergehend sein ganzes Vermögen verlieren. Solange er nicht den Glauben an sein Erfolgsbewusstsein verliert, ist das eine rein äußerliche Angelegenheit. Dafür gibt es viele Beispiele. Denken Sie an die vielen Menschen, die am Ende des Zweiten Weltkrieges fliehen und ihren gesamten Besitz zurücklassen mussten. Viele von ihnen haben sich aus dem Nichts eine sehr erfolgreiche Existenz aufgebaut. Sie haben ihren Besitz zurückgelassen, aber nicht ihren Willen zum Erfolg.

## Pflegen Sie Ihr Erfolgsbewusstsein

Leider gibt es viele Menschen, die ihr ganzes Leben lang nie auch nur in die Nähe eines zählbaren Erfolgs kommen, nicht, weil sie keine Chancen bekommen oder weil sich das Schicksal gegen sie verschworen hat. Nein, weil sie nie dieses unabdingbare Bewusstsein entwickelt haben: „Ich will Erfolg haben, und ich werde Erfolg haben!"

Es ist letzten Endes völlig egal, wieviel Vermögen Ihnen dieses Erfolgsbewusstsein bringt. Es geht um die Bestätigung, dass Sie es schaffen, dass Sie auf der Treppe nach oben stehen und dass Sie positive Rückmeldungen aus Ihrem Bewusstsein bekommen. Sagen Sie deshalb in keiner Situation: „Was soll's? Es geht um nichts!" Egal ob Sie jemanden finden müssen, der Ihnen einen Zehnmarkschein für die Parkuhr wechselt, oder ob Sie um einen Auftrag kämpfen, von dem das Überleben Ihrer Firma abhängt, wichtig ist dieses absolut sichere Erfolgsbewusstsein: „Ja, ich schaffe es!"

Die großen Träume, die Sie für Ihr Leben haben, können Sie nur verwirklichen, wenn Sie in den entscheidenden Augenblicken fest daran glauben, dass Sie Erfolg haben werden. Alle negativen Emotionen verlieren in dem Augenblick ihre Macht über Ihre Gedanken, in dem Sie Willensstärke und Erfolgsbewusstsein in sich hervorrufen.

## Verteidigen Sie Ihren Erfolg bis zur letzten Minute

Ja, das ist eine der großen Eigenschaften, die Sie auf dem Weg zu Ihrem Ziel entwickeln werden – drohende Niederlagen in Erfolge zu verwandeln! Die erfolgreichen Menschen unterscheiden sich von den nicht erfolgreichen, dass sie in jeder Situation bis zum äußersten glauben, dass sie es schaffen müssen und dass sie es schaffen werden.

Die Erfolgreichen werden auch in ganz aussichtslosen Situationen nie den Glauben an sich verlieren. Wenn Niederlagen drohen, halten sie sich entweder an vergangene Erfolge oder an das Glücksgefühl, das auf sie zukommen wird, „... wenn ich es geschafft habe". Gerade in solchen Situationen drohender Niederlagen fühlen sie die ganze Kraft ihrer Persönlichkeit, ihren Mut, ihre Entschlossenheit, ihre Ausdauer herausgefordert – und dieser Herausforderung stellen sie sich. Ja, diese Herausforderung suchen sie sogar! Nicht um ins Guinness-Buch der Rekorde zu kommen, sondern um vor sich selbst zu bestehen: „Ja, ich habe es gegen alle Widerstände, über alle Schwierigkeiten hinweg und auch im Kampf mit mir selber geschafft!"

Ich kann Ihnen versichern, es ist ein wunderbares Glücksgefühl, nach einer langen Durststrecke oder nach einer Reihe von Niederlagen am Ziel anzukommen. Ich weiß, wovon ich spreche, denn ich habe es vielfach erlebt.

## Weiterkämpfen bis zum Schlusspfiff

Ich saß vor Jahren einmal mit Franz Beckenbauer bei mir zu Hause. Wir sprachen über Erfolge und Niederlagen. Franz, der nicht nur viele Siege errungen hat, sondern der auch große Erfahrung mit drohenden Niederlagen hatte, sagte zu mir: „Das wichtigste ist weiterkämpfen bis zum Schlusspfiff, auch wenn der Spielstand noch so ungünstig aussieht und der Gegner noch so stark ist!" Mit dieser Einstellung hat Beckenbauer in seiner langen Fußballerkarriere schon Spiele für seine Mannschaft aus dem Feuer gerissen, in denen es bis zur 82. Minute 3:0 stand.

Dieser unerschütterliche Erfolgsglaube an den möglichen Sieg selbst in der schlechtesten Spielsituation hat ihn dann auch zu der unverwechselbaren Persönlichkeit „Beckenbauer" geformt. Er konnte sich und seine ganze Mannschaft noch in den letzten Minuten eines verloren geglaubten Spiels so für den Erfolg motivieren, dass er wirklich zu einem Leuchtfeuer in seiner Mannschaft wurde. Er konnte Hoffnung und Glauben an einen Sieg in sich zu einer lodernden Begeisterung werden lassen. Und es gelang ihm immer wieder, seine Mitspieler einfach mitzureißen, auch wenn die noch so ausgepumpt waren! Das hat ihn zum Idol von Millionen begeisterten Fans werden lassen.

Dieses Feuer der Begeisterung schenkt uns die schönsten Glücksmomente, mit denen das Leben den Erfolgreichen belohnt. Halten Sie beständig Ausschau nach Ihren Glücksmomenten, und kämpfen Sie darum – bis zur letzten Minute.

## Der richtige Umgang mit dem Scheitern

Dennoch ist es unausbleiblich, dass auch erfolgreiche Menschen gelegentlich scheitern. Auch ein Franz Beckenbauer hat Spiele mit seiner Mannschaft verloren und musste negative Kritiken einstecken. Aber er ließ sein Erfolgsbewusstsein davon nicht beeinträchtigen. Dieses unerschütterliche Erfolgsbewusstsein bildete seine Grundlage für alle weiteren Erfolge. Er hat seine Erfolge immer weiter getragen. Das ist es, was den Glanz seines Namens ausmacht. Diesen großen Namen hat er nie durch Routine oder durch „müde werden im Erfolg" verblassen lassen.

Ein Franz Beckenbauer ist für mich immer wieder vorbildlich. Er war Trainer der Fußballnationalmannschaft. Jetzt ist er Vizepräsident des DFB. Irgendwann wird er Präsident des Deutschen Fußballverbandes. Und es ist mehr als wahrscheinlich, dass er noch Präsident der FIFA oder des Olympischen Komitees wird. Er begnügt sich nicht damit, zu sagen: „Ich war mal ein erfolgreicher Fußballspieler, Weltmeister-Coach und bin jetzt Präsident des FC Bayern." Nein, er baut die Straße seines Erfolgs ständig weiter aus – ohne sichtbar große Anstrengungen. Sein Erfolg liegt in seiner Disziplin, in seinem Willen, neue Ziele zu erreichen, und dabei wird er als Persönlichkeit immer stärker.

Verankern Sie den nachfolgenden Erfolgsgrundsatz in Ihrem Bewusstsein: „Je stärker ich als Persönlichkeit werde, desto mehr Erfolge kommen auf mich zu!"

## Die einfache Wahrheit, die zum Erfolg führt

Die Maxime der Erfolgreichen für den Umgang mit Niederlagen lautet ganz einfach: „Wenn ich hinfalle, muss ich sofort wieder aufstehen!“ Das ist die simple Wahrheit, die zum Erfolg führt. Auch Steffi Graf, eine der besten Tennisspielerinnen aller Zeiten, musste eine lange Serie von Verletzungen und Niederlagen hinnehmen und sie vor allem psychisch verkraften. Sie war in der Weltrangliste so weit abgerutscht, dass in den Medien nur noch die Frage gestellt wurde: „Wann hört Steffi endlich auf?“ Denn die Medien lieben nicht nur Erfolgsgeschichten. Sie stürzen sich noch bereitwilliger auf die Niederlagen erfolgreicher Menschen, um sie in demselben Rampenlicht am Boden liegen zu sehen, in dem sie vorher noch ihre großartigen Siege bejubelt haben.

Aber Steffi Graf hat sich mit einem unglaublichen Erfolgswillen wieder auf einen der vordersten Plätze zurückgekämpft. Sagen Sie nun nicht: „Klar, bei dem Haufen Geld, das sie damit noch verdienen kann!“ Nein, sie hat das Gefühl, dass sie mit ihrer Karriere noch nicht am Ende ist. Sie will für sich die Bestätigung haben: „Ja, ich schaffe es!“, weil sie weiß, dass Erfolge mit Fleiß, mit Disziplin und vor allem mit dem Bewusstsein errungen werden.

## Stehen Sie immer wieder auf

Es gibt keine Situation im Leben, in der man nicht wieder aufstehen kann, auch wenn die Vorzeichen noch so ungünstig sind. Bleiben Sie deshalb nie bei einer sogenannten Lebenskrise stehen. Lebenskrisen sind oftmals dazu da, zu testen, wie groß unser Wille zum Erfolg ist. Vor allem, ob unsere Kraft als Persönlichkeit ausreicht.

Ich hatte einen Freund, der leider viel zu früh aus dem Leben gerissen wurde. Der saß wegen eines schweren Autounfalls seit seinem 18. Lebensjahr im Rollstuhl. Diese Einschränkung seines Lebens wollte er nicht einfach hinnehmen und das Leben nur noch von Ferne betrachten. Er machte alles mit, so gut es nur ging. Der Rollstuhl konnte seine Freude am Leben nicht trüben. Er blieb ein von Herzen fröhlicher und begeisterter Mensch. Er machte alles im Leben mit – trotz Rollstuhl.

Dabei ist er im wahrsten Sinn des Wortes so oft hingefallen, dass sich auch einige seiner Freunde fragten: „Warum gibt er nicht endlich klein bei? Warum akzeptiert er sein Handicap nicht?“ Ich habe ihn erlebt, wie er einmal mit seinem Rollstuhl am Strand umgefallen ist. Da lachte er nur und zog sich mit seinen Händen wieder in seinen Rollstuhl. Als jemand vorbeikam, bat er den beiläufig, ihm wieder aufzuhelfen. Klein beigeben war einfach nicht in seinem Denkprogramrn. Ja, glauben Sie mir, es gibt keine Situation im Leben, in der Sie nach einem Scheitern nicht wieder anfangen können.

## Treffen Sie die richtige Programmwahl

Menschen, die Sorgen haben, die mit Problemen kämpfen, die sich nicht den Lebensstandard leisten können, der ihnen angemessen scheint, und deren Lebensziele nach vielen Anstrengungen immer noch in weiter Ferne liegen, neigen dazu, die Welt grau in grau zu sehen. Selbst wenn die Sonne scheint, hört man von ihnen: .„Heute abend gibt es bestimmt ein Gewitter!" Selbst einen Menschen, der ihnen etwas Gutes tut, beäugen sie misstrauisch: „Was will denn der schon wieder von mir?"

Diese Menschen haben keinen Blick mehr dafür, dass uns selbst der schwärzeste Tag Lichtblicke schenkt, wenn wir nur unsere Augen und unsere Sinne dafür offenhalten. Ich darf auch Sie fragen: Glauben Sie, dass ein Mensch Erfolg haben kann, glücklich sein kann oder wie Sie einen Neuanfang in seinem Leben planen kann, der von seiner Grundstimmung her negativ eingestellt ist? Für welche Grundstimmung haben Sie sich entschieden? Für Ausreden, Jammern und Klagen, für Missmut und negatives Denken? Ich hoffe nicht. Sollten Sie aber dazu neigen, gelegentlich wenigstens ein bisschen zu jammern, dann möchte ich Sie über ein kleines Missverständnis aufklären. Viele Menschen glauben, dass Jammern der Ausdruck für erlittene Niederlagen, für Misserfolg und Unglück ist. Haben Sie sich schon einmal überlegt, dass der Weg genau anders herum verläuft? Dass nämlich Jammern und Klagen das Unglück erst anzieht? Denken Sie daran, wenn Sie sich in Zukunft zu entscheiden haben zwischen Schwarzmalen und positivem Denken. Vergessen Sie das Jammern. Wählen Sie immer das Positive!

## Morsealphabet des Erfolgs

Vor einiger Zeit las ich in einer deutschen Zeitung die Geschichte eines amerikanischen Journalisten, der gerade ein sehr interessantes Buch veröffentlicht hatte. Ich nenne dieses Buch „Der letzte Funke der Hoffnung“. Denn dieser amerikanische Journalist war seit einigen Jahren durch eine noch unerforschte Krankheit völlig gelähmt. Er musste sogar künstlich ernährt werden, Das einzige, was er noch bewusst und willentlich bewegen kann, ist sein rechtes Augenlid.

Stellen Sie sich nur für einen Augenblick vor, welch unerträgliches Gefängnis dieser gelähmte Körper für einen Menschen darstellt, der bei vollem Bewusstsein ist. Die meisten Menschen würden sich wünschen, auf der Stelle tot zu sein. Aber dieser Mann kämpfte und fand einen Weg, wieder Kontakt zu seiner Familie aufzunehmen – es gelang ihm, seiner Frau klarzumachen, dass er ihr Botschaften im Morsealphabet mit dem Augenlid übermitteln konnte. Auf diese Weise „diktierte“ er ihr sein ganzes Buchmanuskript von über 200 Seiten! Für mich ein unvorstellbarer Sieg des menschlichen Geistes über eine der schlimmsten Lebenssituationen, die man sich vorstellen kann.

Denken Sie an diesen amerikanischen Journalisten und an sein Morsealphabet des Erfolgs, wenn wieder einmal „unüberwindliche“ Probleme vor Ihnen auftauchen, wenn Sie in Lebenssituationen geraten, in denen scheinbar nichts mehr geht. Senden Sie einen Funkspruch an Ihr Erfolgsbewusstsein – mit dem rechten Augenlid im Morsealphabet. Sie können nicht morsen? Macht nichts. Dreimal kurz, dreimal lang, dreimal kurz – das heißt SOS. Save Our Souls! Für Sie kann das heißen: Save Our Success!

Glauben Sie mir: Der Mann, der das nur noch mit einem Augenzwinkern ausdrücken konnte, hätte sicher mit Freuden ein Vielfaches Ihrer Probleme übernommen, wenn er sich wieder hätte normal bewegen können.

## Sie haben die Wahl des Programms

Sie sehen, selbst in der aussichtslosesten Situation habe ich noch die Wahl zwischen Aufgeben, mich Hängenlassen oder mutigem Ausnützen der allerletzten Möglichkeiten. Welches Programm wählen Sie? Resignieren, jammern oder mutig und tapfer kämpfen?

Ich hoffe sehr für Sie, dass Sie wirklich nichts unversucht lassen, auftauchende Schwierigkeiten zu überwinden. Denn der richtige Umgang mit Sorgen, Problemen und Niederlagen ist sehr aufschlussreich in bezug auf die Ziele, die Sie für Ihr Leben gewählt haben. Das ist die Programmwahl, an der sich zeigt, wie groß Ihre Motivation ist, Ihr Leben aktiv zu gestalten und aussichtsreiche Erfolgswege zu finden. Diese Programmwahl zeigt vor allem, wie groß Ihr Bild von der Persönlichkeit ist, die Sie einmal werden wollen.

Sagen Sie einmal probehalber: „Ich will ein starker und erfolgreicher Mensch werden!“ Welches Gefühl haben Sie dabei? – Viele Menschen würden sich bei diesem Gedanken erschreckt an die Stirn fassen: „Mein Gott, ich doch nicht!“ Für erfolgreiche Menschen ist diese Vorstellung die einzig akzeptable. Für Sie auch? – Dann denken Sie an den Mann, der in einer der dunkelsten Stunden des Britischen Königreiches das Victory-Zeichen erfand, das V mit Zeigefinger und Mittelfinger. Er hieß Winston Churchill. Der wichtigste Satz seines Lebens lautete: „I never never never gave up!“

## Verlassen Sie Ihre persönliche Kuschelecke

Leben für den Erfolg heißt für mich, geistig ständig aktiv und in Bewegungen zu sein. Und da das Leben zeitlich begrenzt ist, bin ich ständig gezwungen, mich zu entscheiden. Ich entscheide mich immer für positive Gedanken anstatt für lähmende Niedergeschlagenheit. Ich entscheide mich stets für positives Handeln anstatt für schlechte Vorahnungen. Ich entscheide mich für Engagement anstatt für Gleichgültigkeit. Und vor allem entscheide ich mich immer für Erfolg anstatt für Misserfolg!

Wenn Sie unter denselben Vorzeichen leben wollen, wenn Sie Ihren Erfolg wirklich leben wollen, dann müssen Sie Ihre Kuschelecke verlassen. Wie sieht diese „Kuschelecke“ aus? Ihre Kuschelecke bedeutet: Sie fühlen sich in Ihrem kleinen Umfeld ganz wohl. Sie haben zwar Sorgen, von denen Sie wissen, dass das Ihre ständigen Begleiter bleiben werden, aber insgesamt kommen Sie mit dieser Mischung aus Verzicht, einfachen Freuden und Sorgen ganz gut zurecht. Sie haben gelernt, sich selbst über manche Sorgenbereiche hinwegzutäuschen. Unangenehme

Aufgaben schieben Sie so lange vor sich her, bis sie so drängend werden, dass sie sich nicht mehr schieben lassen. Diese kleineren Problemfälle werden dann irgendwie erledigt. Und vor den ganz großen Problemen können Sie ohnehin nur den Kopf in den Sand stecken – bis sie zu persönlichen Katastrophen explodieren!

Wenn diese Schilderung auf Ihr bisheriges Leben zutrifft, dann kann ich nur sagen: „Aus dieser Kuschelecke müssen Sie raus! Und zwar sofort!“ Das kann schon ganz schön ungemütlich werden. Denn wenn Sie sich verändern wollen, müssen Sie von vornherein damit rechnen, dass immer wieder größere Schwierigkeiten auf Sie zukommen. Schwierigkeiten, die viel größer sein werden, als wenn Sie sich nicht verändern.

Aber Sie sollten wissen, dass Sie davor keine Angst zu haben brauchen, denn Schwierigkeiten kann man immer mit dem Mut zur Entscheidung bekämpfen. Schwierigkeiten sind immer wieder die großen Lehrmeister unserer Persönlichkeitsentwicklung, denn aus der Sorge heraus, dass man es nicht schaffen könnte, entstehen die Überlegungen, wie man die Lösungen erreichen kann, die man sich vorgenommen hat.

## Unterlegen Sie Ihr Leben mit positiven Empfindungen

Wie oft höre ich Menschen sagen: „Ja, das Leben könnte so schön sein, aber die Realität ist nun mal ganz anders!“ Das klingt zwar sehr realistisch, ist aber letzten Endes doch nur eine Ausrede, die zu Erfolglosigkeit und Selbstmitleid führt. Jemand, der so denkt, kann im Grunde keinen Erfolg auf sich ziehen. Es ist nämlich nicht möglich ist, zwei entgegengesetzte Gefühle gleichzeitig zu empfinden.

Das bedeutet für Sie, dass Sie, während Sie daran gehen, Ihrem Leben eine neue, positive Richtung zu geben, erst einmal Ihre Gedanken mit positiven Empfindungen unterlegen müssen. Das hat nichts damit zu tun, dass Sie Ihr Leben durch eine rosarote Brille betrachten sollen, damit Sie die weniger angenehmen Seiten Ihres Alltags gar nicht mehr wahrnehmen.

Im Gegenteil, Sie müssen sogar ein sehr feines Gespür dafür entwickeln, aus welchen Richtungen negative Erlebnisse drohen können, und dann entschlossen handeln, damit diese ein für allemal aus Ihrem Leben verschwinden. Aber Sie müssen auch offen sein für das Gute in Ihrem Leben, offen für die positive Zukunft.

## Bauen Sie Dämme gegen das Negative

Als erstes müssen Sie Dämme bauen gegen das Negative. Das bedeutet, dass Sie so intensiv wie möglich alles Positive wahrnehmen, was um Sie herum geschieht. Sie wissen ja bereits, dass Sie auf Glück und positive Erlebnisse nicht einfach warten dürfen. Vom bloßen Warten auf Glück haben Sie nichts zu erwarten. Sie müssen sich für Ihr Glück gesprächsbereit halten und mit offenen Armen darauf zugehen und sich vor allem täglich von neuem auf Ihr Glück und Ihren Erfolg einstimmen.

Auch ich stimme mich jeden Morgen positiv auf den neuen Tag ein. – Warum? – Ich will, dass er mir möglichst viel Gutes und Schönes bringt. Ich möchte Freude erleben, Erfolg in großen und kleinen Dingen haben, positive Begegnungen genießen, gute Gefühle auf andere Menschen übertragen. Ich weiß, dieser vor mir liegende Tag ist der wichtigste in meinem Leben. Die Zeit, die hinter mir liegt, kann ich nicht mehr beeinflussen. Und die Zeit, die vor mir liegt, kann ich nur positiv gestalten, wenn ich die Gegenwart richtig lebe! In dieser Gegenwart sind Sie immer live dabei!

Gegenwart richtig leben heißt für mich, in erster Linie bewusst zu leben, für alles, was mir begegnet, die richtige Einstellung zu finden, meine Umgebung mit großer Wachheit wahrzunehmen und möglichst viel Freude zu erleben. Deshalb stelle mich immer wieder von neuem auf dieses Lebensgefühl ein: „Mir geht es gut!" Werden auch Sie ein Mensch, der von sich sagt: „Mir geht es gut!"

Wie viele Tage in Ihrem bisherigen Leben haben Sie schon verlebt, ohne dass Sie am Abend zufrieden feststellen können: „Ich habe diesen Tag bewusst gelebt und gestaltet. Ich bin einen kleinen Schritt vorwärts gekommen auf das Ziel hin, das ich mir für meinen Erfolg gesetzt habe!"

Lassen Sie unter keinen Umständen zu, dass Sie trotz vieler guter Vorsätze und Ansätze immer wieder in den Sorgen des Alltags steckenbleiben, dass Sie immer wieder von negativen Erfahrungen eingeholt werden. Setzen Sie Tag für Tag und, wenn es notwendig ist, Stunde um Stunde Ihre positive Programmierung dagegen. Stellen Sie ihre ganze positive Denkkraft gegen die Sorgen des Alltags. Positives Denken ist Ihre Gesundheitspolizei gegen Sorgen im Alltag.

## Mir geht es gut!

Wenn Sie der Überzeugung sind, dass in Ihrem Leben noch zuviel fehlt, als dass Sie diesen Satz „Mit geht es gut!" voller Überzeugung sagen könnten, was müssen Sie dann tun? Warten, bis das Glück sich einstellt? Nein, Sie wissen bereits: Wer auf sein Glück wartet, hat es schon versäumt. Suchen Sie Ihr Glück. Gehen Sie auf Ihr Glück zu. „Begreifen" Sie es! Es begegnet Ihnen überall, wenn Ihr Glücksradar auf Empfang geschaltet ist.

Um Glück zu erleben, brauchen Sie die Balance Ihres Lebens, die Übereinstimmung von Geist, Seele und Körper. Glück und Erfolg ist für mich alles, was mir Freude schenkt und innere Befriedigung verschafft. Eine Biene, die in einen Weiher gefallen ist, nicht ertrinken zu lassen, sondern sie mit einem Ast zu retten, das ist für mich ein Gefühl von Glück und Erfolg. Das gibt mir ein wunderbares Gefühl von Balance im Leben. Oder ruhig am Kaffeetisch sitzen zu bleiben, wenn eine Wespe kommt, und nicht wie wild um mich zu schlagen, was manche Menschen tun, sondern dieses kleine Wesen zu betrachten. Das sind für mich wunderbare Augenblicke. Dann spüre ich diese innere Übereinstimmung mit allem, was mich umgibt. Und ich bin überzeugt, dass dieses kleine Insekt als Teil der Natur genauso empfindet. Wenn ich nämlich aggressiv herumschlage, dann sondert diese Wespe einen Duftstoff ab, der anderen Wespen signalisiert: „Hilfe, ich bin in Gefahr. Werde bedroht!“ Im Nu bin ich dann von einem ganzen Schwarm aggressiv herumschwirrender Wespen umgeben. Nein, die ruhige Übereinstimmung mit meiner Umgebung bedeutet für mich Erfolg. Erfolg bedeutet auch Ruhe!

## Nehmen Sie Glücksmomente bewusst wahr

Menschen, die nicht denken, sondern nur reagieren, sind aus den nichtigsten Anlässen missmutig, niedergeschlagen oder gar unglücklich. Für solche Gefühle muss man gar nichts tun. Sie stellen sich von selbst ein. Glücksgefühle dagegen kommen selten von allein. Man muss etwas dafür tun. Man muss Glück vor allem bewusst wahrnehmen. Ich habe schon Menschen erlebt, die selbst in großartigen Situationen, die ihnen im wahrsten Sinn des Wortes „zugefallen“ sind, missmutig und voller Sorgen waren. Das dürfen Sie in Ihrem Leben nicht zulassen. Das schafft Unruhe und Entfernung vom Glück.

Lebensglück muss man sich verdienen, Tag für Tag. Menschen, die darauf warten, dass es sich von selbst einstellt, verpassen es in der Regel, wenn es sich denn tatsächlich irgendwann einmal von selbst einstellen sollte. Glück ist manchmal wie ein kleiner Vogel, der aus dem Nest gefallen ist. Man muss ihn wahrnehmen und ihn wieder in sein Nest heben. Ein Beispiel: An einem herrlichen Sonntag morgen ging ich mit einem guten Freund am Vierwaldstätter See spazieren. Es war warm, die Sonne schien, und viele Spaziergänger waren unterwegs zu einem der Fischrestaurants an diesem wunderschönen Seeabschnitt.

Plötzlich hörten wir beide in einigen Schritten Entfernung am Fuß eines Felsabbruchs, zwischen Gras und Schottersteinen, ein ängstliches Piepsen. Dem gingen wir nach und fanden ein junges Vögelchen, das zitternd unter einem Wasserstrahl saß, der dort aus dem Felsen kam. Dieses kleine Lebewesen war offensichtlich aus einem Nest gefallen, das einen halben Meter über unseren Köpfen zu sehen war. Es hatte wenig Überlebenschancen, wenn wir es nicht in sein Nest zurückbeförderten. Und tatsächlich, es gelang uns. Wir waren beide glücklich, denn wir hatten diesen Hilferuf wahrgenommen. Wir hatten beide ganz spontan auf dieses verzweifelte Piepsen reagiert, und wir waren mit unserer kleinen Rettungsaktion erfolgreich. Das machte uns wirklich glücklich. Ich freue mich noch heute darüber, wenn ich daran denke, wie vertrauensvoll dieses kleine Tier in meiner Hand saß.

Auch wenn die Glücksmomente noch so klein sind – sammeln Sie Glücksmomente, wo immer sie Ihnen begegnen. Sie sind die wahren Höhepunkte des Lebens!

## Stellen Sie Ihre Lebenssignale auf Glück

Kennen Sie die wichtigste Regel, die Sie befolgen sollten, wenn Sie wirklich aus ehrlichem Herzen wollen, dass es Ihnen gut geht? Ganz einfach: Hören Sie auf, sich ständig mit anderen zu vergleichen. Streichen Sie ein für allemal die Frage aus Ihrem Denken: „Was hat er oder sie, was ich nicht habe? Wieso er und nicht ich?" Sie müssten sich sonst ehrlicherweise auch mit der großen Zahl von Menschen vergleichen, die weitaus weniger haben als Sie, die sich in einer viel, viel schwierigeren Lebenssituation befinden als Sie. Ja, beschäftigen Sie sich einmal ausschließlich mit sich selbst. Überlegen Sie: „Was kann ich jetzt in diesem Augenblick tun, damit es mir richtig gut geht?"

So können Sie zum Beispiel wenigstens für ein Paar Minuten Ihre Einstellung zu sich selbst verändern. Probieren Sie es. Zaubern Sie ein Lächeln auf Ihr Gesicht, atmen Sie tief ein und wieder aus, und denken Sie dazu aus tiefer Überzeugung: „Ja, mir geht es gut!" Für wenige Minuten – vielleicht sind es nur Sekunden – spüren Sie, wie beglückend Ihr Leben sein kann. Bedanken Sie sich für Ihr wunderbares Leben!

## Versetzen Sie sich in einen erfolgreichen Zustand

Alles, was Sie sich in der Zukunft für Ihr Leben wünschen, können Sie jetzt, in diesen Minuten bereits vorausempfinden. Denken Sie sich möglichst konkret in die Vorstellung hinein: „Wie würde ich diesen Tag empfinden, wenn ich schon so erfolgreich wäre, wie ich das anstrebe?" oder auch: „Wie glücklich wäre ich jetzt, wenn der Mensch, nach dem ich mich sehne, bei mir wäre?" Ja, Sie spüren förmlich seine Nähe. Sie hören die vertraute Stimme. Sie sehen ihn vor sich. Sie betrachten mit liebevollen Gedanken sein Bild. Das ist doch die wunderbare Weise, wie wir eine Zeit der Trennung überbrücken, während wir sehnsüchtig auf sein Kommen warten.

Ihr Glück können Sie in derselben sehnsuchtsvollen Art und Weise erwarten, um wirklich darauf vorbereitet zu sein, wenn es kommt. Stellen Sie Ihre Lebenssignale auf Glück! Good luck!

## Wie stehen Sie zu sich selber?

Wie oft höre ich Menschen, die sich selbst beschimpfen. „Mein Gott, was bin ich für ein Dummkopf! Was bin ich für ein Versager!“ Warum sagen Sie nicht zu sich selbst: „Das war noch nicht optimal. Wie kann ich es das nächste Mal besser machen?“ Verändern Sie Ihre Einstellung zu sich selbst. Denken Sie positiv von sich. Ja, mögen Sie sich selbst! Schließlich sind Sie der Mensch, mit dem Sie es lebenslänglich zu tun haben. In der Bibel steht die sehr weise Aufforderung: „Liebe deinen Nächsten wie dich selbst!“ Das setzt voraus, dass ich mich selbst liebe, dass ich mich gut finde, dass ich nicht in beständigem Zwiespalt mit mir selbst lebe.

Sagen Sie bloß nicht zu sich selbst: „Ich habe einfach kein Glück im Leben!“ Wissen Sie, dass solche Aussagen leicht zu einer Prophezeiung werden, die sich selbst erfüllt? Sie programmieren Ihr ganzes Denken in negativer Weise, Gründe zu suchen, warum Sie kein Glück haben, anstatt zu sagen: „Egal was bisher in meinem Leben schiefgelaufen ist, ich werde das Schicksal davon überzeugen, dass es mich nicht auf Dauer von meinem Lebensglück abhalten kann!“ Besiegen Sie das Negative durch positive Gedanken!

Sagen Sie zu sich selbst: „Ich bin ein Glückspilz!“ Auch wenn das vielleicht noch nicht ganz stimmt, so hat es doch eine positive Wirkung. Die Ergebnisse, die Sie damit auf Dauer erzielen, werden deutlich anders sein, als wenn Sie ständig zu sich selber sagen: „Ich bin ein Unglücksrabe!“ Bewegen Sie sich auf die Sonnenseite Ihres Lebens, und Sie werden in kurzer Zeit feststellen, dass die Menschen Ihnen in positiver Weise begegnen.

So habe auch ich mein Leben verändert. Ich hatte und habe eine ganz starke und klare Vision von meiner Persönlichkeit und von meinem Leben. Und auf diese Vision versuche ich täglich, mich zuzubewegen. Auch jetzt im Heute. Ich weiß, dass ich ich bin, ganz egal, was andere Menschen über mich denken. Auf meine eigene Vorstellung konnte ich mich immer verlassen. Ich habe sie mehr und mehr verwirklicht, und im Lauf der Zeit konnte ich freudig feststellen, dass auch andere Menschen diese Persönlichkeit, die ich lebe, nicht nur zur Kenntnis nehmen, sondern sie anerkennen und schätzen.

## Ich glaube an mich

An dem Tag, an dem Sie beginnen, Ihr Leben an Ihren neugewonnenen Maßstäben und Vorstellungen auszurichten, beginnt Ihre Erfolgskarriere. Notieren Sie sich diesen Tag fest in Ihrem Erfolgsjournal. Denn an diesem Tag beginnt Ihre Welt sich zu verändern. Vergessen Sie nie auch nur einen Augenblick, dass diese positive Veränderung von der Kraft Ihrer Vorstellung und Motivation abhängig ist.

Nun ist die Frage: Wie wird diese Vorstellung mehr und mehr zur Realität? Was müssen Sie beachten? Was müssen Sie tun? Was müssen Sie unterlassen?

Vor allem müssen Sie Ihren Glauben an diese Wirklichkeit ständig bestärken. Wenn Sie fest daran glauben, dass Sie eine erfolgreiche Persönlichkeit sind, werden Sie nie wieder bei der geringsten Kleinigkeit, die Ihnen nicht gelungen ist, sagen: „Ich bin ein Versager!“ Nein, Sie werden sich nur überlegen: „Wie kann ich das noch besser machen?“ Vor allem werden Sie sich Aufgaben suchen, an denen Sie Ihr neugewonnenes Erfolgsbewusstsein erleben können.

## Trainieren Sie täglich Ihr Erfolgsbewusstsein

Wenn Sie Sport treiben, wissen Sie, dass es nicht ausreicht, einmal im Monat zu trainieren, um eine Vereinsmeisterschaft zu gewinnen, einen Landespokal oder gar eine Goldmedaille bei den Olympischen Spielen. Ein Sportler oder eine Sportlerin hat einen ganz genauen Trainingsplan, und auf dem steht in großen Buchstaben: „Täglich trainieren!“ Denken Sie nur an den komplizierten Bewegungsablauf beim Stabhochsprung. Ein Sportler, der nicht täglich trainiert, hat nicht einmal die Chance, überhaupt in die Höhe zu kommen. Er muss trainieren und vor allem sein ganzes Denken auf die Höchstmarke richten, die er erreichen will.

Mit dem Erfolgsbewusstsein ist es ganz genauso. Mut, Entscheidungsfreude, Disziplin, Ausdauer müssen Sie trainieren. Überzeugungskraft können Sie entwickeln. Glauben Sie nicht, dass es einfach für Sie ist, sich selbst von Ihrem Glück und Ihrem Erfolgsbewusstsein zu überzeugen. Da nützt es nichts, einmal über Glasscherben oder glühende Kohlen zu laufen. Der Zweifel an Ihrem Erfolgsbewusstsein wird Sie nicht von heute auf morgen verlassen, wenn Sie ihn jahrelang genährt haben. Sie müssen diesen Zweifel so lange besiegen, bis er verschwunden ist.

## Lernen Sie die Grammatik des Erfolgs

Diesen Sprung in ein neues Bewusstsein von Ihrer eigenen Persönlichkeit werden Sie schaffen. Das ist wie beim Lernen einer Fremdsprache. Sie lernen Wörter und Sätze auswendig. Sie lernen die Grammatik dieser neuen Sprache. Sie unterhalten sich mühsam, indem Sie Wort für Wort übersetzen. Aber im Grunde sind diese Wörter und Sätze immer noch eine fremde Sprache für Sie. Bis Sie eines Tages Gelegenheit haben, in dem Land zu leben, in dem sie die Umgangssprache ist. Sie werden nun völlig in diese Sprache eintauchen. Und eines Tages werden Sie die unglaubliche Erfahrung machen: „Ich habe in dieser Sprache gedacht, geträumt, gelebt!“

Das ist genau der Sprung, den Sie mit Ihrem Erfolgsbewusstsein schaffen müssen. Bis Sie an dieses Ziel gelangen, müssen Sie üben, üben und nochmal üben. Lernen Sie die Erfolgswörter, das Erfolgsdenken, die Grammatik des Erfolgs, und begeben Sie sich in eine erfolgreiche Umgebung, unter Menschen, die erfolgreich denken und erfolgreich leben – und eines Tages werden Sie erstaunt feststellen: „Unglaublich, ich bin tatsächlich selbst erfolgreich. Erfolgreich denken und erfolgreich leben ist mir zur zweiten Natur geworden!"

Plötzlich fällt Ihnen die Erkenntnis wie Schuppen von den Augen: „Ich habe lange Zeit gebraucht, um erfolgreich zu denken, und jetzt plötzlich spüre ich – ich bin ein erfolgreicher Mensch geworden! Ich lebe den verdienten Erfolg!"

## Das richtige Erfolgsbewusstsein

Sie werden Ihr früheres Ich wie im Rückspiegel sehen oder wie auf einer alten Fotografie und dabei denken: „Das bin ich nur noch rein äußerlich. Mein Denken, mein Sprechen, mein Handeln, meine ganze Lebenseinstellung haben sich total verändert!" Von da an werden Sie von keiner Anstrengung mehr „gestresst" sein, sich von Rückschlägen nicht mehr entmutigen lassen, dem Gedanken ans Aufgeben in Ihrem Denken keinen Platz mehr lassen, mit Ihrer Ausdauer erst einhalten, wenn Sie Ihr Ziel erreicht haben.

Das ist der Zielpunkt, an dem Sie sich Ihrer Persönlichkeit absolut sicher sind, egal was andere Menschen über Sie denken oder auch sagen. Außerdem wird Ihre Überzeugungskraft so stark sein, dass sich ihr niemand entziehen kann. Sie bekommen also auch von anderen Menschen die notwendige Unterstützung für Ihr Erfolgsbewusstsein.

Solange Sie bei kleinen Erfolgen nur sagen: „Ein blindes Huhn findet manchmal auch ein Korn!", zählen diese Erfolge nichts. Auch wenn Sie sich immer wieder vorsagen, dass Sie erfolgreich sein wollen. – Warum? – Weil Sie nicht diese tiefe Beziehung zu Ihrer Persönlichkeit haben. Erst wenn Sie selbst bei Rückschlägen oder Niederlagen sagen: „Ich weiß, dass ich letzten Endes Erfolg haben werde, auch wenn ich immer noch einiges verbessern muss!“, dann haben Sie das richtige Erfolgsbewusstsein.

Wenn Sie nicht mehr nur darüber nachdenken, wie Sie erfolgreich sein könnten, sondern wenn Sie tatsächlich anfangen, aktiv etwas zu tun, dann sind Sie auf dem besten Weg. Wenn Sie zum Beispiel Ihre Ziele schriftlich fixiert haben und täglich daran weiterarbeiten, ist das ein untrügliches Zeichen für Ihr Erfolgsbewusstsein. Wenn Sie dagegen immer noch nicht begonnen haben, Ihr Erfolgsbuch zu führen, dann fassen Sie jetzt den Entschluss dazu. Ja, ich meine „jetzt“! Trainieren Sie Ihre Entschlusskraft. Sie stehen vor einer Weggabelung. Der eine Weg sieht bequem aus. Vor allem kennen Sie ihn. Er führt dorthin, wo Sie sich bisher im Kreis gedreht haben, in die Sackgasse der halben Entschlüsse, des Jammerns, der wachsenden Frustration, die man mit allen möglichen „Schmerzmitteln“ wie Rauchen und Trinken zu bekämpfen versuchen kann.

## Beginnen Sie zu handeln

Der andere Weg ist neu, unbekannt, und sein Ziel scheint so lange unerreichbar, solange Sie nicht wirklich an Ihr Ziel glauben. Wo Sie letzten Endes hinkommen werden, hängt von dieser kleinen Entscheidung ab: „Jetzt beginne ich mit dem Handeln!“ Damit können Sie das Bild, das Sie von sich selbst haben, am nachhaltigsten verändern. Malen Sie Ihr eigenes Erfolgsbild!

Etwas ganz Entscheidendes wird sich dann in Ihrer Persönlichkeitsstruktur verändern. Wenn Sie beginnen zu handeln und damit Ihr Selbstbewusstsein stärken, werden Sie langsam aufhören, sich von Kritik verletzen zu lassen. Diese Verwundbarkeit ist nämlich ein großes Problem im Umgang mit anderen Menschen, mit dem Partner, mit Freunden, mit Geschäftspartnern. Erfolg wirkt wie ein Schutzschild gegen die Verwundbarkeit, mit der Sie wahrscheinlich am meisten zu kämpfen haben.

Was große Erfolge ausmacht, ist letztlich nicht erklärbar. Jeder wirklich große Erfolg birgt ein Geheimnis, das sich nur dem offenbart, der tief in seinem Herzen an seinen Erfolg glaubt. Wenn Sie diesen Zustand des unverrückbaren Erfolgswillens verbunden mit einem tiefen Glauben an Ihren Erfolg erreicht haben, dann wissen Sie: „Ich habe mein Lebensziel gefunden. Ich bin auf dem besten Weg, zu der Persönlichkeit zu werden, die ich sein kann und sein will!“ Der wichtigste Satz in Ihrem Leben lautet ab sofort:

**Ja, ich schaffe, was ich will!**

# Kapitel 5
# Die drei Säulen Ihres Erfolgs

## Werden Sie ein Zehnkämpfer für Ihren Erfolg

Sie haben sich für Ihr Leben viel vorgenommen. Sie wollen sich nicht mit einem der letzten Plätze zufriedengeben oder sich gar auf den Zuschauerrängen des Lebens niederlassen, während die Aktiven im Stadion um die Medaillen kämpfen. Sie wollen an der Olympiade Ihres Erfolgs teilnehmen. Und Sie wissen auch, dass es nicht genügt, sich nur ein großartiges Ziel zu setzen und dann darauf zu warten, dass sich Ihre Siege zu gegebener Zeit von selbst einstellen.

Ja, Sie müssen jetzt ganz konsequent trainieren – Körper, Geist und Seele –, wenn Sie Ihr Ziel erreichen wollen! Dafür brauchen Sie ein Trainingsprogramm, das sich an dem Ziel orientiert, das Sie sich gesteckt haben. Denn Sieger haben Freude an der Herausforderung. Sie begnügen sich deshalb nicht damit, nur dabeizusein. Werden Sie ein echter Zehnkämpfer für Ihren Erfolg. Sie wissen ja, der Zehnkampf ist die olympische Königsdisziplin. Da genügt es nicht, nur schnell zu sein. Da muss der Wettkämpfer auch seine Kraft und Ausdauer trainieren. Er muss mit Präzision ausgefeilte Techniken üben. Für sein tägliches Training muss er hoch motiviert sein und im täglichen Training alle seine Fähigkeiten, seine ganze Energie auf ein

Ziel richten – die Goldmedaille als Krönung all seiner Anstrengungen.

## Mit der Kraft Ihrer ganzen Persönlichkeit

Übertragen auf Ihr Training für den großen Erfolg in Ihrem Leben bedeutet das, dass Sie sich täglich bewusstwerden, wie vielfältig die Anforderungen an Ihre Person sind, wenn Sie es schaffen wollen, einmal ganz oben zu stehen und die Goldmedaille für Ihren persönlichen Erfolg in Händen zu halten!

Ich habe schon mehr als einmal erwähnt, welche Denkweisen, welche Verhaltensweisen und welche Tugenden Sie entwickeln müssen, wenn Sie Ihr ganz persönliches Ziel erreichen wollen. Selbstvertrauen, Glaube, Mut, Risikobereitschaft, Entschlossenheit, Fleiß, Ausdauer, Kreativität, Willen, unermüdliche Lernbereitschaft, Kontaktfähigkeit und Führungsbereitschaft – all das sind im weitesten Sinne die Tugenden, die Sie ständig trainieren müssen. Gleichzeitig bitte ich Sie, Angst, Niedergeschlagenheit, Ratlosigkeit, Trägheit, Anflüge von negativem Denken, Ziellosigkeit und auch Egoismus entschieden zu bekämpfen.

Ja, gerade auch Egoismus! Es ist nämlich ein weitverbreitetes Missverständnis, dass erfolgreiche Menschen ihre Erfolge dadurch erzielen, dass sie immer nur denken „Ich, ich, ich!“ Aus dieser Ecke drohen die schlimmsten Niederlagen! Mit dieser Art von Egoismus schaffen Sie niemals einen ersten Platz.

## Konzertierte Aktion für Erfolg

Die große Schwierigkeit hei Ihrem wahrhaft umfangreichen und harten Trainingsprogramm für den Erfolg ist die Tatsache, dass die einzelnen Disziplinen gleichzeitig konsequent geübt werden müssen. Wie der große deutsche Wirtschaftsminister Karl Schiller es formulierte: Sie brauchen eine konzertierte Aktion für Ihren Erfolg! Dabei müssen alle Kräfte gleichzeitig zusammenwirken. Denn wie könnten Sie Ihre Risikobereitschaft erhöhen, wenn Sie nicht gleichzeitig Ihr Selbstvertrauen stärken? Was nützen Mut und Entscheidungsfreude, wenn Sie Ihren Glauben an die Verwirklichung Ihrer Träume, Ihrer Visionen und Ihrer Ziele nicht wachhalten? Wie könnten Sie einen ehrlichen Erfolg erringen, wenn Sie nicht gleichzeitig Wahrheit und Ehrlichkeit in Ihr Leben bringen? Und woraus sollte Ihre Phantasie die Bausteine für Ihren Erfolg beziehen, wenn Sie nicht bereit sind, für diese Ziele offen, wissbegierig und mit unermüdlichem Fleiß Ihr Wissen zu erweitern und täglich dazuzulernen?

## Äußerlichkeiten sind Zeichen der inneren Einstellung

Aber das ist längst noch nicht alles! Sie müssen nicht nur Ihre geistige und Ihre „Persönlichkeits-Fitness" steigern. Ihre körperliche Kondition hat einen großen Anteil an Ihrer geistigen Fitness. Sie müssen im wahrsten Sinn des Wortes „ausgeschlafen" sein. Zudem ist Erfolg auch eine

Frage des Stils – der Kleidung und des Auftretens! Ungeputzte Schuhe, ein verknittertes Kleid oder ein ungebügelter Anzug – das können sich nur Menschen leisten, die keinen Wert auf ihre Person und auf ihren Erfolg legen. Ebenso sind Höflichkeit und die Disziplin der Pünktlichkeit wichtige Attribute auf der Visitenkarte für Ihren Erfolg. Und nicht zu vergessen – Ihre Sprache. Ihre Sprache ist das Abbild Ihres Charakters. Da gibt es sicher vieles, was Sie noch verbessern können. Reinigen Sie Ihre Sprache von den Weichspülern „... eigentlich sollte ich ..., vielleicht könnte ich ... ich weiß nicht recht ... und äh ... äh ... äh!“, denn sie sind für Ihre Gesprächspartner deutliche Signale der Unentschlossenheit, der Orientierungslosigkeit und eines mangelnden Erfolgswillens.

Ja, Sie haben sich eine ungeheure Aufgabe gestellt, und ich freue mich wirklich sehr, dass Sie dieses wahrhaft riesige Trainingsprogramm für Ihren Erfolg in Angriff genommen haben. Es ist mir persönlich sehr wichtig, dass sich möglichst viele Menschen für Erfolg entscheiden anstatt für Resignation, für Freude am Leben anstatt für dumpfe Ratlosigkeit, für glückliche Stunden im Zusammenleben mit Menschen, die ihnen wichtig sind, anstatt für den Rückzug in eine verbitterte Einsamkeit. Ich erlebe täglich die Freude und den Glanz, den der Erfolg in mein Leben bringt. Diese Freude möchte ich am liebsten mit allen Menschen teilen. Denn ich bin, lassen Sie mich das immer wieder sagen, zutiefst davon überzeugt, dass wir alle auf dieser Erde sind, um Freude und Erfüllung in unserem Dasein zu finden und sie mit anderen zu teilen. Mit dieser unsagbaren Kraft der Motivation und der Begeisterung für ein glückliches Leben möchte ich Sie in dieses Training schicken. Und versprechen Sie mir und sich selbst bitte eines: Geben Sie Ihr Trainingsziel nie wieder auf!

## Erfolg braucht Zeit und Geduld

Über eines müssen Sie sich von vornherein im klaren sein: Bei diesem Training für Erfolg erwartet Sie kein Sonntagsspaziergang. Denn Sie wissen sicher so gut wie ich, dass bei jedem Training die unermüdliche Wiederholung, die Ausdauer und der nicht nachlassende Wille ganz entscheidend für die Aufbauleistung sind. Erwarten Sie nicht zuviel auf einmal. Wir begehen leicht den Fehler, dass wir überschätzen, wieviel wir in einem Monat schaffen können. Und wir unterschätzen, was wir im Zeitraum eines Jahres erreichen können.

Ich habe mein ganzes bisheriges Leben gebraucht, um mich selbst immer besser kennenzulernen und meinen Erfolg zu verstehen, zu stabilisieren und wachsen zu lassen. Geben Sie sich also Zeit – ohne Ihr Ziel auf die lange Bank zu schieben. Bleiben Sie dran! Wechseln Sie nicht das Programm. Schalten Sie nicht um auf leichte Unterhaltung. Dann werden Sie nach einigen Wochen bereits an sich selber spüren, dass sich etwas Entscheidendes in Ihnen verändert. Und das ist es, worauf es ankommt. Sie werden keine Techniken lernen, wie Sie zu mehr Erfolg im Leben gelangen. Sie werden aber Schritt für Schritt Ihr Denken verändern und zwangsläufig die Einsicht gewinnen, dass der Erfolg aus Ihnen selbst kommen muss und kommen wird. Ja, Sie werden brennen vor Begierde, jeden Tag den Pulsschlag Ihres sich verändernden Lebens zu fühlen.

Eines kann ich Ihnen schon jetzt sagen: Das brennende Verlangen nach Erfolg Ihrer ganzen Persönlichkeit wird Sie nie wieder zur Ruhe kommen lassen. Das folgende Trainingsprogramm wird Sie täglich begleiten. Freuen Sie sich darauf, denn eines ist sicher:

# Sie schaffen es!

## Carpe diem – Nütze die Zeit

Vielleicht verwundert es Sie, dass ich dieses Trainingsprogramm für Ihren Erfolg mit dem Thema Zeit beginne. Zeit ist nicht nur Geld. Zeit ist vor allem Leben. Lebenszeit. Wir brauchen Zeit für uns selbst, Zeit für Erfolge, Zeit für unsere Freunde, Zeit für die Familie. Jeder Moment unseres Lebens ist mit dem Faktor Zeit verbunden. Es gibt nichts Wichtigeres in unserem Leben als die begrenzte Zeit, die uns zur Verfügung steht. Sie wollen Ihre Zeit doch sicher so nutzen, dass Sie möglichst wenig Schmerz, dafür aber möglichst viel Glück und Freude erleben?!

Bedenken Sie, dass 10 Jahre Ihres Lebens aus nur 3650 Tagen bestehen. Von diesen Tagen hat jeder nur 1440 Minuten. Wie viele davon haben Sie heute schon aktiv genutzt und mit dem positiven Gefühl verbracht „Mir geht es gut“? Bedenken Sie weiter, wie leicht 8, 10 oder 14 Tage nahezu spurlos verschwinden, wie schnell ein ganzes Jahr buchstäblich zerrinnt – wenn Sie es nicht mit Lebensfreude füllen.

## Die Lebenszeit ist Ihr kostbarstes Gut

Viele Menschen leben in den Tag hinein, als sei Zeit ein erneuerbarer Rohstoff und ihr Leben ziehe sich dahin bis in alle Ewigkeit. Sie verbringen ihre kostbare Lebenszeit mit Dingen, die ihnen keine Freude bereiten, mit Menschen, über die sie sich, aus welchen Gründen auch immer, ärgern, und mit negativen Gedanken. Diese Vergeudung Ihrer Lebenszeit werden Sie schnell in den Griff bekommen, sobald Sie sich für Ihr wichtigstes Lebensziel begeistern – die Entwicklung Ihrer ganzen vielfältigen Persönlichkeit in Richtung Erfolg. Freuen Sie sich über diese Aufgabe, denn damit sind Sie nie am Ende.

## Die Zeit setzt Grenzen

Unser Leben ist begrenzt. Es ist einmalig und unwiederholbar. Selbst wenn Sie an eine Wiedergeburt glauben, wissen Sie, dass Sie in dieses Leben nie wieder zurückkehren werden. Das ist der stärkste Ansporn für Erfolg. Erfolg zu erleben innerhalb dieser Frist, die uns geschenkt ist, das sehe ich als die wichtigste Aufgabe unseres Lebens. Deshalb dürfen Sie Ihren Erfolg nicht auf die lange Bank schieben. Denn das Schlimmste ist, wenn man gegen Ende seines Lebens zurückschaut und feststellen muss: „Ich habe mein Lebensziel versäumt. Ich habe im Grunde nichts von dem erreicht, was ich aufgrund meiner Fähigkeiten und Chancen hätte erreichen können!" Das ist eine wirkliche Horrorvorstellung.

Diese zeitliche Begrenztheit unseres Daseins ist eine große Herausforderung an unser positives Denken und vor allem an unser positives Handeln. Denn ich glaube ganz fest, dass negatives Denken und negatives Handeln als Verlust auf unser Lebenskonto gebucht wird. Negative Dinge reduzieren ganz eindeutig unsere Lebenszeit!

Wie haben Sie denn bisher darüber gedacht? Sicher war es Ihnen nicht egal, wie Ihr Leben verläuft, aber vielleicht haben Sie sich in weniger guten Zeiten einfach mit der Einstellung getröstet: „Warten wir ab. Es wird schon wieder werden!" Diesen verschwenderischen Umgang mit Ihrer Zeit müssen Sie sofort abstellen, denn beim ziellosen Abwarten kann schnell eine Unmenge Zeit verstreichen. Besser ist es da schon, sich dafür zu entscheiden, dass es möglichst schnell besser wird. Sind Sie dazu bereit?

## Das Leben reicht nie

Ich denke an einen alten Kollegen aus meiner Zeit bei einem Elektronik-Großhändler in München. Er war ein Top-Verkäufer. Der hätte das Zeug gehabt, ein eigenes Unternehmen aufzubauen oder in eine leitende Position aufzurücken. Aber er wartete immer nur ab, vor allem günstige Gelegenheiten, die keinerlei eigene Anstrengung erforderten. Dieser Mann macht heute, bildlich gesprochen, in seiner Lebenslotterie nicht einmal einen Dreier. Sein Leib- und Magenspruch war, wenn er hätte aufsteigen können: „Mir reicht es!" Der ist immer noch in derselben Firma und verdient immer noch zuwenig – wie damals. Er ist frustriert und dadurch frühzeitig gealtert. Er sieht aus wie sein eigener Großvater. Das passiert, wenn man irgendwann in seinem Leben sagt: „Es reicht mir!" Materiell kann das durchaus richtig sein, aber von der Persönlichkeitsentwicklung her niemals.

Kürzlich trennte ich mich am Ende der Probezeit von einem Mitarbeiter. Er hatte einfach nicht die geforderte Arbeitsleistung gebracht. Auch er antwortete auf meine Frage, warum er sich dem Erfolg in die Quere stellt: „Mir reicht's! Ich bin doch nicht erfolgskrank!" Das kann nur heißen: Ich will mich nicht mehr weiterentwickeln. Ich will mich unter keinen Umständen mehr anstrengen als unbedingt nötig. Menschen mit dieser „Mir reicht's!"-Einstellung lassen zu, dass nur noch die Zeit sie verändert!

Ich persönlich finde jedenfalls, das Leben reicht nie! Was wir in diesem Leben nicht erreichen, ist für immer an uns vorbeigegangen. Viele Menschen leben so, als dächten sie: „Na gut, im nächsten Leben mache ich alles anders." Diese Einstellung ist Gift für die Seele! Da kann nur eines die Bilanz eines Lebens aufwerten: Veränderung zum Guten! Veränderung durch Wachsen an seinen Aufgaben und Zielen! Wie sehen Sie Ihre Lebensbilanz? Denken Sie einmal ganz nüchtern darüber nach!

## Sie stehen unter Zeitzwang zum Positiven

Sie können an jedem Tag und zu jeder Stunde Ihres Lebens die Weichen stellen für Erfolg oder auch für Misserfolg, für Freude oder für Unzufriedenheit. Das großartige Geschenk unserer Lebenszeit verpflichtet uns zur bestmöglichen Nutzung. Wir haben die Wahl, uns dafür oder dagegen zu entscheiden – jede Stunde, jede Minute.

„Carpe diem!" – „Nütze den Tag!" Kürzer kann man die Aufforderung zu einer täglich neuen Disziplin gegenüber diesem wertvollsten Gut unseres Daseins nicht fassen als in diesem lateinischen Spruch.

Stellen Sie ein Schild an Ihren Arbeitsplatz mit diesen drei einfachen Worten: „Nütze den Tag!" Das wird Sie nachhaltig daran erinnern, dass jeder ungenutzte Tag, jede vergeudete Stunde unwiederbringlich verloren ist für die Entwicklung Ihrer Fähigkeiten, für das Erreichen Ihrer Ziele, für die Erweiterung Ihres Wissens, für ausgefüllte Mußestunden, für Ihre Annäherung an Glück, Zufriedenheit und Erfolg. Und für die innere Harmonie in Ihrem Leben! Machen Sie die innere Harmonie zwischen Ihrem Tun und dem Ablauf Ihres Lebens zum Grundakkord Ihres Daseins!

Wenn Sie auf Ihr bisheriges Leben zurückblicken, können Sie genau den aktuellen Kontostand ablesen. Fragen Sie sich ganz ehrlich: „Welche Ziele habe ich verwirklicht? Welche Ziele habe ich einfach fallenlassen? An wie vielen glücklichen Stunden bin ich achtlos vorübergegangen? Wie viele Stunden habe ich mit überflüssigem Ärger verbracht?" Bedenken Sie, wie schnell aus diesen Stunden Tage und Jahre werden! Beherzigen Sie – ganz im Sinn des positiven Denkens – die alte Spruchweisheit: „Mach es wie die Sonnenuhr – zähl die schönen Stunden nur!" Aber vergessen Sie nie, dass das Leben auch die anderen Stunden zählt.

Um erfolgreich zu leben, müssen Sie zu der Einstellung finden: „Heute ist der wichtigste Tag in meinem Leben." Ja, dieser Tag ist einmalig, er kehrt nie wieder. Chancen, die Sie an diesem Tag verpasst haben, kehren in der Form nie wieder. Vor allem die Zeit, die Sie an diesem Tag sinnlos und nutzlos vertan haben, kommt nie wieder. Sie lässt sich nie wieder aufholen. Deshalb heißt erfolgreich leben den Leerlauf reduzieren.

## Entschlusskraft schenkt Zeit

Überprüfen Sie Ihren Tagesablauf. Wo sind Ihre Zeitfresser? – Mangelnde Zielstrebigkeit und Entschlusskraft sind die größten Zeitfresser unseres Lebens. Einen wichtigen Entschluss reifen lassen kann viel Zeit kosten. Diese Zeit ist selbstverständlich nicht verloren. Verloren und vergeudet ist nur die Zeit, in der Sie Dinge unerledigt und halbherzig vor sich herschieben.

Es gibt viele schlaue Bücher über Zeitmanagement, über richtige Terminplanung und dergleichen. Leider sagen sie meistens wenig über unsere wichtigsten Zeitgewinnungsfaktoren: Zielstrebigkeit und Entschlusskraft. Nur mit Zielstrebigkeit und Entschlusskraft kann ich heute vermeiden, dass ich morgen, übermorgen oder auch in einem Monat viel wertvolle Zeit verliere.

Hinter diesen beiden Grundhaltungen steht das Bewusstsein, dass die wichtigste Zeit in unserem Lehen immer der gegenwärtige Augenblick ist. Was aber ist Gegenwart? Auf diese Frage gibt es eine einfache Antwort.

Für mich ist Gegenwart das, was ich bewusst erlebe – was ich mir vergegenwärtige! Eine wunderschöne Blume, die ich nicht wahrnehme, ist für mich genausowenig gegenwärtig wie eine Chance, die ich nicht erkenne. Ich schaffe Gegenwart durch Wahrnehmung.

## Versuchen Sie nie, Ihre Vergangenheit zu verändern

Menschen, die mit ihrer Gegenwart unzufrieden sind, leben häufig auf der „Insel des vorigen Tages" im Strom ihres vergangenen Lebens – gleich neben den Sandbänken der verpassten Gelegenheiten. Sie beschäftigen sich ausschließlich damit, wie sie im nachhinein ihre Vergangenheit verändern können. Aber wie das Bild sehr deutlich zeigt: Wer sich nicht mit dem Fluss der Zeit bewegt, kann nichts „beeinflussen". Wer sich zu intensiv mit seiner „negativen" Vergangenheit beschäftigt, bewirkt vor allem, dass er in diesem Fluss ohne Wiederkehr keine Zukunft erkennen kann. In seiner Vorstellung ist nur noch das Phantombild einer toten Vergangenheit lebendig.

Wer so rückwärts gewandt denkt, für den ist die Gegenwart als der tatsächliche Ablauf seines Lebens gar nicht gegenwärtig. Er vergisst dabei: Wer nicht in der Gegenwart lebt, verspielt seine Zukunft!

Genausowenig „gegenwärtig" sind Menschen, die nur für den Augenblick leben, die ziellos immer nur das Nächstliegende tun, vor allem das, was die geringste Anstrengung erfordert. Sie stehen nie im Mittelpunkt ihres Lebens. Sie bewegen sich im Abseits. Ich meine, dass sich nur derjenige sein Leben richtig vergegenwärtigt, der im Bewusstsein seiner Vergangenheit in der Gegenwart seine Zukunft gestaltet.

Konzentrieren Sie sich deshalb auf die Gegenwart. Werden Sie ein aktiver Gegenwartsgestalter! Stellen Sie sich jeden Abend die Frage: „Wie intensiv habe ich heute gelebt? Welches waren die besten Stunden dieses Tages? Worüber habe ich gelacht? Was hat mir am meisten Freude bereitet?" Stellen Sie sich positive Fragen zu Ihrem Zeitmanagement. Die Fragestellung: „Wo habe ich Zeit vertan? Wo habe ich mir Zeit durch unnütze Gespräche stehlen lassen?" wirkt auf die Dauer negativ. Diese Fragen machen Sie zu einem gehetzten Menschen. Nein, fragen Sie positiv: „Wie kann ich meine Zeit noch besser nützen?" Das stärkt Ihre Konzentration auf das Wesentliche und macht Sie innerlich stark!

## Zeit ist das wichtigste Gut in Ihrem Leben

Planen Sie mit dieser Vorgabe das positive Ergebnis des kommenden Tages, ohne dass Sie sich „verplanen". Nur wenn Sie auch Zeit für das Unvorhergesehene einplanen, können Sie Ihre innere Balance stabilisieren. Um es noch einmal deutlich zu sagen: „Zeit ist das wichtigste Gut in Ihrem Leben!“ Dieser Grundsatz schließt zwangsläufig ein, dass Sie all den unnützen Zeitfressern eine klare und deutliche Absage erteilen. Wachen Sie sorgsam über Ihr tägliches Zeitguthaben. Messen Sie Ihre „Zeitausgaben“ auch an dem Satz „Tu, was du willst!“ Sagen Sie häufiger ein deutliches Nein statt der Allerweltsausrede „Ich habe keine Zeit!“ Sie bedeutet meistens: „Ich habe keine Lust!“ Der wichtigste Grundsatz für Ihre Zeiteinteilung lautet: „Ich habe für alles Zeit, was mich intensiv spüren lässt, dass ich lebe, und was mich meinem Lebensziel näher bringt!“

Wenn Sie sich auf diese innere Uhr verlassen, wird der Satz: „Ich habe keine Zeit!“ bald aus Ihrem Leben verschwinden. „Ich habe keine Zeit!“ bedeutet nämlich meistens: „Ich lebe nicht!“

## Eine beunruhigende Frage

Sind Sie selbstbewusst? – Ja? – Sind Sie mit Recht stolz auf sich und auf Ihre Leistungen? – Ja? – Dann besitzen Sie eine hervorragende Ausgangsbasis für künftige Erfolge. Oder haben Sie sich schon oft gefragt, warum Sie trotz großer Kenntnisse, großer Fähigkeiten und eines unermüdlichen Arbeitseinsatzes immer wieder den kürzeren ziehen, während andere, die weniger können und weniger fleißig sind, scheinbar mühelos an Ihnen vorbeiziehen? Könnte es sein, dass Sie zwar eine Menge leisten, aber sich zuwenig zutrauen, um eine höhere Position auszufüllen?

## Stärken Sie Ihr Selbstbewusstsein

Das sollten Sie unbedingt ändern. Aus einem ganz einfachen Grund: Der Mangel an Selbstbewusstsein ist leider ganz unmittelbar verbunden mit einem Mangel an Erfolgsbewusstsein. Dadurch wird der Mangel an Selbstbewusstsein zu einer der größten Erfolgsblockaden, die denkbar sind. Wer nicht an sich selbst glaubt, wer nicht dieses Urvertrauen in seine eigene Kraft hat „Ja, ich schaffe es, weil ich es will!", der kann wirklich nur gelegentlich und aus Zufall Erfolg haben. Zufallserfolge haben aber meistens ein sehr kurzes Verfallsdatum!

## Selbstbewusstsein ist eine veränderliche Größe

Selbstbewusstsein ist nicht ohne weiteres lernbar. Man kann sein Selbstbewusstsein auch nicht durch eine Entscheidung herbeiführen, wie man beschließen kann: „Ab heute bin ich fleißiger und arbeite täglich zwei Stunden länger!" Aber dennoch ist es nicht so – wie leider viele Menschen glauben –, dass der eine Selbstbewusstsein hat und der andere es niemals bekommen wird.

Selbstbewusstsein ist keine feste Größe. Auch das Selbstbewufsstsein eines äußerst erfolgreichen Menschen kann empfindliche Rückschläge erleiden – wenn er anfängt, nicht mehr an seinen Erfolg zu glauben, und Niederlagen einfach hinnimmt. Auch ein Erfolgreicher muss sein Selbstbewusstsein immer wieder durch Leistung und

Vorwärtsstrategien untermauern. In der gleichen Weise können Sie Ihr Selbstbewusstsein schrittweise aufbauen.

Sie bezweifeln das? – Das liegt vielleicht daran, dass der Aufbau des Selbstbewusstseins ein sehr langwieriger Prozess ist.

Außerdem dauert es noch länger, auch seine Umgebung davon zu überzeugen. Ich habe in meinem Leben immer wieder erlebt, dass Menschen äußerst gereizt darauf reagierten, wenn sie spürten, dass mein Selbstbewusstsein durch Leistung immer stärker wurde.

Die Menschen in Ihrer Umgebung haben vielleicht gar kein Interesse daran, dass Sie plötzlich Selbstbewusstsein entwickeln. Das sind höchstwahrscheinlich dieselben Menschen, denen Sie Macht über Ihr Leben gegeben haben und die Ihnen immer wieder einflöstern, was Sie zu tun und zu lassen haben.

## Sammeln Sie Pluspunkte

Selbstbewusstsein müssen Sie sich mehr als alles andere erarbeiten. Der erste Schritt ist immer, wie bei der Zielfindung, die Frage: „Wo sind meine Stärken?“ Und bedenken Sie: Es gibt keinen Menschen, und wenn er zur Zeit noch so weit unten ist, der nicht eine Reihe von Pluspunkten aufzuweisen hätte. Begehen Sie deshalb ja nicht den Fehler, den viele Menschen machen, wenn sie in Schwierigkeiten sind: Zählen Sie nicht ausschließlich Ihre Minuspunkte auf. Sie zählen sich damit selbst aus – ohne dass Ihr Gegner einen Schlag geführt hat!

Wie könnten Sie das Leben veranlassen, Ihnen Pluspunkte zuzugestehen, wenn Sie selbst vor jede Buchung ein Minuszeichen schreiben? Damit wandern auch alle Ihre Pluspunkte ins Minus ab!

Sie wollen Ihre Freunde doch davon überzeugen, dass es sinnvoll ist, Ihnen zu helfen. Das gelingt Ihnen nur, wenn Sie selbst sich nicht negativ sehen! Selbst wenn Sie durch eine Fehlentscheidung völlig mittellos geworden sind, bleiben Ihnen doch Ihre Fähigkeiten. Und damit haben Sie ein gewaltiges Plus für Ihr Selbstbewusstsein!

## Bauen Sie Ihr Selbstbewusstsein auf Erfolge

Suchen Sie sich jeden Tag Aufgaben, bei denen Sie sicher sein können, dass Sie sie auch bewältigen. Damit stellen sich automatisch erste, wenn vielleicht auch nur kleine Erfolge ein. Stellen Sie sich aber, wenn möglich, täglich auch eine Aufgabe, die Sie sich bisher nicht zugetraut haben, vor der Sie mutlos wurden und die Sie aus Angst vor dem Scheitern tunlichst vermieden haben. Ja, fragen Sie sich jeden Tag: „Vor welcher Aufgabe, die ich unbedingt erledigen muss, habe ich Angst?“ Und dann stellen Sie sich in allen Einzelheiten vor, wie Sie gerade diese Aufgabe zu Ende führen – in dem Bewusstsein „Ja, ich schaffe es!“ Sie werden dann immer öfter erleben, dass Sie gerade auf diesen „ausgesparten“ Feldern erfolgreich sind. Auf diese kleinen Erfolge können Sie langsam, aber sicher Ihr Selbstbewusstsein aufbauen. Die Bewältigung von Aufgaben, die Sie sich nicht zugetraut haben, stärkt Ihr Selbstbewusstsein mehr als leicht verdiente Siege! „Du schaffst es!“ können Sie in dieser Phase nicht oft genug wiederholen.

Ob Sie es schaffen, hängt davon ab, ob Ihr Denken wirklich auf Erfolg eingestellt ist. Das ist die Kraft, die entscheidet, wie Ihr Leben verläuft! Das Urteil der anderen Menschen über Sie und Ihre Leistungsfähigkeit kann noch so negativ sein, letzten Endes zählt nur das, was Sie sich selbst zutrauen – in dem sicheren Wissen, dass Sie es auch schaffen. Unter keinen Umständen dürfen Sie die negativen Einschätzungen anderer Menschen übernehmen. Fragen Sie auch in dieser Richtung positiv. Nicht: „Warum haben die kein Vertrauen in mich?“, sondern: „Was muss ich tun, um diese Menschen von meiner Person und von der Durchführbarkeit meiner Ziele zu überzeugen?“ Für dieses Ziel müssen Sie Ihre ganze Kraft auf einen Punkt konzentrieren und viele kleine Erfolge verwirklichen!

## Ein Glaube ohne Tat ist ein Feld ohne Saat

Wer glaubt, schafft Taten. Wenn Sie von Erfolg träumen und gleichzeitig denken: „Das wird ja doch wieder nichts!“, dann können Sie nicht erfolgreich sein. Ihre Träume werden sich nie verwirklichen. Nehmen Sie Ihre Selbstzweifel und Ihre Angst vor dem Scheitern einfach nicht als gegeben hin. Sie können sich selbst beeinflussen. Denken Sie an die berühmte Faust von Boris Becker, wenn er nach einem langen Ballwechsel einen hart umkämpften Punkt gemacht hat. Diese Geste heißt nichts anderes als „Ja, ich schaffe es!". Stärken Sie Ihr Selbstvertrauen durch solche Gesten. Sie wirken tatsächlich auf den Geist. Sie können statt die Faust zu ballen, natürlich auch die Hände zu einem kurzen Gebet falten und um Gottes Beistand bitten.

Menschen, die nicht an sich selbst glauben und die auch nicht daran glauben, dass ihnen irgend etwas hilft, das größer ist als sie, stürzen sofort ab, wenn der Weg steiler und steiniger wird. Sie verändern ihre Ziele und begeben sich unbedacht und ohne Rückkoppelung zu ihrem Bauchgefühl auf Gebiete, die mit ihrer Persönlichkeit nichts zu tun haben. Wenn sie mit diesen neuen Zielen – wie zu erwarten – Schiffbruch erleiden, kapseln sie sich ab. Sie ziehen sich in sich selbst zurück, weil sie fälschlicherweise meinen, dass sie damit ihr Selbstbewusstsein retten können. Genau das Gegenteil ist richtig! Sein Selbstbewusstsein kann man nur aufbauen, wenn man aus der Isolation heraustritt und den Glauben an sich durch Taten beweist.

Wer nur sagt: „Ja, ich glaube!", beweist damit gar nichts. Die Erfolgsblockade im Denken „Ich traue mir das nicht zu!" kann man nur wirksam beseitigen, indem man sich zum positiven Handeln entscheidet. Auch ein gesundes Gottvertrauen können Sie nur beweisen, indem Sie es durch entsprechende Taten belegen.

Ein selbstbewusster Mensch wartet auch nicht darauf, dass ihm von jemand anderem eine Chance geboten wird. Er schafft sich seine Chancen selbst. Denn er weiß eines ganz sicher: „Wie gut du bist, kannst du nur herausfinden, indem du etwas tust. Nur im Umsetzen erkennst du deine Grenzen und auch die Möglichkeiten, diese Grenzen zu erweitern!"

## So überwinden Sie Erfolglosigkeit und Mangel an Selbstbewusstsein

Die Grenzen ausloten und erweitern ist auch der einzig richtige Weg für einen Menschen, der die Grundlagen für ein „gesundes Bewusstsein seiner selbst“ nicht von zu Hause mitbekommen hat. Der sich unterlegen fühlt, der sich bei Einladungen an seinem Glas und an einer Zigarette festhält und feuchte Hände bekommt, sobald ihn jemand anspricht. Es gibt niemanden, der zu Erfolglosigkeit verdammt ist. Wirklich niemand! Schon gar nicht Sie!

Für viele Menschen beginnt allerdings bereits im Elternhaus oder in der Schule die negative Beeinflussung ihres Selbstbewusstseins. Später verstärkt sich dieser Trend, denn je erfolgloser Menschen sind, um so leichter sind sie beeinflussbar. Sie fangen an, Ja mit Nein zu verwechseln. Sie neigen dazu, an die verkehrten Menschen zu glauben, nur weil sie ihnen leichte Erfolge versprechen.

Menschen mit einem geringen Selbstbewusstsein ordnen sich bereitwillig oder auch widerwillig unter, auch wenn sie den Menschen, denen sie sich unterordnen, geistig vielleicht sogar überlegen sind. Sie sehen gar nicht, welche Trümpfe sie in der Hand haben. Sie spielen in der Position des Unter, obwohl sie das Zeug dazu hätten, ein Ober oder ein König zu sein. Sie haben oft die besseren Argumente, aber sobald jemand zu ihnen sagt: „Was glauben Sie eigentlich, wer Sie sind? Machen Sie gefälligst Platz!“, stecken sie zurück. Das ist der Punkt, wo sie anfangen, Ja mit Nein zu verwechseln. Und wenn es bei der Verteilung darum geht, „Hier“ zu schreien, lassen sie aus

Mangel an Selbstbewusstsein freiwillig anderen den Vortritt und stehen am Ende mit leeren Händen da. Lassen Sie das für sich nicht zu. Werden Sie ein As auf Ihrem Gebiet!

## Verändern Sie Ihr „Selbstbildnis" durch Vorbilder

Das ist die Situation von Millionen Menschen: Ihre größte Blockade ist nicht der Mangel an Wissen, an Können und an Fähigkeiten, sondern einzig und allein der Mangel an Selbstbewusstsein. Diese innere Blockade kann man nur durch eine klare Zielsetzung und durch eine Veränderung des „Selbstbildnisses" auflösen. Das Bild, das ich von mir selber habe, bestimmt, wer ich bin. Dieses Bild mag von meiner Herkunft, von meiner Erziehung oder auch von einer endlosen Serie von Niederlagen vorbestimmt erscheinen. Dennoch kann ich es ändern!

Zum Beispiel durch Vorbilder. Jeder, der erfolgreich werden will, braucht Vorbilder – Vorbilder an Leistung, an Persönlichkeit, an Kreativität, an Originalität, an Disziplin, an Mut. Vorbilder, an denen er sich messen kann. Ja, suchen Sie sich ein Vorbild! Auch ich habe immer wieder Maß genommen an Menschen, die ganz andere Lebensentwürfe hatten und die buchstäblich in ganz anderen Etagen zu Hause waren als ich.

Eines meiner großen Vorbilder war Dr. Alfred Herrhausen, der Vorstandsvorsitzende der Deutschen Bank. Ihn sprach ich am Rande einer Vortragsveranstaltung an und bat ihn um einen Gesprächstermin. Ich wollte ihn über die

Abhängigkeit der deutschen Wirtschaft von den japanischen und amerikanischen Mikrochips informieren. Ich war total verblüfft, dass ich sofort einen Termin bekam. Sie dürfen mir glauben, dass mir angesichts dieser „Audienz" in der obersten Etage der Deutschen Bank in Frankfurt die Knie zitterten. Aber ich spürte gleichzeitig, wie mein Selbstbewusstsein im Lauf dieses zweistündigen Gesprächs wuchs. Das gab mir den Mut, mit meinem Anliegen auch anderen hochgestellten Persönlichkeiten gegenüberzutreten. Ich kann Ihnen nur raten, Ihr Selbstbewusstsein durch derartige Mutproben herauszufordern.

Selbstbewusstsein muss aber mit Wissen und mit Leistung unterlegt sein, denn wirklich erfolgreiche Menschen haben ein sehr feines Gespür für hohle Worte. Wer sich bei ehrlicher Betrachtung seiner eigenen Person sagen muss: „Ich habe noch nie eine Leistung gebracht, die auch nur annähernd den Anforderungen und meinen Fähigkeiten gerecht wurde", der kann sich nicht mit stolzgeschwellter Brust neben jemanden hinstellen, der in seinem Fach der Beste ist, und sagen: „Ich nehme mir dich zum Vorbild!" Die Selbsteinschätzung muss schon eine realistische Grundlage haben, und diese Grundlage muss man ständig verbessern.

## Die Grenzen des Selbstbewusstseins

Ehrliches Selbstbewusstsein bedeutet auch, sich seiner Grenzen bewusst zu sein. Der wirklich Selbstbewusste ist darum in allem bescheiden, außer in seinen Ansprüchen an sich selbst. Deshalb ist Selbstbewusstsein auch das Gegenteil von Dünkel, Einbildung und Arroganz. Arroganz bedeutet immer, dass hinter dem übersteigerten Anspruch auf Anerkennung keine entsprechendc Leistung steht.

Daraus entstehen bestenfalls falsche Erfolge. Bei mir melden sich in letzter Zeit viele Leute, die eine eher zufällige Bekanntschaft, die vor vielen Jahren zwischen uns bestand, als große Jugendfreundschaft ausgeben. Meistens stellt sich nach wenigen Sätzen heraus, dass sie in katastrophale Lebenssituationen geraten sind, weil sie jahrelang an diesen falschen Erfolg geglaubt haben.

Zum Beispiel ein erfolgreicher Speditionsfachmann. Der sah extrem gut aus. Er stand immer im Mittelpunkt. Er war laut und dominant. Er verdiente früh sehr viel Geld und wollte damit ganz hoch hinaus. Er sprach bei jeder Gelegenheit von dem Weltunternehmen, das er aufbauen würde, und erzählte von einer riesigen Villa, einem eigenen Flugzeug und einer Segeljacht, die er sich dann kaufen würde. Auf Menschen mit bescheideneren Zielen blickte er geringschätzig hinab.

Aber leider hat er alles in den Sand gesetzt. Einen großen Teil seines Geldes gab er auf der Rennbahn aus, wo er sich leichte Erfolge erhoffte Und der rief mich ziemlich kleinlaut an. Er brauchte Hilfe. Er stand mit seinem Geschäft vor dem Aus. Seine Lastwagen waren nicht mehr fahrbereit und sollten vom Gerichtsvollzieher verwertet werden. In seinem übersteigerten Selbstbewusstsein hatte er nicht darauf geachtet, seine Erfolge auch zu festigen. Sein Selbstbewusstsein war ein Heißluftballon, dem nun mangels echter Leistung der Treibstoff ausging. Aber Leistung kann man nicht fremdfinanzieren. Erfolge muss man sich täglich hart erarbeiten. Tag für Tag!

## Ich bin der, der ich bin!

Ein gesundes Selbstbewusstsein besteht aus der Summe vieler einzelner Komponenten, die alle auf einen Satz hinauslaufen: „Ich bin der, der ich bin!" Wenn Sie sich zehn Leute in der Badehose vorstellen, dann werden Sie sehr schnell erkennen, dass der Selbstbewusste, der vorher noch im Brioni-Anzug vor Ihnen stand, auch ohne Kleidung etwas darstellt. Und zwar durch seine Haltung, durch seine Körpersprache, durch die Art und Weise wie er spricht, wie er Inhalte überzeugend und mit fester Stimme vermittelt. Und Sie werden ihn auch daran erkennen, dass ihm alle aufmerksam zuhören.

Ich mache da immer wieder meine eigenen Beobachtungen, zum Beispiel wenn ich am Wochenende auf dem Land in die Sauna gehe. Da treffe ich gelegentlich mit einem Bauern zusammen. Der ist wirklich selbstbewusst. Er hat einen riesigen Bauch, aber er braucht für sein Selbstbewusstsein keinen Trachtenanzug, in dem er seinen Bauch verstecken kann. Er erzählt von der Landwirtschaft, von seiner Arbeit auf dem Feld, von seinem Bienenhonig. Und das erzählt er in einer Art und Weise, dass ihm jeder aufmerksam zuhört, auch ich.

Solange er spricht, ist er der absolute Mittelpunkt in dieser Saunarunde. Das ist für mich der beste Beweis, dass er ein ausgeprägtes Selbstbewusstsein hat. Die Grundlage seines Selbstbewusstseins bildet die Gewissheit, dass er ein sehr erfolgreicher Landwirt ist. Um dieses Selbstbewusstsein auszudrücken, braucht er absolut nichts – keine goldene Uhr, keinen maßgeschneiderten Anzug, kein teures Auto – nur seine Körperhaltung, seine blitzwachen Augen und seine ruhige und intensive Stimme.

## Selbstbewusstsein – die gemeinsame Ebene der Erfolgreichen

An diesen Attributen erkennen sich selbstbewusste und erfolgreiche Menschen, auch wenn jeder aus ganz unterschiedlichen Lebensbereichen kommt. Egal ob, Bauer, Handwerksmeister, Ladenbesitzer oder, wie ich, Chip-Broker. Jeder ist auf seinem Gebiet erfolgreich. Jeder hat ein entsprechendes Selbstvertrauen, und das ist im Grunde die Ebene, auf der sich erfolgreiche Menschen treffen.

Ich fühle mich in Gegenwart dieses Bauern, der selbstbewusst ist, absolut wohl. Das gilt auch für eine Frau, die an der Kasse des Supermarkts sitzt, wo ich gelegentlich einkaufe. Sie weiß vermutlich gar nicht, wer ich bin, aber wir unterhalten uns immer sehr gut und auf einer sehr menschlichen Basis. Sie ist in meinen Augen eine selbstbewusste und erfolgreiche Frau. Sie beherrscht ihre Arbeit. Sie fühlt, dass ich auf erfolgreiche Menschen zugehe und sie anerkenne. Sie merkt auch, dass ich erfolgreich bin. Und auf dieser Ebene spielt sich eine geistige Begegnung ab, obwohl sie in einer ganz anderen Umgebung lebt als ich. Wir kommunizieren auf dieser Basis des Erfolgs miteinander.

## Übereinstimmung

Ich glaube, selbstbewusst zu sein heißt vor allem, mit seiner ganzen Persönlichkeit, ja, mit Haut und Haaren hinter dem zu stehen, was man tut. Der Selbstbewusste ist völlig eins mit dem, was er tut. Und das drückt sich unbewusst und ungekünstelt in jeder seiner Bewegungen, in den einfachsten Tätigkeiten und in der Klarheit seiner Emotionen aus. Aus dieser vollkommenen Übereinstimmung von Worten, Gesten und Gefühlen entsteht die Überzeugungskraft, die letztendlich auch den Erfolg anzieht. Das ist eines der Geheimnisse, die hinter jedem großen Erfolg stehen.

Was bedeutet Selbstbewusstsein? – Ganz einfach: Ich bin mir meiner selbst bewusst. Ich weiß, was ich kann. Ich weiß auch, was ich noch nicht kann und was ich gar nicht können will. Ich weiß, was mich brennend interessiert, was ich noch alles lernen möchte, und ich weiß auch, was mich nicht interessiert. Ich stehe im Mittelpunkt meiner Welt. Und dementsprechend handle ich.

Wenn ich zum Beispiel Wagner-Opern nicht mag, weil sie mir schlicht und einfach zu lange dauern und ich nicht die Konzentration aufbringe, fünf Stunden lang aufmerksam zuzuhören, dann gebe ich in einem Kreis von Wagner-Fans – und mögen sie noch so hochgestellt sein – auch nicht vor, dass ich alle Wagner-Opern kenne und jedes Jahr zu den Festspielen nach Bayreuth fahre.

## Ehrliches Selbstbewusstsein

Ich treffe bei Einladungen immer wieder auf Menschen, die bei jedem Buch, das irgend jemand erwähnt, wissend mit dem Kopf nicken und so tun, als hätten Sie es gelesen und verstanden. Sie winden sich in allgemeinen Floskeln an der ehrlichen Aussage vorbei: „Davon habe ich noch nie etwas gehört!" Ein selbstbewusster Mensch steht zu der ehrlichen Aussage, dass er nur die Bücher liest, die ihn wirklich interessieren. Selbstbewusstsein entsteht niemals dadurch, dass man etwas vorgibt zu haben oder zu sein. Außerdem kann ein Mensch, der vorgibt, alles zu wissen, nicht mehr dazulernen. Nur wenn er seine Wissenslücke bereitwillig offenbart, wird ihm ein anderer darüber erzählen. Dadurch entsteht eine sehr positive Kommunikation, ja sogar Sympathie, denn wer freut sich nicht, wenn er über Dinge berichten kann, die er weiß.

Erfolgreiche Menschen leuchten durch Leistung, durch innere Stärke, durch seelischen Reichtum. Sie müssen nichts erzählen, was sie mit ihrem Leben nicht belegen können.

Ich habe zum Beispiel überhaupt kein Problem damit, im Kreis von Universitätsprofessoren zu sagen, dass ich nur einen Hauptschulabschluss habe. Da brauche ich nicht einmal als Entschuldigung einfließen zu lassen, dass meine Eltern es sich nicht leisten konnten, mich auf eine höhere Schule zu schicken. Dieses Selbstbewusstsein habe ich nicht erst entwickelt, als ich meine erste Million verdient hatte. Im Gegenteil, ich konnte diese Schwelle nur überschreiten, weil ich für das nötige Selbstbewusstsein schon während meiner Zeit als junger Verkäufer durch hart erarbeitete Erfolge die Basis geschaffen hatte.

## Bescheidenheit

Der wirklich Erfolgreiche ist stolz auf das, was er geleistet hat, und er ist ständig bestrebt, seinen Erfolg zu erneuern. Er ist ständig auf der Suche nach der Begegnung mit anderen Erfolgreichen – oder auf der Suche nach Menschen, die er erfolgreich machen kann. Erfolgreiche Menschen lieben andere, die das Potential haben, ebenfalls erfolgreich zu werden, Menschen, die ebenfalls die Erfolgsprägung in sich tragen.

Ich glaube, wirklich selbstbewusste und erfolgreiche Menschen sind bescheiden. Sie müssen auch nicht ständig beweisen, wer sie sind. Vor zehn Jahren noch, da wollte auch ich immer beweisen, wer ich bin, welchen Erfolg ich habe. Da war ich noch stark geprägt von diesem „Ich, ich, ich!". Erfolgreiche Menschen gehen weg von diesem Ich und gehen auf das Wir zu. Das war mein Weg zu einem ganz neuen Selbstbewusstsein.

Selbstbewusstsein entsteht durch den Glauben, der Sie erfolgreich macht. Selbstbewusstsein wächst durch die unwiderleghare Beweiskraft der Leistung. Selbstbewusstsein verleiht Ihnen das wunderbare Gefühl: „Ich mag mich, weil ich die Kraft habe, mich positiv zu verändern, und ich kann jederzeit auf andere Menschen zugehen und neidlos ihren Erfolg bewundern!"

## Mut zum Erfolg

Mut und Selbstbewusstsein sind siamesische Zwillinge für den Erfolg. Selbstbewusstsein kann ohne Mut nicht existieren. Und nur der Selbstbewusste wird in kritischen Situationen den Mut finden, seine natürliche Angst zu überwinden, und eine Lösung suchen, die seinen Vorstellungen entspricht. Leider machen wir beinahe täglich die Erfahrung, dass die große Masse der Menschen mutlos ist – selbst in Situationen, die keinerlei Heldenmut erfordern. Häufig bräuchte es nur ein wenig Zivilcourage und eine winzige Überwindung zur Ehrlichkeit, um sich selbst das Gefühl zu vermitteln: „Ja, ich lebe erfolgreich. Mein Selbstverständnis ist nicht von Angst und Ausreden geprägt, sondern von Erfolgsbewusstsein!"

## Mut bedeutet Verzicht auf Ausreden

Nur ein kleines Beispiel: Vor einiger Zeit fuhr ich an einem Samstagmorgen in die Münchener Innenstadt, um etwas zu erledigen. Ich parkte meinen Wagen an einer Stelle, die bis neun Uhr gebührenfrei benutzt werden darf, und spazierte in die Fußgängerzone. Unterwegs traf ich einen Bekannten. Wir hatten uns viel zu erzählen und beschlossen, eine Tasse Kaffee zu trinken.

Als ich zu meinem Wagen zurückkam, stand gerade ein Streifenbeamter davor, um mir einen Strafzettel zu schreiben. Die gebührenfreie Parkzeit war längst überschritten. Ich grüßte ihn freundlich, und er fragte mich: „Wie lange stehen Sie hier schon?" Ich blickte auf die Uhr und antwortete: „Oh, bestimmt schon seit eineinhalb Stunden!" Da sah er mich erstaunt an und steckte seinen Block mit den Strafzetteln wieder weg. Sein verblüffter Kommentar: „Das ist mir auch noch nie passiert. Die meisten Leute behaupten, sie seien gerade vor fünf Minuten gekommen!" Wir standen noch eine Weile und unterhielten uns über den kleinen Mut zur Ehrlichkeit im Alltag. Als ich losfuhr, winkte mir der Streifenbeamte noch freundlich nach, denn Ehrlichkeit verbindet. – Eine unbedeutende Kleinigkeit? – Ich finde nicht, denn ich bin der Überzeugung, dass Erfolg mit dem Mut zur Ehrlichkeit in kleinen Dingen beginnt.

Ja, üben Sie Ihren Mut gerade in diesen scheinbar unbedeutenden Situationen. Damit stärken Sie Ihren Mut für Situationen, in denen er der einzige Schlüssel zum Erfolg ist.

## Wo lassen Sie denken?

Erfolg bedeutet für mich und für Sie sicher auch, ein selbstbestimmtes Leben zu führen. Dazu gehört in erster Linie eine eigene Meinung. Den meisten Menschen fehlt aber allein schon der Mut zur eigenen Meinung. Wenn ich mich in meinen Vorträgen gelegentlich an einen einzelnen Zuhörer wende und beim Thema Mut zum selbständigen Denken scherzhaft frage: „Bitte schön, wo lassen Sie denken?", dann ernte ich oft ein verlegenes Lächeln. Nur selten steht jemand auf und erwidert mir selbstbewusst: „Was ich denke, bestimme ich ganz alleine!"

In den Unternehmen, in der Politik, ja selbst im privaten Kreis herrscht statt Meinungsfreiheit der Fraktionszwang mit freiwilliger Abgabe des eigenen Stimmrechts. „Die Menschen draußen im Lande" verstecken sich hinter dem Ja-Sagen. Sie hören einem Wortführer zu und nicken an den passenden Stellen mit dem Kopf, was heißen soll: „Ja, stimmt!", auch wenn sie innerlich nein sagen. „Ja, stimmt!" ist die Zustimmung, die kein eigenes Denken erfordert.

Wenn Sie zum Beispiel spüren: „Ich kann nicht gut nein sagen!", dann müssen Sie sich erst fragen: „Woher kommt das?"

Meistens wohl aus der Erziehung. Menschen, die immer unterdrückt wurden, haben häufig nicht den Mut „Nein" zu sagen. Viele Menschen verlieren auch durch anhaltende Erfolglosigkeit den Mut, eine eindeutige Meinung zu äußern und zu einem klaren Ja oder Nein zu stehen. Sie haben gelernt, das Nein, das sie gerne sagen würden, in ein halbes Ja umzuwandeln. Nur leider steht hinter diesem halben Ja nie eine ganze Persönlichkeit! Erfolg stellt sich nur ein, wenn Sie „Ja" *oder* „Nein" sagen.

Als ganz schlimm und symptomatisch für den geistigen Zustand eines Menschen empfinde ich die Antwort „Jein". Das sind die Menschen, die sich in allen Lebenslagen zu einem entschlossenen „Sowohl-als-Auch" bekennen. Sie haben im Grunde keine eigene Identität und können niemals erfolgreich sein. Wer Erfolg haben will, muss lernen, ein bewusstes, eindeutiges und mutiges Ja oder auch ein ebenso eindeutiges Nein zu sprechen.

## Das Ideen-Trägheitssyndrom und wie man es überwindet

Ja-Sagen ist Beipflichtung bei garantierter Gedanken- und Ideenlosigkeit. In einer Ja-Sager-Umgebung können keine neuen Ideen entstehen. Das ist die größte Gefahr in einer Zeit, die mit ihrer Vielzahl an Problemen den Mut zu Risikobereitschaft und zu neuen Ideen fordert.

Haben Sie diesen Mut zu neuen Ideen? Dann ist das Ihre große Chance! Sie dürfen es allerdings nicht dabei belassen, neue Ideen nur zu entwickeln. Sie müssen sie auch aussprechen und vertreten. Dabei sollten Sie sich aber darüber im klaren sein, dass jeder, der mit neuen Ideen erfolgreich sein will, aus der Reihe tanzen muss. Er passt nicht in die Gesellschaft der Ja-Sager mit dem Ideen-Trägheitssyndrom! Mut bedeutet sehr oft, dass man mit seiner Meinung lange Zeit allein steht.

Ich weiß sehr genau, wovon ich spreche, denn genau das habe ich während der 80er Jahre getan. Ich habe als einsamer Rufer in der Wüste in Zeitungsartikeln, in Rundfunkinterviews und später auch in Talkshows im Fernsehen mit klaren Aussagen unermüdlich und unerschrocken darauf hingewiesen, dass die wirtschaftliche Entwicklung Deutschlands in großer Gefahr ist, wenn wir die Entwicklung der Mikrochips vollständig den High-Tech-Schmieden Japans und der USA überlassen. Dafür wurde ich zunächst ausgelacht, teilweise angefeindet und sogar mit dem Abbruch von Geschäftsbeziehungen bedroht.

Ich habe mich jedoch nie einschüchtern lassen und daraus eine unsagbare Kraft, wachsenden Mut und großes

Selbstbewusstsein bezogen. Dieser Mut zur Kontroverse hat mein Unternehmen und mich bekannt werden lassen und letztendlich beiden großen Erfolg gebracht. Aus dieser selbst erlebten und selbst durchlittenen Erfahrung heraus kann ich Ihnen nur ans Herz legen: Entscheiden Sie sich, wann immer Sie vor einem Problem stehen, für die mutige Lösung, auch wenn es Sie zunächst große Überwindung kostet! Mut ist die dritte Kraft auf dem Weg zum Erfolg. Dem Mutigen gehört die Welt!

## Über den richtigen Umgang mit der Angst

Befreien Sie sich auch von der irrigen, aber weitverbreiteten Vorstellung, dass der Mutige keine Angst hat oder kein Lampenfieber oder kein Kribbeln in der Magengrube kennt, wenn eine Herausforderung mit völlig ungewissem Ausgang auf ihn zukommt. Nein, er handelt nur anders als die Masse der Mutlosen, weil er weiß, dass Mut immer den besten Weg zu dauerhaften Lösungen aufzeigt.

Auch Sie werden bereits nach kurzer Zeit feststellen, dass Probleme, denen Sie mit Mut entgegengetreten sind, viel seltener wieder auftauchen, während Sie in einer Phase der Mutlosigkeit und der Angst ständig und immer wieder damit zu kämpfen hatten. Das ist wie beim Umgang mit Hunden, die kläffend hinter Ihnen herrennen. In dem Moment, wenn Sie sich umdrehen und mutig darauf zugehen, ziehen sie den Schwanz ein und verdrücken sich.

## Bekämpfen Sie Probleme immer mit Mut

Wenn Sie sich und Ihre Lebenssituation wirklich ernsthaft verändern wollen, müssen Sie von vornherein wissen, dass immer wieder größere und kleinere Schwierigkeiten und damit auch Sorgen auf Sie zukommen. Probleme und Sorgen, die Sie nicht hätten, wenn Sie sich nicht verändert hätten. Das ist unausweichlich mit jeder Veränderung verbunden, und das ist es auch, was viele Menschen zu der veränderungsfeindlichen Mutlosigkeit veranlasst.

Ja, damit müssen Sie ganz nüchtern rechnen und sich rechtzeitig mit einer gehörigen Portion Mut wappnen. Aber Sie sollen auch wissen, dass Sie davor keine Angst zu haben brauchen, denn Probleme und Sorgen können Sie immer mit Mut bekämpfen. Verstehen Sie die Sorge um die Verwirklichung Ihres Lebensziels als Ihren großen Lehrmeister. Denn aus der Sorge heraus, dass Sie es nicht schaffen könnten, entstehen die Überlegungen, wie Sie letztlich doch noch das schaffen können, was Sie sich vorgenommen haben.

Das gilt ganz besonders für die Anfangsphase Ihres Trainings für Erfolg. Die Antwort auf Ihre Frage „Wie überwinde ich meine Erfolglosigkeit?“ lautet ganz einfach: „Mit Mut zu einer eigenen Meinung, mit Mut zu Ideen, mit Mut zu einer eigenständigen Persönlichkeit!“ Mut ist das wirksamste Umleitungsschild, wenn Sie aus der Einbahnstraße des Misserfolgs einen Ausweg suchen.

Gehen Sie diesen alltäglichen Mutproben – im Unternehmen oder auch im privaten Bereich – nicht aus dem Weg. Sagen Sie, was Sie denken, und tun Sie, was Sie sagen! Das war einer der wichtigsten Sätze, die mir Dr. Alfred Herrhausen mit auf den Weg gab. Dieser Satz wurde für mich zu einem ganz besonderen Vermächtnis. Nehmen auch Sie ihn als Wegweiser zu Ihrem Ziel.

## Bekämpfen Sie demotivierende Einflüsse in Ihrem Umfeld

Was hält Menschen vom Erfolg ab? – Angst? Negatives Denken, Mangel an Selbstvertrauen? Das Umfeld? Beispiel: Ein Kollege aus der Branche entschied sich, eine eigene Firma zu gründen, und war damit zunächst auch sehr erfolgreich. Aber dann brach der Markt ein wenig ein, und seine Frau meinte: „Siehst du, ich habe es dir gleich gesagt!“ Sie redete so lange auf ihn ein, bis er seine wirklich erfolgreiche Firma aufgab und wieder zurück ins Angestelltenverhältnis ging. Er hatte sich negativ beeinflussen lassen und beim ersten Gegenwind aufgegeben. Das Ergebnis dieser Mutlosigkeit und der negativen Einflüsterungen: Er schaffte nie wieder den Absprung in die Selbständigkeit. Das zeigt die schlimmen Folgen der Mutlosigkeit ganz deutlich. Wer einen erfolgversprechenden Weg an der ersten schwierigen Stelle verlässt, findet kaum mehr auf diesen Weg zurück.

## Mut zur Bereinigung ungeklärter Lebenssituationen

Wer dagegen anfängt, seinen Erfolg auf der Basis von Mut und Selbstbewusstsein zu schaffen, der weiß genau: „Ja, das ist das Lebensgefühl, wonach ich mich schon lange gesehnt habe, dieses Gefühl der Freiheit und Selbstbestimmung!“ Wenn Sie diese neue Stufe lhres Bewusstseins erreichen wollen, müssen Sie vorher alle unbereinigten Lebenssituationen in Ihrem Privatleben und in Ihrem beruflichen Alltag aus der Welt schaffen: durch mutige und ehrliche Gespräche, durch klare Aussagen und Entscheidungen.

Mit unbereinigten Lebenssituationen begibt man sich in einen Teufelskreis. Angenommen, Sie haben ein Problem mit Ihrer Familie. Das tragen Sie mit sich herum, weil Sie nicht den Mut haben, dieses Problem offen und ehrlich anzusprechen und dabei Ihren Standpunkt zu vertreten. Denken Sie nur an den Mann, der seine Wochenenden als „die Hölle“ empfindet.

Dieses mutlose Verhalten überträgt sich automatisch auf die Arbeitsatmosphäre. Es ist Nährboden für Unentschlossenheit. Andauernde Mutlosigkeit macht die Menschen unzufrieden, freudlos und depressiv, und sie wirkt sich auf die Gesundheit aus. Der Cholesterinspiegel steigt. Der Blutdruck geht nach oben. Da gibt eines das andere.

Wenn Sie mich nun fragen: „Wie bekomme ich den Blutdruck wieder runter?“, kann ich nur raten: „Ehrliche Aussprachen sind die beste Medizin gegen hohen Blutdruck!“ Das ist die wirksamste Therapie gegen Kreislaufstörungen.

Durchbrechen Sie diesen Kreislauf aus mutloser Unehrlichkeit und lähmender Entschlusslosigkeit. Denn er führt unweigerlich zur Krankheit, wenn er nicht durch die beherzte Anwendung von Mut gestoppt wird. Bei allem, was Sie tun, muss Ihnen eines klar sein: Irgendwann springt die Kasse auf, und es kommt eine Quittung heraus! Mit Mut haben Sie bei der Schlussabrechnung immer einen Bonus!

## Kein Mut zum eigenen Leben?

Vor einiger Zeit unterhielt ich mich mit einem Priester aus Albanien. Wir waren uns bei einer Einladung begegnet, und er äußerte eine Meinung, die ich so nicht stehen lassen konnte: „Die ganze Welt ist schlecht. Man kann sie niemals mehr vom Bösen und von der Lüge reinigen!"

Mich interessierte natürlich der persönliche Hintergrund für diese pessimistische Weitsicht. Ich forderte ihn auf, mir sein Leben zu erzählen. Da stellte sich heraus, er hatte studiert, war Doktor der Theologie und der Philosophie. Er hatte mehrere Jahre in den USA gelebt und bekleidete nun in seiner islamischen Religionsgemeinschaft eine ganz hohe Stellung. Aber je mehr er erzählte, um so deutlicher wurde mir, dass er mit dieser Gemeinschaft innerlich gar nichts mehr zu tun haben wollte. Er funktionierte nur noch als perfekter Verwalter der ihm übertragenen Aufgaben. Aber ihm fehlte leider der Mut, dies offen auszusprechen und die Konsequenzen für sein Leben daraus zu ziehen.

Da sagte ich ihm meine ganz ehrliche Meinung: „Sie wären wahrscheinlich ein hervorragender Manager in der Industrie geworden!" Zu meiner großen Überraschung stimmte er mir sofort zu. Da ging ich ein Stück weiter. Ich äußerte die Vermutung, dass seine negative Sicht der Welt darin begründet sei, dass er sein eigenes Problem nicht gelöst habe. Er fing an, nach Erklärungen zu suchen, allerdings war ihm selbst klar dass es nur mutlose Ausreden waren. Sein Vater sei eben schon in leitender Funktion in dieser Religionsgemeinschaft gewesen, und er habe keine Möglichkeit gesehen, diese vorgegebene Rolle zu verlassen. Seine Ausflucht aus der Mutlosigkeit war der Weg in eine beinahe schon krankhaft negative Einstellung zum Leben.

Und das ist das Erfolgsproblem vieler Menschen. Sie haben nicht den Mut, die von den Eltern vorgegebene Rolle zu verlassen, obwohl sie spüren, dass sie ihnen nicht entspricht.

Derart gravierende persönliche Probleme ungeklärt liegen zu lassen ist ein Zeichen von Schwäche. Mut zur eigenen Persönlichkeit heißt auch, ständig mit offener Deckung in den Ring zu steigen. Diesen Mut kann man nur entwickeln, wenn man sich innerlich nicht abschottet, sondern aus der Deckung seiner selbstgezimmerten Ausreden hervorkommt.

Wenn Ihr Leben mit einem solchen Problem belastet ist, müssen Sie aus dieser scheinbar sicheren Deckung heraus und Ihre Probleme anpacken. Mut ist der wichtigste Schlüssel, um im Leben neue Türen für Erfolg aufzusperren!

## Probleme sind immer eine Aufforderung zum Handeln

Jeder Tag spült von neuem Probleme an den Strand Ihres Lebens. Dieses Strandgut ist immer ein Alarmsignal für mutiges Handeln. Probleme fordern immer Ihren Mut heraus. Sie bringen Sie möglicherweise an die Grenzen Ihres Könnens und Ihres Selbstvertrauens. Aber eines ist sicher: Es gibt kein Leben ohne Probleme. Erfolgreich zu sein bedeutet nur, dass man Probleme erfolgreich gelöst hat. Und erfolgreich heißt immer auch so rasch wie möglich!

So bewarb sich bei mir ein leitender Angestellter eines großen Konzerns, mit dem uns auch geschäftliche Beziehungen verbinden. Zu der Zeit, als dieser Mann noch den Weltkonzern im Rücken hatte, behandelte er die -Mitarbeiter mit deutlicher Herablassung. Schließlich war er es, der die Aufträge zu vergehen hatte. Der drohende Stellenabbau hatte ihn allerdings von diesem Podest heruntergeholt. Dass ihm das nicht leicht fiel, war bei dem ersten Bewerbungsgespräch deutlich spürbar. Dennoch zeigte er „größtes Interesse". Bevor ich jedoch eine Entscheidung treffen konnte, wollte ich ein zweites Gespräch führen, denn die Stelle, die ich besetzen wollte, war nicht nur hoch dotiert, sondern auch dementsprechend wichtig für das Unternehmen. Diesen zweiten Gesprächstermin sagte der Bewerber wenige Stunden vorher „wegen Krankheit" ab.

Eine weitere Vereinbarung verschob er bei meiner Sekretärin wegen dringender Termine für seinen alten Arbeitgeber. Er wollte sich wieder melden. Was sollte ich tun? Ich hatte ein ganz ungutes Gefühl. Und wie gesagt, die Zeit drängte. Da griff ich kurzentschlossen zum Hörer und rief ihn in seiner alten Firma an. Die Antwort kam sehr zögerlich: Er hätte sich nun leider entschieden, wenn ich doch nur ein paar Stunden früher angerufen hätte. Da durchbrach ich diesen Lügenkokon und sagte ihm ganz offen, dass auch ich mich angesichts seiner mutlosen Verschiebetaktik entschieden hatte – und zwar gegen ihn! Mit diesem Mut zur Offenheit sparte ich sicherlich zwei bis drei Wochen Wartezeit.

## Ihr neues Denkprogramm heißt Mut in allen Lebenslagen

Die Angst vor drohenden Niederlagen, vor Kritik, vor Veränderungen im Berufsleben, die Angst vor dem Auseinanderbrechen einer Partnerschaft, ja, vor Versagen ganz allgemein – alle diese Ängste können Sie nur durch Mut überwinden. Erinnern Sie sich daran, wie Sie als Kind schwimmen lernten. Da war zunächst die Angst vor dem Wasser, vor dem unbekannten Element. Sie standen lange vor dem Schwimmbecken oder auch am Ufer eines Sees. Sie zögerten. Sie hatten zu Recht Angst, dass Sie untergehen könnten. Aber dieser Angst stand immer die Herausforderung gegenüber: „Ich will richtig schwimmen lernen. Ich will es schaffen!“ Sie hätten ja einfach weglaufen können, aber das hätte ihr Stolz nicht zugelassen.Irgendwann haben Sie diese Angst überwunden.

Dann kam der Punkt, an dem Sie Ihren ganzen Mut zusammennahmen und mit einem festen Entschluss ins Wasser sprangen. Als Sie nach den ersten Schwimmbewegungen spürten „Ja, das Wasser trägt mich!“, wuchs auch Ihr Mut! Sie schwammen nicht mehr nur von der Treppe zum nächsten Geländer. Sie schwammen eine ganze Bahn, ohne weiter darüber nachzudenken. Durch die mutige Überwindung Ihrer anfänglichen Angst war Ihnen Schwimmen zu einer Selbstverständlichkeit geworden.

Genau diesen Mut brauchen Sie, wenn Sie im Leben vor unbekannten Situationen stehen. Es gibt keine andere Möglichkeit, als an einem Punkt seinen ganzen Mut zusammenzunehmen und ins kalte Wasser zu springen. Viele Menschen finden diesen Mut erst, wenn sie durch eine katastrophale Niederlage in eine ausweglose Situation geraten sind. Lassen Sie es nicht soweit kommen!

## Gehen Sie nicht auf Tauchstation

Auf dem Boden der Mutlosigkeit wachsen die Probleme zu ungeahnter Größe. Die unausgesprochenen Probleme in der Partnerschaft, im Berufsleben, im Kollegenkreis, in der Beziehung zu Kunden – alle diese Problemfelder können Sie viel wirkungsvoller behandeln, wenn Sie sich nüchtern überlegen: „Wovor habe ich Angst?“ und „Was kann mir schlimmstenfalls passieren?“ Ein Chef, von dem Sie das unsichere Gefühl haben: „Der würde mich am liebsten feuern!“, wird sich davon nicht abhalten lassen, wenn Sie innerlich auf Tauchstation gehen. Im Gegenteil, er wird es sich noch einmal überlegen, wenn Sie ihn ganz offen und mutig zu einem Gespräch auffordern. Nur in einem Gespräch können Sie ihm unterbreiten, wieviel Ihnen an diesem Arbeitsplatz gelegen ist. Und dann wird er sich sehr genau überlegen, ob er einen engagierten Mitarbeiter auf die Straße setzt.

Der Mutlose dagegen akzeptiert von vornherein seine Niederlage. Statt mit Mut um Auswege aus einer schwierigen Situation zu kämpfen, sucht er in Gedanken bereits nach möglichen Ausreden. Das Fatale an dieser Haltung ist, dass sie sich selbst verstärkt. Jede Mutlosigkeit führt automatisch zu neuen Niederlagen und zu noch mehr Mutlosigkeit. Denn wo Angst ist, ist niemals Vertrauen, und wo Vertrauen ist, ist niemals Angst! Deshalb müssen Sie ganz klar wissen: Nicht das Problem ist Ihr Gegner, sondern Ihre Angst!

## Bekämpfen Sie die Angst

Ich komme immer wieder darauf zurück: Nehmen Sie den Kampf mit Ihrer Angst auf. Trauen Sie sich, Dinge zu tun, die über die Rolle hinausgehen, die andere Ihnen zugewiesen haben. Das ist Kampf, zunächst mit sich selbst, der Kampf gegen die ständigen Ausreden, die ein verängstigtes Denken am laufenden Band produziert.

Dieser Mut wird Ihnen auch helfen, die ganz alltäglichen Ängste zu überwinden: die Angst vor Armut, die Angst vor dem Bruch zwischenmenschlicher Beziehungen, die Angst vor Alter, Krankheit und Tod. Angst hat die Tendenz, gerade die Situationen anzulocken, vor denen wir uns fürchten. Angst ist ein großer Erfolgsverhinderer, im Beruf wie im Privatleben.

Nehmen Sie den folgenden Satz als Leitmotiv ganz fest in Ihr Leben auf:

**Der Selbstbewusste ist mutig.**
**Der Mutige ist selbstbewusst!**

# Epilog
# Der Erfolg ist in dir

## Fühlen Sie jeden Tag den Puls Ihres Lebens

Die Wirklichkeit ist ein großer Widersacher unserer Wünsche, Hoffnungen, Träume und Visionen. Sobald wir anfangen, über diese Wirklichkeit nachzudenken, in deren Mittelpunkt wir mit unserem Körper, mit unserem Geist und mit allen unseren Gefühlen stehen, spüren wir, dass die Grenzen dieser Wirklichkeit fließend sind. Unsere ganze Hoffnung auf eine Verwandlung unserer gegenwärtigen Wirklichkeit in die Wirklichkeit unserer Traumziele beruht auf dem Wissen, dass wir Menschen unsere Wirklichkeit durch unsere Gedanken verändern und gestalten können. Dabei stoßen wir immer wieder an die Grenzen unseres Denkvermögens, an die Grenzen unserer Möglichkeiten.

Wir stoßen auch an Grenzen der Umwandlung von Visionen in Wirklichkeit, wo es uns nicht mehr gelingt, andere Menschen von der Wirklichkeit unserer Visionen zu überzeugen. Denn eines ist jedem Erfolgssucher nach den ersten Schritten in Richtung auf sein Ziel klar: Wir Menschen können unsere Ziele nur verwirklichen, indem wir auch andere für diese Ziele begeistern, sie mit ihnen zusammen erreichen und sie in einem fairen Zusammenwirken von Geben und Nehmen an unseren Erfolgen beteiligen.

Das ist etwas völlig anderes, als wenn wir versuchen wollten, andere Menschen nur für unsere eigenen Ziele einzuspannen, sie zu manipulieren oder sie gar zu unserem oder ihrem Glück zu zwingen. Nein, das wären einsame Erfolge, die demjenigen, der sie verwirklicht, kein Glück bringen, auch wenn sein materieller Gewinn dabei noch so groß wäre. Erfolg bedeutet letztlich immer, dass es uns gelingt, den Übergang vom Ich zum Wir im Leben zu verwirklichen und die Kräfte vieler Menschen oder auch nur eines einzigen in einer gemeinsamen Aufgabe harmonisch zu verbinden. Erst wenn uns das gelingt, können wir von Erfolg im eigentlichen Sinn sprechen.

## Erfolge, die Sie mit dem Herzen spüren

Erfolge echter menschlicher Begegnung können oft nur wenige Stunden oder auch nur wenige Minuten dauern. Dennoch halte ich sie für die wichtigsten Erfolge, die wir in unserem Leben erreichen können. Sie sind im Gegensatz zu den Erfolgen, denen wir oft mit unserer ganzen Kraft hinterherjagen, scheinbar ohne Anstrengung zu verwirklichen, und sie sind unvergänglich, weil sie bis ans Ende unseres Lebens ihren Glanz behalten. Sie sind die Krönung eines erfolgreichen Denkens, das auch die Grundlage aller anderen alltäglichen und materiellen Erfolge bildet. Das sind die Erfolge, die wir mit dem Herzen spüren, die den größten Gewinn bringen, weil sie uns mit anderen Menschen über unser Herz eins werden lassen.

Lassen Sie mich Ihnen einige ganz einfache Geschichten aus meinem Leben erzählen, von denen jede auf ihre Weise ein Geheimnis enthält, das erklärt, was für mich letzten Endes Erfolg bedeutet.

Als ich noch in der glücklichen Situation war, dass meine Mutter lebte und ich sie im Altenheim besuchen konnte, begegnete ich regelmäßig für wenige Augenblicke einer alten Frau, die völlig gelähmt und reglos in ihrem Rollstuhl an mir vorbeigeschoben wurde oder die bei offener Tür in ihrem Zimmer saß und so für Bruchteile von Sekunden Menschen auf dem Gang vorbeigehen sehen konnte. Diese unüberschreitbare Grenze, die uns Menschen ein kranker Körper setzen kann, beschäftigte mich manchmal genauso stark wie das zu Ende gehende Leben meiner Mutter. Da war eine Mauer der Sprachlosigkeit zwischen einem Menschen und seiner Umgebung, durch die es keine Tür zu geben schien.

## Sie schenkte mir ein wunderbares Lächeln

Vor einem meiner letzten Besuche bei meiner Mutter kam mir spontan eine Idee, wie ich doch einen Zugang zu dieser in ihrem Körper eingeschlossenen Frau finden könnte. Ich fuhr zu einem Blumenladen und kaufte eine wunderschöne rote Rose. Noch bevor ich zu meiner Mutter ging, suchte ich die alte Dame auf, beugte mich auf Augenhöhe zu ihr herab, sah ihr ganz fest in die Augen und legte ihr die Rose in die Hand. Dann stand ich voller Demut und stummem Mitgefühl vor ihr. Von der gelähmten Hand ging kein Zeichen einer inneren Bewegung aus. Das hätte ich spüren können.

Noch wusste ich nicht, ob sie mich überhaupt wahrgenommen hatte. Doch dann sah ich, wie diese alte Dame mit einer ungeheuren Willensanstrengung den ganzen Rest ihrer verbliebenen Kraft auf ihr ebenfalls gelähmtes Gesicht zu lenken versuchte. Und tatsächlich, es geschah ein Wunder! Es gelang ihr, mir mit einem Mundwinkel, den sie um wenige Millimeter zu heben vermochte, ein kleines Lächeln des Dankes aus ihrem Inneren zu schenken.

Ich empfand das Glück dieses Augenblicks als einen ungewöhnlichen Erfolg. Es war mir gelungen, mit einer einfachen Geste einen kleinen Lichtstrahl in ihre Einsamkeit zu schicken, Kontakt zu ihrem schweigenden Ich aufzunehmen und die Mauer ihres Schweigens und meiner Hilflosigkeit für einen Moment zu überwinden. Gleichzeitig waren die Grenzen von Geben und Nehmen aufgehoben. Denn ihr kleines Lächeln, das sie ihrem gelähmten Körper abgerungen hatte, war für mich das Zeichen eines großen Erfolgs.

## Freiheit verpflichtet uns zum Wandel

Um so stärker empfand ich, als ich von ihr wegging, die unendliche Freiheit, in der ich mich bewegen konnte, als ein Geschenk und auch als eine Verpflichtung, keine Sekunde meiner Lebenszeit sinnlos, nutzlos oder gar mit negativen Gedanken zu vergeuden. In solchen Augenblicken frage ich mich: „Was macht Erfolg aus? Welches ist der eigentliche Wert von Erfolg?“

Ich frage mich immer wieder: „Warum sind die Erfolgreichen im Leben immer in der Minderheit? Warum gehen nicht mehr Menschen diesen bewussten Weg des Erfolgs?" Ja, warum hören so viele Menschen auf, ihr Leben bewusst zu gestalten, und sei es nur in ihren Gedanken? Warum hören sie auf, an sich zu arbeiten? Warum leben sie ein Leben ohne Engagement, ohne Interesse an sich und an anderen?

## Zuwendung ist eine wunderbare Sonne des Glücks

Während ich dieses Buch schrieb, holte mich meine eigene Körperlichkeit ein, zwar in gerade noch erträglichen Grenzen, aber dennoch befand ich mich am Rande der Hilflosigkeit.

Noch völlig benommen und mit zunehmenden Schmerzen kam ich von einer schweren Kieferoperation nach Hause. Unsere Hausdame, Frau Schubert, machte mir auf, sah mich an und fragte spontan: „Herr Lejeune, was kann ich für Sie tun?" Sie machte mir Tee. Sie fragte mich, was ich essen darf. Sie war bereit, lange über die bezahlte Zeit hinaus bei mir zu bleiben und sich um mich zu kümmern. Völlig selbstlos fragte sie mich, ob ich irgend einen besonderen Wunsch hätte. Sie würde sofort gehen und das Nötige besorgen. „Soll ich Ihnen den Tee ans Bett bringen? Soll ich bei Ihnen bleiben, oder ist es Ihnen lieber wenn ich gehe? Soll ich Ihnen den Fernseher einschalten?" Frau Schubert bemühte sich um mich, als wenn ich ihr Sohn wäre.

Das waren Augenblicke, in denen ich deutlich spürte, dass mein Leben erfolgreich ist, weil Menschen sich mir zuwenden und sich nicht abwenden und sagen: „Das geschieht dem ganz recht, dass er auch mal auf der Nase liegt!"

## Sie schenkte mir selbstlos ihre Zeit

Ja, das sollten Sie auf dem Weg zu Ihrem persönlichen Erfolg immer bedenken: Die Zinsen des Lebens kommen nicht über die Bank, sondern über die Menschen, die Ihnen selbstlose Zuwendung schenken. In diesen wenigen Stunden, in denen mein ganzer Körper aus einem einzigen Schmerz zu bestehen schien, spürte ich dieses unsagbare, unendliche Gefühl: „Bei diesem Menschen kannst auch mal loslassen. Du darfst deinen Schmerz zeigen, ohne dass der andere das als Schwäche ansieht und es ausnützen will!"

Gleichzeitig sah ich, wie diese 76jährige Dame plötzlich um 20 Jahre jünger geworden war, wie sie auflebte, während sie diese ungewohnte Rolle übernahm. Sie hatte mich bis dahin immer nur als den starken Typ erlebt, als den erfolgreichen Unternehmer, der im Fernsehen auftritt und der sogar eine eigene Talkshow moderiert und der immer eine ganz positive, dem Leben zugewandte Haltung ausstrahlt. In diesen wenigen Stunden einer ungewöhnlichen Begegnung wurde ganz deutlich, dass sie die andere Seite des Lebens kennt.

## Die große Lebenserfahrung hinter kleinen Gesten

Sie ist die Frau eines ehemaligen Managers, der in den 60er Jahren die internationalen Tourneen des Zirkus Krone organisiert und geleitet hat. Diese Frau ist in ihrem Leben weit gereist, sie spricht mehrere Sprachen. Aber vor allem weiß sie aus dieser engen Beziehung zur Welt des Zirkus, wie nahe beisammen Erfolg und Absturz liegen können, wie hart der Jubel im Rampenlicht erarbeitet werden muss und wie gerade beim Zirkus sich keiner für die einfachsten Arbeiten zu schade sein darf und immer sein Bestes, ja sein Äußerstes an Leistung geben muss. Und sie wusste: Sobald der Jubel des Publikums abklingt und der Vorhang fällt, geht die harte Arbeit weiter. Dieses Wissen und diese Selbstverständlichkeit war für mich aus jeder ihrer Bewegungen deutlich erkennbar.

In der Zeit, als sie sich um mich kümmerte, spürte ich, sie ist einer dieser seltenen Menschen, die plötzlich da sind, wenn sie das Empfinden haben, gebraucht zu werden – ohne Neid, ohne negative Gefühle, ohne Forderungen für sich. Sie war wie eine Sonne, die wärmt. Sie war einfach da mit ihrer ganzen großen Persönlichkeit. Sie verlangte nichts für sich, sie wollte einfach nur das tun, was sie in diesem Moment für das Richtige hielt. Da war nichts Bestelltes, nichts Bezahltes. Sie hätte keinen Pfennig weniger bekommen, wenn sie zur üblichen Zeit gegangen wäre. Für mich war das ein wunderschönes Erlebnis, dass man einem anderen Menschen für nichts soviel geben kann. Ich spürte den Puls unseres wunderbar reichen Lebens.

## Worum es bei der Suche nach Erfolg wirklich geht

Aus diesen beiden Erlebnissen wird für mich – und ich denke, auch für Sie – deutlich, dass das Leben kein Nullsummenspiel ist, bei dem der Erfolg des einen immer gleichzeitig den Misserfolg des anderen bedingt. Das ist ohnehin die Vorstellung von Menschen, die Angst haben, diesen Erfolg im Leben nie zu erreichen. Anstatt sich um ihren eigenen Erfolg zu bemühen und am Reichtum dieses Lebens teilzunehmen, lassen sie zu, dass ihr Leben von kleinen Unwahrheiten aufgefressen wird. Eine dieser Unwahrheiten ist eben, dass Erfolg nur durch rücksichtsloses Durchsetzen gegen andere erzielt wird.

Ich bin der festen Überzeugung, dass es bei der Suche nach Erfolg im Leben vor allem darum geht, Freude zu erfahren, die Beziehungen zu seinen Mitmenschen so positiv wie möglich zu gestalten – ja, und das ganze Potential unserer individuellen Persönlichkeit zu verwirklichen. Ich genieße die Freude an der Herausforderung, und ich messe mich gerne an der Leistung anderer. Ihre Kompetenz motiviert mich zu neuen, wenn möglich größeren eigenen Leistungen. Wenn ich dabei Misserfolge erlebe, sehe ich zu, dass sie zu Lernerfolgen werden, weil ich weiß, dass mein Bekenntnis zur Zukunft ein Bekenntnis zum fortwährenden Wandel meiner Persönlichkeit beinhaltet.

Ich halte es nicht für falsch, wenn ich mich über meine geschäftlichen und wirtschaftlichen Erfolge und die damit verbundene Anerkennung freue. Vielmehr weiß ich, dass Menschen, die sich nicht mehr freuen können, auch keine

Erfolge im Zusammenleben mit anderen Menschen erfahren können. Es gibt nämlich keinen Menschen, der ohne das Gefühl der Freude auskommt. Schadenfreude allerdings halte ich für ein Gefühl, das das eigene Leben bitter macht und letzten Endes Erfolg verhindert. Das gleiche gilt für den Neid, und dazu möchte ich Ihnen eine wunderbare Geschichte der Neidlosigkeit erzählen, die ich selbst erlebt habe, während ich noch an den letzten Seiten dieses Buches arbeitete.

## Der neidlose Bettler

An einem grauen Novemberabend ging ich nach einer äußerst anregenden Besprechung durch die Innenstadt von München. Ich wollte noch ein paar Augenblicke der inneren Ruhe und Sammlung erleben. Ich hatte das große Bedürfnis, ein Gebet des Dankes zu sprechen und ging auf das Portal der Theatinerkirche zu. Da sah ich auf den Stufen einen Bettler sitzen. Also griff ich in die Tasche und war gerade dabei, meine Geldbörse herauszuziehen, da streckte dieser Bettler mit einer abwehrenden Geste seine Hand aus und sagte: „Herr Lejeune, von Ihnen nehme ich nichts. Geben Sie mir bitte kein Geld. Ich will es nicht. Ihr Erfolg zündet mich an! Sie haben soviel für mich getan. Sie haben soviel für uns Arme getan. Sie sind unser Vorbild!"

Ich verstand zunächst nicht, was er damit sagen wollte, und wunderte mich, woher mich dieser Bettler überhaupt mit Namen kannte? Dann sah ich ihn genauer an. Das war ... ja, das war derselbe Bettler, dessen durchdringendem Blick ich vor Jahren begegnet war, nachdem gerade mein erstes Buch „Mr. Chip – eine deutsche Karriere“ herausgekommen war. Ja, plötzlich erkannte ich dieses markante Gesicht wieder, und ich erinnerte mich sofort an die Umstände unserer ersten Begegnung.

## Mein erster Leser

Ich hatte einen ausländischen Gast in Münchens berühmteste Cocktailbar, das Schumann's, ausgeführt und war nach unserem Gespräch noch für kurze Zeit sitzen geblieben, um in den Abendausgaben der Münchner Zeitungen Berichte über die Buchpremiere von „Mr. Chip“ zu lesen. Nach dieser Lektüre war ich mehr als skeptisch, dass dieses Buch jemals ein Erfolg werden könnte. Während ich die Zeitungskommentare las, fragte ich mich, ob es richtig gewesen war, in diesem Buch so schonungslos meine Herkunft aus einem Münchner Arbeiterviertel, meine oft bedrückende Kindheit, mein Elternhaus, das von Auseinandersetzungen geprägt war, und die beinahe aussichtlose Armut, aus der ich kam, preisgegeben zu haben.

Ich wurde unruhig und wollte gerade gehen, da kam ein Mann in das Lokal, den ich kannte, ein ehemaliger Arbeitskollege. Er ging geradewegs auf mich zu – mit offenen Armen. Er strahlte mich in echter Wiedersehensfreude an und sagte begeistert: „Mensch, Erich, ich lese gerade dein Buch. Das ist ja Wahnsinn! So ein Aufstieg! Ich wusste gar nicht, dass du so eine harte Jugend gehabt hast!“

Wir saßen noch eine Weile beisammen, unterhielten uns

über gemeinsame Erlebnisse und natürlich über die Frage, ob es richtig gewesen war dass ich mein Leben so schonungslos offen dargestellt hatte. Als mich mein ehemaliger Arbeitskollege aus ehrlichem Herzen zu diesem Buch beglückwünschte und ihm einen Riesenerfolg voraussagte, spürte ich ganz deutlich, wie meine Zweifel einer großen Zuversicht wichen. Ich wusste plötzlich: „Ja, es war richtig, offen und ehrlich mit meiner Lebensgeschichte an die Öffentlichkeit zu gehen!“ Wir verabschiedeten uns herzlich, und ich schlenderte in Richtung Theatinerstraße, wo ich als Bub zwischen den Ruinen und Schuttbergen Fußball gespielt hatte.

## Blickkontakte

Plötzlich hörte ich aus einiger Entfernung einen Akkordeonspieler, der sehr gekonnt ein paar alte Schlager spielte. Seine fröhlichen Melodien passten genau zu meiner frohen und zuversichtlichen Stimmung, in die mich das Gespräch mit meinem ersten Leser versetzt hatte. ich ging auf diesen Straßenmusikanten zu, um ihm ein Geldstück in den Kasten zu werfen. Als ich mich bückte, sah ich, dass neben ihm ein Bettler auf dem Boden saß, der sich offenbar von dieser kostenlosen Musikbegleitung bessere Einnahmen versprach. Er war ungefähr in meinem Alter, von kräftiger Statur. Er hatte ein kantiges Gesicht, das nicht die übliche unterwürfige Schicksalsergebenheit ausdrückte. Er sah überhaupt nicht zerlumpt aus. Selbstverständlich warf ich auch ihm im Vorbeigehen ein Geldstück in den

Hut. Da sah er mich mit ganz durchdringenden Augen an, die mich kurz innehalten ließen und unwillkürlich in ihren Bann zogen. Unsere Blicke trafen sich, und ich spürte seinen forschenden, ja fast bohrenden Blick noch im Weitergehen. Er taxierte meinen Mantel mit dem Pelzkragen, meine sauber geputzten Schuhe – eher bewundernd und keineswegs neidvoll –, und ich hörte, wie er mir mit kräftiger Stimme nachrief: „Ich danke Ihnen!“ Offensichtlich hatte er mich von den Fotos in den Zeitungen erkannt.

## Die schönste Anerkennung meines Lebens

Und genau dieser Bettler saß nun wieder vor mir. Als Antwort auf mein fragendes Gesicht, warum er kein Geld von mir nehmen wollte, sagte er: „Herr Lejeune, Sie sind doch einer von uns! Sie kommen auch von ganz unten!“ Voll ehrlicher Bewunderung fügte er hinzu: „Und Sie haben es geschafft!“ Ich konnte kaum glauben, dass diese Worte von einem Bettler kamen. Denn ich habe auf meinem Weg nach oben soviel Neid erlebt – von Menschen, die viel bessere Startbedingungen gehabt hatten als ich, die in großem Wohlstand aufgewachsen waren, die studiert hatten, denen schon in ihrer Kindheit die Welt und alle Möglichkeiten offenstanden und die jetzt auf Erbschaftsbasis ein Luxusleben führten. Ich brauchte lange, um zu verstehen, warum sie mir meinen harterkämpften Aufstieg neideten und mir misstrauten, weil ich ihr aufgeblasenes „Societygehabe“ nicht mitspielte und nie meine Herkunft verleugnete.

Und da saß vor mir dieser Bettler, der wahrlich Grund gehabt hätte, mich zu beneiden – und er sagte: „Herr Lejeune, von Ihnen will ich kein Geld annehmen, denn Sie sind einer von uns. Sie sind unser Vorbild, dass man es schaffen kann!“

Ich war zutiefst berührt, ja aufgewühlt, denn er hatte den Kern meines Lebens getroffen. Ja, ich habe nie auch nur eine Sekunde vergessen oder gar verleugnet, dass meine Wurzeln in der Armut meiner Kindheit liegen.

## Armut verpflichtet

Gerade in den Augenblicken meiner schönsten Erfolge wanderten meine Gedanken immer zurück in die Enge der Arbeiterwohnung in München-Ramersdorf. Ich sah meine Mutter, wie sie ratlos vor dem Küchenherd stand, weil sie buchstäblich keinen Pfennig Geld im Hause hatte, um für uns ein Abendessen zu kochen. Oft gab es nur aufgebrühte Maggiwürfel und ein Stück trockenes Brot.

Ja, in diesen Augenblicken der Erinnerung spürte ich wieder die furchtbare Angst, die ich als Kind um sie und um mich gelitten hatte, wenn sie bei einem ihrer häufigen Hustenanfälle zu ersticken drohte. Und diese Angst steigerte sich in entsetzliche Hoffnungslosigkeit, wenn sie gar nicht mehr hustete, sondern sich nur noch vor Schmerzen wimmernd zusammenkrümmte. Aber meine Mutter gewann ihren Kampf gegen ihre fortwährende Krankheit immer wieder. Und ich wusste und weiß bis heute – hei aller Härte, die sie mir gegenüber manchmal an den Tag legte –, dass ich ihren Kampfgeist, sich niemals unterkriegen zu lassen, als eine tiefe und bleibende Energiequelle in mir trage.

Ich wusste und weiß für mein ganzes Leben, wieviel ich meinem Vater verdanke. Diesem hochsensiblen, künstlerisch veranlagten Mann, den die Erlebnisse des Krieges und der russischen Gefangenschaft für immer gebrochen hatten, den ich oft genug aus dem Wirtshaus abholen musste, wo er die Scham und die Verzweiflung über die Enge seines armseligen Lebens als Autowäscher zu vergessen suchte, und der doch pünktlich jeden Tag morgens um fünf Uhr das Haus verließ, um in einem großen Münchner Autohaus wieder 60 oder 70 Autos zu waschen und zu polieren – per Hand! Ja, er hatte eine reiche Kundschaft. Aber die teuren Luxusgefährte, die er für sie blank lederte, waren für ihn unerreichbar.

## Bedenke bei allem, was du tust, das Ende

Ich dachte an den großen Lichtblick meiner Jugend, an meine Großmutter Agnes Lejeune, die aus einer vornehmen Aachener Kaufmannsfamilie kam und die mich für mehrere Jahre zu sich nahm. Sie war es, die mir eine Lehre als Großhandelskaufmann in der Elektrobranche verschaffte. Und sie war es, die mir die Augen öffnete für die schönen Dinge des Lebens, die sich das Geld vom Mund absparte, damit ich Reitstunden nehmen konnte, und die mir die hohen Werte der Tugenden Fleiß, Disziplin, Ehrlichkeit, Wahrheitsliebe und Gerechtigkeit mit oft sehr eindringlichen Worten vermittelte. Ihr häufig wiederholter Ausspruch:

„Erich, bedenke bei allem, was du tust, das Ende!“ begleitet mich bis heute bei allen meinen Entscheidungen.

## Reiche Erbschaft

Heute weiß ich klarer als je zuvor, dass ich dem, was mir diese drei Menschen an Kraft, an Sensibilität und Lebensart auf meinen Lebensweg mitgegeben haben, einen großen Teil meiner Erfolge verdanke. Diese drei Menschen und meine Wurzeln in der Armut waren mir immer gegenwärtig, wenn ich wieder einen beglückenden Erfolg erzielt oder eine neue Stufe meines Aufstiegs von ganz unten erreicht hatte.

An sie dachte ich, als der Jahresumsatz meiner kleinen zum ersten Mal die Millionengrenze überstieg; als die aus der Dreizimmerwohnung in ein richtiges Büro umzog, als ich die Gründungsverträge unserer Niederlassungen in Tokio und im Silicon Valley unterschrieb. Können Sie sich vorstellen, wie ich mich fühlte, als ich Ende der 70er Jahre zum ersten Mal im Flugzeug nach Tokio saß – nicht als Angestellter eines Weltkonzerns, sondern als mein eigener Unternehmer mit einem selbstbezahlten Flugticket? Was glauben Sie, an wen ich dachte, als ich meinen ersten Mercedes kaufte, den ich mir hart erarbeitet hatte?

## Freude ist nie selbstverständlich

Wie oft denke ich auf Reisen rund um den Erdball an diese drei Menschen, die nie die Möglichkeit hatten, ihre nähere Umgebung zu verlassen. Ich werde nie das Glück vergessen, das meine Mutter ausstrahlte, als ich sie zusammen mit meiner Frau nach London einlud. Zum ersten Mal in ihrem unvorstellbar harten Leben saß sie in einem Flugzeug – und wurde höflich und zuvorkommend bedient.

Mir ist es nie zur prahlerischen Selbstverständlichkeit geworden, dass ich in New York nach einer Opernaufführung in der Met anschließend noch ins „Windows of the World" im obersten Stock des World Trade Center zum Abendessen fahren kann. Ich genieße es ganz bewusst, die Welt von den schönsten Hotels aus kennenzulernen, unter Menschen zu sitzen, die Leistungswillen und Reichtum ausstrahlen und deren Lebensart von persönlich errungenen Erfolgen geprägt ist.

Ich genieße es aber auch, die Wochenenden zusammen mit meiner Frau in aller Ruhe und Abgeschiedenheit in einem wunderschönen Haus am Tegernsee zu verbringen. Nichts von alledem ist mir je so selbstverständlich geworden, dass ich es nicht mehr genießen könnte. Auch diesen Lebensgenuss, diese Freude am Erfolg, verdanke ich der Armut, die ich sicher besser kenne als die meisten Menschen, die glauben, in ihrem Leben ausschließlich Grund zum Jammern zu haben.

## Erfolge muss man weitergeben

Ja, dieser Bettler rief mir mit seinen wenigen und doch so überraschend wahren Worten den Ursprung meines unbedingten Willens zum Erfolg so deutlich vor Augen, dass ich unwillkürlich meine Schritte zum Münchner Marienplatz lenkte, wo ich in einer Wohnung, von der aus ich das Herz dieser Stadt überblicken konnte, die ersten Jahre meiner Kindheit verbracht habe. Seine Worte ließen mich die ungeheure Spannweite meines Lebens und meines Aufstiegs aus dem Nichts fast körperlich spüren. Es machte mich richtig stolz, dass ein wildfremder Mensch mir ansehen konnte, dass ich diese Wurzeln in der Armut nie abgelegt hatte.

Durch meine Lebenserfolge, die ich aus dem Nichts Schritt für Schritt aufgebaut habe, bin ich hoffentlich für viele Menschen ein Beispiel, an dem sie ihren Glauben an Aufstieg, an Erfolg und an Lebensglück festmachen können, auch wenn sie noch weit davon entfernt sind.

Durch das Gespräch mit diesem Bettler wurde mir plötzlich klar: „Je erfolgreicher du bist, um so kleiner musst du werden! Gleichzeitig musst du aber auch deine Erfolge weitergeben, nicht als Geldwert, sondern als ein Beispiel für andere." Das ist meine ganz besondere Form der Dankbarkeit für alles, was ich erreichen konnte. Ich weiß, dass Erfolg ohne Demut im Leben keinen Bestand hat. Genauso weiß ich, dass jemand, der nicht aus ehrlichem Herzen dankbar sein kann, nie richtig erfolgreich werden wird, denn Erfolg entsteht nie aus dir allein. Ich weiß, dass ich bei vielen Menschen ein Sollkonto an Dankbarkeit habe, und ich bin überzeugt, dass mein Erfolg mir deshalb bis heute treu geblieben ist, weil ich immer versucht habe, anderen Menschen zu helfen und sie davon zu überzeugen, dass es im Leben keine Alternative zu einem ehrlichen Erfolg gibt.

## Meine Botschaft des Erfolgs

Menschen, die erfolgreich sind, sind glückliche Menschen, weil sie frei sind von negativen Gedanken, weil sie ein besseres Verständnis von innerem Wachstum haben als Menschen, die sich und ihr Schicksal bemitleiden und damit ihre Untätigkeit zu rechtfertigen versuchen. Wer sich gegen Erfolg entscheidet, entscheidet sich gegen sein Leben. Der Erfolgreiche dagegen versucht, Dinge abzustellen, die ihn ständig verletzen. Ich kenne Niederlagen, und aus der Zeit des schlimmsten Tiefpunkts in meinem Leben kenne ich auch die Angst vor dem Briefkasten. Um so mehr genieße ich heute die wunderbare Gewissheit: Egal wer anruft, egal welche Post ich bekomme – es kann nichts Unangenehmes sein.

Dieses Freisein von Angst bestimmt auch meinen Umgang mit anderen Menschen. Ich muss mich vor nichts und niemandem verstecken, egal ob ich vor einem Bettler stehe oder in einer Fernsehsendung neben dem Bundeskanzler sitze. Ich bin, wie die meisten erfolgreichen Menschen, mit meiner Lebensführung und mit mir im reinen. Das gibt mir die Freiheit, Glück zu spüren, Freude zu empfinden und mit anderen Menschen – egal auf welchem Kontinent ich mich befinde – herzlich lachen zu können.

Aus dieser vielfältigen Erfahrung mit Armut und Reichtum, mit Niederlagen und Erfolg heraus beschwöre ich Sie: Werden Sie erfolgsbewusst. Suchen Sie Ihren eigenen, ganz persönlichen Erfolg, denn erfolgreiche Menschen leben das Leben doppelt. Erfolg bedeutet, Energie auf andere Menschen zu übertragen und zu erfahren, dass positive Energie, die Sie abgeben, in positiver Weise auf Sie zurückkommt. Besonders diese Erfolge können und müssen Sie in Ihrer Seele bewahren. Denn erfolgreich sein bedeutet nicht, keine Probleme mehr zu haben, sondern Lösungen für Probleme zu finden, die andere Menschen vor sich herschieben, und an der Suche nach Problemlösungen innerlich zu wachsen.

Aus diesem Grund ist Erfolg die Philosophie des permanenten inneren Wachstums. Innerlich beständig zu wachsen ist die schönste Art und Weise, seine Lebenszeit zu verbringen. Deshalb wiederhole ich: Es gibt keine Alternative zum Erfolg und zu dem unerschütterlichen Lebensgrundsatz:

**Du schaffst, was du willst!**

Das ist die Botschaft meines Lebens an Sie! Fangen Sie an, Ihr Leben nach dieser Botschaft zu leben. Sie schaffen es!

Das wünsche ich Ihnen von Herzen!

Ihr Erich J. Lejeune

# Stichwortverzeichnis